JN062618

医療・福祉施設における消費税の実務

三訂版

税理士 安部 和彦 著

清文社

はじめに

本書の初版が出てから早11年、新版が出てからも4年の月日が過ぎ、その間、消費税に関しても目まぐるしい変動があった。すなわち、2012年の「税と社会保障一体改革」に基づく民主（当時）・自民・公明のいわゆる「三党合意」により、消費税の税率は5%から二段階での引き上げが決まっていたところであるが、2014年4月からの8%については予定通りであったものの、二桁の10%への引き上げは二度にわたり延期され、ようやく2019年10月から実施されることとなった。さらに、消費税率10%への引き上げに伴い、8%の軽減税率が導入されるとともに、2023年10月からいよいよインボイス制度（適格請求書等保存方式）が実施される予定である。

本書の守備範囲となる医療・福祉施設における消費税についても、様々な動きがあった。中でもその中心的な論点は、初版および新版でも検討した、医療機関におけるいわゆる「損税」問題をどのように解決するのかというものである。前記の「三党合意」に基づく改正消費税法の附則で設置されることとなった、中医協の「医療機関等における消費税負担に関する分科会」（いわゆる「消費税分科会」）での度重なる議論で、その方向性は徐々に定められていったようにみえ、最終的には、平成31年度の税制改正により、ようやく「結論めいたもの」が提示されたところである。しかし、その内容は不明瞭で実際のところどうするのか不明であることから、本書では今後の対応も含め、多角的に検討している。本書の検討内容は、今後必ずやなされるであろう、「損税」問題の抜本的な解決策に関する議論の参考になるものと自負しているところである。

三訂版である本書は、「損税」問題を扱った序章の記述のみならず、消費税実務に重大な影響を及ぼすことが想定されるインボイス制度の導入実務にも焦点を当てており、前版刊行以来の消費税に関する改正事項をもれなく取り込み、最新の情報にアップデートされている。特に、インボイスの導入に対して免税事業者がどのように対応すべきか、事務負担を考えて簡易課税を適用すべきかどうかについては、医療・福祉施設のみならずあらゆる業種の関心事項であるが、令和5年度の税制改正を踏まえて検討すべきといえる。そのため、本書は医療・福祉分野の消費税実務に携わるすべての方のニーズに応えられるものと考えているところである。

*　　　　　　　*

最後になるが、本書の出版に多大なご尽力をいただいた清文社の中塚一樹氏に厚く御礼を申し上げたい。

2023年8月

拓殖大学商学部教授
税理士　安部 和彦

三訂版 医療・福祉施設における

CONTENTS

消費税の実務

序章 平成31年度および令和5年度税制改正の影響

第1章 医療・福祉施設における消費税の申告実務

第2章　医療・福祉施設における消費税の課非判定一覧表

第3章　医療・福祉施設における消費税の実務Q&A

資料編

[凡例]

◆法令等の略記

消法…………………………消費税法
消令…………………………消費税法施行令
消規…………………………消費税法施行規則
消基通………………………消費税法基本通達
所法…………………………所得税法
所令…………………………所得税法施行令
所基通………………………所得税基本通達
法法…………………………法人税法
法令…………………………法人税法施行令
法規…………………………法人税法施行規則
通法…………………………国税通則法
関法…………………………関税法
関率法………………………関税定率法
相法…………………………相続税法
地法…………………………地方税法

◆条数等の略記

消法4③二………消費税法第4条第3項第二号
消基通5－2－5……消費税法基本通達5－2－5

◆文献略記

税資…………税務訴訟資料
民集…………最高裁判所民事判例集
訟月…………訟務月報
判時…………判例時報

＊なお、本書の内容は、令和5年8月1日現在の法令、通達によっています。

序　章

平成31年度
および令和５年度
税制改正の影響

消費税導入以来の控除対象外消費税問題の経緯

序-1　消費税導入時の議論

平成元（1989）年4月1日にわが国において消費税が3%で導入されたが、その時から医療（社会保険診療）および福祉サービスの提供に係る消費税については、非課税とされている。これは一般に、社会政策的な（特別の）配慮によるものである[1]とされているが、わが国において当該消費税導入前に検討された付加価値税の類型である、一般消費税（大平内閣時）および売上税（中曽根内閣時）においても、同様の取扱いとなっている。

医療機関における控除対象外消費税問題の淵源である消費税非課税は、一般に、立法過程において、日本医師会等の業界団体の主張を取り入れたものと理解されている。例えば、日本医師会は、消費税導入前の昭和62年10月に以下のように主張している。

「税制全般にわたる抜本的な見直しが行われるにあたり、一般的な消費に対する課税が行われる場合には、国民の生命・健康を守る上で、必要不可欠な医療・医薬品等については、課税対象から除外することを希望します。高齢化社会に対応する税制改革が、国民の理解と信頼に裏付けられて確立されねばなりませんが、国民生活にも大きな影響が及ばざるを得ません。そのため保健・医療・福祉等は、特別に政策的配慮がされるべきであり、医療・医療用医薬品・医療用具等を非課税とするよう強く要望します[2]。」

1　金子宏『租税法（第二十四版）』（弘文堂・2021年）821頁。

また、日本医師会は、昭和63年5月に自民党社会部会への要望で、新型間接税（消費税）において医療は非課税とすべきであると主張する中でその理由として、「欧米諸国でも医療に間接税を課している国はない[3]。」を挙げている。

以上から、私見では、やや邪推になるかもしれないが、当時付加価値税導入の先進国で制度が定着しつつあった欧州（EU 型付加価値税）において、医療や福祉の提供が非課税とされていたということをもって、それに伴う弊害である控除対象外消費税の発生およびその負担について、当時は税率が3%と低かったこともあり、あまり深く考えずに非課税としたというのが実際のところではないかと考えている[4]。

序-2 消費税導入後の議論

消費税は税率3%で導入されたが、橋本内閣の時に5%（うち地方消費税1%）への引き上げが決まり、平成9（1997）年4月から実際に引き上げられた。この時から、医療界において、医療機関における控除対象外消費税問題（特に「損税」問題として）が認識されるようになった。例えば、（社）日本医療法人協会は平成9年1月30日に「社会保険診療報酬における消費税補填の適正化」という文書を出し、その中で補填不足額の推計を行っている。それによれば、消費税5%時の一般病院の医療収入（医業収入？）に対する消費税の負担額（損税）は0.67%、医科診療所が0.50%となっている[5]。その翌年には診療報酬（全体）がマイナス改定（以後概ねその基調）となっており、医療機関において控除対象外消費税の負担が徐々に顕在化したタイミングでもある。

2　日本医師会昭和62年10月9日「医療に関する税制に関する意見」
3　日本医師会昭和63年5月30日「日本医師会の主な見解（於：自民党社会部会への要望）」
4　控除対象外消費税の議論を行うと、時折、「私は導入時から非課税ではなく課税（ゼロ税率等）にすべきと主張した」といわれる方がいるが、筆者は、導入時に医療や福祉に係る消費税を非課税以外の取扱いとすることは、実際には極めて困難であったと考える。その理由については、拙著『消費税の税率構造と仕入税額控除』（白桃書房・2015年）56－57頁参照のこと。
5　（社）日本医療法人協会「社会保険診療報酬における消費税補填の適正化」（平成9年1月30日）6頁表4参照。

図表序-1　消費税導入後の診療報酬（全体）改定の推移

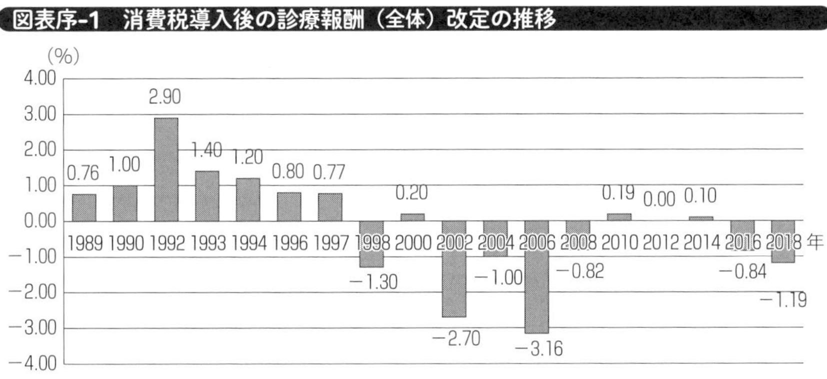

（出典）　日本医師会「診療報酬点数（本体）の改定経緯（1）」（平成30年8月3日・医科）より筆者作成

次いで、平成20年に日本医師会が「医業税制検討委員会答申」（平成20年3月14日）を出し、その中で消費税の損税解消策に関し、「消費税の税率引き上げ等の改正問題は、平成20年度税制改正では見送られることになったが、いずれ本格的な動きが予想されるので、その動きに対応する必要がある。仕入消費税額の控除方法（損税解消）の具体案については、これまでの議論を踏まえ、ゼロ税率案の実現可能性が低いことから、課税制度に改めることを最優先事項とし、要望をまとめる必要がある。（下線部筆者）」という旨を表明ないし提言をしている。ここでいう「課税制度」とは、標準税率（当時5%）による課税という意味ではなく、ゼロ税率案の代替案としての、軽減税率（標準税率よりも低い税率）による課税を意味するものと考えられる。

平成21（2009）年に誕生した民主党政権下で、社会保障と税の一体改革が進められ、平成24年8月に民主・自民・公明のいわゆる「三党合意」により消費税率の引き上げを主たる内容とする税制改正がなされ、平成26年4月から8%に、平成27年10月からは10%に引き上げられることとなった。このとき、「社会保障の安定財源の確保等を図る税制の抜本的な改革を行うための消費税法等の一部を改正する等の法律案」（平成24年8月10日成立・同月22日公布）の第7条トにおいて、以下の3項目が規定されていた。

①　医療機関等における高額の投資に係る消費税の負担に関し、新たに一定

の基準に該当するものに対し区分して措置を講ずることを検討する

② 医療機関等の仕入れに係る消費税については、診療報酬等の医療保険制度において手当をする

③ 医療機関等の消費税の負担について、厚生労働省において定期的に検証を行う場を設けることとするとともに、医療に係る消費税の課税の在り方については、引き続き検討する

このうち特に注目すべきは③で、これに基づき厚生労働省の中医協（中央社会保険医療協議会）に設置されたのが「医療機関等における消費税負担に関する分科会[6]」である。当該分科会は平成24（2012）年6月20日に第1回の会議を開催し、以来令和3（2021）年12月2日まで22回にわたり、主として控除対象外消費税問題への診療報酬での対応方針につき議論を重ねている[7]。

序-3 安倍政権下での議論

平成24（2012）年12月の衆議院選で勝利した自民党は、公明党との連立で安倍内閣を発足させ、消費税率を予定どおり平成26年4月に8%へ引上げることを決めた。

政権交代後の中医協の医療機関等における消費税負担に関する分科会では、平成25（2013）年9月25日に「中間整理」を出しており、そこでは平成26年4月の消費税率8%への引上げに際し、上記にて掲げた3項目のうちの①について、「消費税率の8%引上げ時には、診療報酬とは別建ての高額投資対応は実施せず、診療報酬改定により対応することとする」と結論付けている。これは、控除対象外消費税の負担が実際に重いのは高額医療機器や病棟の建設といった

6 なお、当該分科会はあくまでも中医協の枠組みの中で診療報酬について議論する場で、税制そのものを正面から議論する場ではないようである。

7 2016年3月（第14回）から2018年3月（第15回）まで2年間中断している。これは、安倍首相が2016年6月に、消費税率10%への引き上げを2年半（2017年4月⇒2019年10月）延期することを表明した影響であると考えられる。なお、2014年1月（第10回）から2015年8月（第11回）まで1年半の間中断しているが、これも安倍首相が2014年11月に、消費税率10%への引き上げを1年半（2015年10月⇒2017年4月）延期した影響であるものと考えられる。

設備投資を行った病院であるが、当該投資に見合った補填を診療報酬で的確に行うことは困難とされたためである。

結局、平成26年4月の消費税率8%への引上げ時には、控除対象外消費税に関し税制上の対応はなく、診療報酬の改定（平成26年の通常改定）で対応することとされた。これに対し、医療界は日本医師会を中心に平成27年度の税制改正要望を一本化し、平成27年10月の税率10%への引上げ時には「非課税還付等のあらゆる方策[8]を検討し、仕入税額の還付措置を導入すること」というように、税制上の措置を求めた。筆者はこの時、医療界が一丸になって要求すれば、控除対象外消費税問題は筆者が従来から主張している「非課税還付」措置の導入という方法により解決するものと期待していた[9]。

ところが、平成26（2014）年11月18日に安倍首相は、8%への増税時に駆け込み需要の反動で消費が落ち込んだこと等を踏まえ、消費税率10%への引き上げを平成29（2017）年4月に1年半延期することを表明した。そのため、税率引き上げを合わせて税制上の措置を導入することを目論んでいた医療界は、ある種肩透かしを食らった形となり、次回の診療報酬改定のタイミングである平成28（2016）年までどうするか、戦略の見直しを迫られることとなった[10]。当然のことながら、その間、税制上の措置も診療報酬による（新たな）補填もないため、医療機関における控除対象外消費税問題は悪化こそすれ、改善することはない[11]。

---

8 優先順位は課税化（軽減税率）が一番目、非課税還付が2番目とのことである。2014年9月17日付CB News Management「医療界の消費税要望、課税化まで非課税還付―日医が中心となり一本化」参照。

9 2014年9月28日付CB News Management「【解説】医療消費税、年末に向け最終局面－10%引き上げ時も診療報酬か、還付か」参照。また、当時の議論として、武見敬三参議院議員は、税率を「10%に引き上げる際にすべて解決することは難しいので、引き上げた後に抜本的な解決策を探ることになる」という見解を示していた。2014年10月15日付CB News「医療消費税、10%時とその後で分けて要望―自民・国民医療を守る議員の会」参照。

10 2014年11月21日付CB News Management「【解説】砂上の楼閣となった医療消費税議論―16年度税制改正へ戦術見直し必要」参照。同記事において筆者は、8%時でも問題を解決できるよう、平成28（2016）年度税制改正に非課税還付制度の実施を盛り込むべく要求すべきと主張していた。

11 当時の状況については、2015年11月29日付日本経済新聞「消費税にあえぐ大病院　診療費は非課税　転嫁先なく」参照。

平成27（2015）年11月30日に開催された中医協の医療機関等における消費税負担に関する分科会（第13回）では、平成26年4月の税率8%への引き上げの影響[12]について、以下の表のように、医療機関の開設主体や機能・診療科により診療報酬による補填にバラツキがあることが明らかにされ、診療報酬による対応の限界を示す結果となった[13]。

図表序-2　消費税導入後の診療報酬（全体）改定の推移

	全体	病院	一般診療所	歯科診療所	保険薬局
補填率	102.07%	102.36%	105.72%	100.68%	86.03%

図表序-3　消費税率8%への引き上げに伴う補填状況の把握結果（病院）

	全体	一般病院	精神科病院	特定機能病院	こども病院
補填率	102.36%	101.25%	134.47%	98.09%	95.39%

図表序-4　消費税率8%への引き上げに伴う補填状況の把握結果（一般病院）

	全体	医療法人	国立病院	公立病院	国公立除く
補填率	101.25%	106.21%	99.00%	92.49%	105.55%

（出典）　厚生労働省「消費税率8%への引上げに伴う補てん状況の把握結果について[14]」

上記実態が明らかになった後も、医療界は控除対象外消費税問題の解決に向け、検討とそれに基づく提言を行ってきた。基本的に医療界は当該問題の解決に関し、診療報酬の改定（補填）のみでは不十分で、税制による抜本的な見直しを求めていた[15]。その具体的な方策は、日本医師会の「医業税制検討委員会答申[16]」（平成28年3月10日）に基づき、医療界が一致して求めた、「社会保険診

12　なお、日本病院団体協議会も別途調査をしており、それによれば、有効回答のあった282病院のうち、補填率が50%以上100%未満なのは165病院（全体の58.5%）、50%未満なのは12病院（同4.3%）、100%以上150%未満なのは63病院（同22.3%）、150%以上は42病院（同14.9%）とかなりばらつきがあることが判明した。これも診療報酬による対応の困難性を示す結果といえよう。2014年10月27日付 CB News「消費税補てん率に『大きなばらつき』―加納議長、日病協調査の結果速報」参照。

13　当該分科会の席上で、日本医師会の今村聡副会長は、「補填率のバラつきはどうしても発生してしまう。現在の仕組みには限界がある。」と述べている。

14　なお、序－4で後述するように、厚生労働省による上記補填率の計算には誤りがあることが約二年後に判明している。

15　2014年9月28日付前掲注9記事で、日本医師会の今村副会長は、「もちろん診療報酬による補てんは対症療法で、引き続き抜本的な見直しを求めていく。」と述べている。

療等に対する消費税について、現行の制度（筆者注：医療非課税）を前提として、診療報酬に上乗せされている仕入税額相当額を上回る仕入消費税額を負担している場合に、その超過額の還付が可能な税制上の措置を講ずること。」というものであった[17]。すなわち、平成26年の夏以降一旦盛り上がったものの安倍首相の税率引き上げ延期宣言でしぼんだ、「非課税還付」措置の導入という方法により解決するというものである[18]。

しかし、この機運は再びしぼむこととなった。安倍首相は平成28（2016）年6月1日に、今度は新興国経済の落ち込みなどで世界経済が危機に陥るリスクを回避するため、税率10%への引き上げを平成29（2017）年4月から平成31（2019）年10月に2年半も再度延期すると表明したのである。筆者は当時、仮に増税延期となっても、医療界は一丸となって平成29年度税制改正で「非課税還付」措置の導入を実現すべく関係各方面に働きかけを行うべきと主張していた[19]。なぜなら、当時医療界、なかでも病院団体は控除対象外消費税の負担は病院経営に深刻な影響を及ぼしていることから、「早急な解決」を主張していたからであり、これを真に受ければ、消費税率10%引き上げまで待って税制上の対応策を講じるのでは「遅すぎる」ためである。筆者が主張する以下の算式で示される「非課税還付」措置であれば、税率8%の時から対応可能であり、それが当該措置のメリットでもある。しかし、医療界はなぜか税制上の対応を急ぐことはなかった。

図表序-5　税率連動型還付税額（仕入控除税額）計算式[20]

$$\text{還付対象税額}=\text{非課税売上（社会保険診療等）対応課税仕入税額}\times\frac{\text{標準税率}-5\%}{\text{標準税率}}$$

16　そこでの提言内容は、「現行の非課税制度を前提として、当局が診療報酬に仕入税額相当額として上乗せしている2.89%相当額を上回る仕入消費税額を負担している場合には、その超過額の税額控除（還付）を認める新たな制度を提言する。」というものであった。同答申64頁参照。

17　日医と四病院団体協議会の連名による「平成29年度税制改正要望」（平成28年9月）2頁参照。

18　なお、日本医師会の今村定臣常任理事によれば、当該要望は、日本医師会や四病院団体協議会のみならず、日本歯科医師会や日本薬剤師会などとも合意した内容であるという。2016年8月25日付 CB News「医療消費税、現行制度前提の還付措置を─日医が来年度税制改正要望」参照。

19　平成28年4月4日付 RIS FAX「増税延期でも医療界『統一提言を』国際医療福祉大・安部准教授　課税“断念”で非課税維持を評価」参照。

そのため、その後も毎年税制改正要望に「控除対象外消費税問題の解決」が謳われるものの、中医協の消費税分科会が2年間開催されない[21]など動きは鈍く、実際に動き出したのは平成31（2019）年10月の10%引き上げが見え始めた、平成31年度の税制改正に向けてであった。

序-4　平成31年度税制改正までの経緯

平成30年度の与党税制改正大綱では、検討事項として、「医療に係る消費税のあり方については、医療保険制度における手当のあり方の検討等とあわせて、医療関係者、保険者等の意見、特に高額な設備投資にかかる負担が大きいとの指摘等も踏まえ、医療機関の仕入れ税額の負担及び患者等の負担に十分に配慮し、関係者の負担の公平性、透明性を確保しつつ、平成31年度税制改正に際し、税制上の抜本的な解決に向けて総合的に検討し、結論を得る。（下線部筆者）」という点が挙げられた。それでは、以後平成31年度税制改正まで、控除対象外消費税問題はどのような経緯をたどったのであろうか。

平成30（2018）年3月30日に2年ぶりに再開された中医協の第15回消費税分科会[22]から、控除対象外消費税問題解決への動きが進み始めた。以後の議論で問題となったのは、診療報酬による控除対象外消費税の補填割合についてである。第13回消費税分科会で厚生労働省から示された資料によれば、診療科等によってバラつきはあるものの、全体としてみれば概ね補填されているということであった。ところが、平成30（2018）年7月25日に開催された第16回消費税分科会では、第13回に提出された資料について、DPC病院の包括部分の補填状況の把握に不正確な点があったことが判明したため、その修正後の補填率は以下のとおり全く結果が異なり、大幅に低下することが示された（全体で12

20　当該算式は、拙稿「医療機関の控除対象外消費税問題への試論」『税務弘報』2013年5月号144頁にて示したのが最初である。
21　前掲注7参照。
22　このとき、分科会長が田中滋慶應義塾大学名誉教授から荒井耕一橋大学教授に交代している。

ポイント、病院は20ポイント弱、特定機能病院は実に36ポイント強)[23]。

図表序-6　消費税率8%への引き上げに伴う補填状況の把握結果（全体・修正後）

	全体	病院	一般診療所	歯科診療所	保険薬局
補填率	90.6%	82.9%	106.6%	101.6%	88.6%

図表序-7　消費税率8%への引き上げに伴う補填状況の把握結果（病院・修正後）

	全体	一般病院	精神科病院	特定機能病院	こども病院
補填率	82.9%	82.7%	130.1%	61.4%	71.1%

図表序-8　消費税率8%への引き上げに伴う補填状況の把握結果（一般病院・修正後）

	全体	医療法人	国立病院	公立病院	国公立除く
補填率	82.7%	92.0%	81.0%	69.3%	85.3%

（出典）　厚生労働省「控除対象外消費税の診療報酬による補てん状況把握（平成26年度）」

また、修正後の算定方法によると、平成28年度の補填状況は以下のとおりとなる。

図表序-9　平成28（2016）年度の補填状況（全体）

	全体	病院	一般診療所	歯科診療所	保険薬局
補填率	92.5%	85.0%	111.2%	92.3%	88.3%

図表序-10　平成28（2016）年度の補填状況（病院）

	全体	一般病院	精神科病院	特定機能病院	こども病院
補填率	85.0%	85.4%	129.0%	61.7%	71.6%

図表序-11　平成28（2016）年度の補填状況（一般病院）

	全体	医療法人	国立病院	公立病院	国公立除く
補填率	85.4%	92.6%	84.7%	69.5%	91.1%

（出典）　厚生労働省「控除対象外消費税の診療報酬による補てん状況把握（平成28年度）」

上記結果から容易に分かることは、診療報酬による補填の明らかな限界である[24]。補填不足は特に病院において顕著で、その病院間も大学病院等の特定機

23　これに対しては、日本医師会が副会長名で厚生労働省保険局長に対し「抗議文（平成30年8月30日付「控除対象外消費税補てん状況の集計ミスに対して厳重に抗議する」）」を提出する事態となったところである。

能病院と精神科病院との差異（2倍以上の開き）は「異常」としか言いようがない不合理な状況といえよう。また、このような厚生労働省の「ずさんな」診療報酬改定のやり方は、かつて民間病院が控除対象外消費税に係る国の対応の問題点について訴えた事案（神戸地裁平成24年11月27日判決・税資262号順号12097[25]）における裁判所の判断（「厚生労働大臣は、診療報酬改定に際し、（中略）医療法人等の仕入税額相当額の負担に関する制度の整合性の見地に照らし、（中略）医療法人等が負担する仕入税額相当額の適正な転嫁という点に配慮した診療報酬改定をすべき義務を負うものと解するのが相当であり、このような配慮が適切に行われていない場合には、当該診療報酬改定は、裁量権を逸脱又は濫用するものと評価することができる。」（下線部筆者））に照らせば、特に特定機能病院やこども病院に対する補填状況は、違法となり国家賠償が認められる余地すらあるものと考えられる。

次に、上記「不備」が判明する前ではあるが、日本医師会は、平成30年5月30日に出された医業税制検討委員会答申に基づき、社会保険診療報酬を非課税とする現行制度を継続し、診療報酬への上乗せ分（2.89％相当額）を超えて医療機関が仕入消費税額を負担している場合には、その超過額につき還付を認める新たな制度を導入することを「医療界が一つになった要望[26]」と位置付け、税制改正を要求する方針を固めた。なお、筆者は、当該答申中の以下の文言に着目している[27]。

「⑺　医療についての諸外国の付加価値税については、それぞれの国の事情に応じて、付加価値税と医療制度の関係は様々であることから、わが国の医療制度の特殊性や医療と消費税のこれまでの経緯を考慮して、前例にとらわれ

24　厚生労働省の上記ミスが判明した際、日本医師会の横倉会長は診療報酬で消費増税分を補填する方法に関して、「限界が一つあったのだと思う」とコメントしている。

25　判例評釈として、拙稿前掲注4書57－65頁参照。

26　日本医師会は従来から（2年前の答申も同様）当該要求を行っていたが、病院団体は原則課税への移行を未だ主張していた。しかし、当該変更は国民の理解を得ることが困難であるとして、いわば「次善の策」として、改めて提言したものである。2018年6月7日付 CB News「診療報酬への上乗せ分超過額の還付を提言　日医委員会『医療界の一本化した要望』」参照。

27　平成30年5月「医業税制検討委員会答申」3頁。

ることなく柔軟に適切な制度設計をすべきである。」

まさにこのとおりで、非課税であるから仕入税額控除を認めないという原理原則（基本的な仕組み？）に拘泥するあまり、問題を解決できない、ないし解決から遠ざかるという愚を犯してはならない。

平成30年夏には例年どおり、医療界から税制改正要望が出された。すなわち、2018（平成30）年8月29日に日本医師会・日本歯科医師会・日本薬剤師会および四病院団体協議会の連名で、「控除対象外消費税問題解消のための新たな税制上の仕組みについての提言―消費税率10%への引き上げに向けて―」が公表されたのである。当該提言の1頁には、医療界が一致団結できる具体的な対応として、以下の新たな仕組みが提言されていた。

新たな仕組みの提言

（1）　仕組みの概要

診療報酬への補てんを維持した上で、個別の医療機関等ごとに診療報酬本体に含まれる消費税補てん相当額（以下、消費税補てん額）と個別の医療機関等が負担した控除対象外仕入れ税額（医薬品・特定保険医療材料を除く）を比較し、申告により補てんの過不足に対応する。

診療報酬への補てんについては、消費税率10%への引き上げ時に医療機関等種類別の補てんのばらつきを丁寧に検証し是正する。その後の診療報酬改定でも必要に応じて検証、是正を行う。

（2）　適用対象

消費税および所得税について実額計算で申告を行っている医療機関等開設者を対象とする。

筆者としては、医療界が一致して提言したこと自体は率直に評価したいと思う。しかし、診療報酬への補填を維持した上で、申告により過不足を対応するという仕組みを導入するという上記提言の内容は、なかなか理解しがたいところである。そもそも、第16回消費税分科会で報告されたように、平成26年度・28年度の診療報酬による補填状況では不足のみならず、バラつき・不公平が生じていることが明確になったところであり、これはとりもなおさず診療報酬による補填という対応では控除対象外消費税問題は解消しないということを意味するというように理解すべきであろう。にもかかわらず、依然として「診療報酬への補填を維持した上で」という対応に固執するというのは、どうしたものであろうか。診療報酬による対応と税制による措置とは切り離すべきものであり、併存・共存は（制度が複雑化しすぎることから）基本的にあり得ない。このような対応策を求めるということは、結局のところ制度設計を財務省（および厚生労働省）に丸投げするということを意味するのではないだろうか。医療界における様々な意見を集約する中で折衷的な意見になったものと推察するところではあるが、これでは税制上の措置の実現は覚束ないと危惧したところである[28]。

図表序-12　診療報酬による対応の困難性

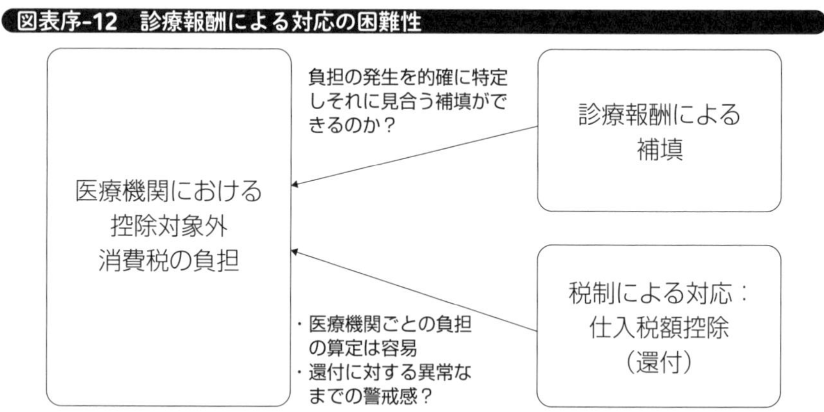

それでも筆者は当時、平成30年度税制改正大綱の「平成31年度税制改正に際し、税制上の抜本的な解決に向けて総合的に検討し、結論を得る」という文言に一縷の期待を託して、議論の推移を見守っていた。控除対象外消費税問題に特に苦しむ病院団体は、診療報酬で補填する現在の仕組みには限界があると

28　平成30年9月6日付 RIS FAX「医療界合同提言に『設計図が見えない』国際医療福祉大・安部准教授　控除対象外消費税で“妥協”に苦言」参照。

して、長期的な視点での新たな対応策を講じるべきとのスタンスが鮮明であったため[29]、税制上の措置を強く求めるという観測もあった。

ところが、平成30年11月末になると税制による対応策は見送られる見通しとなった[30]。その理由について新聞記事によれば、「税制上、税の還付を受けるためには、そもそも医療費が消費税の課税対象となっている必要があるためだ。」と財務省が主張していることによるものだという。しかし、当然のことながら、それは今はじめて分かったことではなく、かねてから指摘されてきたことで[31]、それにもかかわらず筆者らが「非課税還付」案を主張してきたのは、現在の不合理を現実的に解決するには、この案が取りあえずの「最適解」と考えられるからである。

結局のところ、平成30（2018）年12月14日に出された平成31年度与党税制改正大綱の5頁には、以下の記述が載せられることとなった。

（3） 医療に係る措置

社会保険診療等に係る医療は消費税非課税である一方、その価格は診療報酬制度による公定価格となっている。このため、平成元年の消費税導入以来、仕入れ税額相当分を診療報酬で補てんする措置が講じられてきたが、補てんにばらつきがある等の指摘があった。今般の消費税率10%への引上げに際しては、診療報酬の配点方法を精緻化することにより、医療機関種別の補てんのばらつきが是正されることとなる。今後、所管省庁を中心に、実際の補てん状況を継続的に調査するとともに、その結果を踏まえて、

29 2018年10月3日付CB News「消費税対応、診療報酬での補填には『限界がある』相澤・日病会長」参照。

30 2018年11月30日付日本経済新聞。なお、当該記事では「医療費への消費課税は国民の抵抗感も強いと予想されるため、還付案は見送られることになった。」とあるが、これではまるで医療を標準税率又は軽減税率で課税することを前提としているかのような書きぶりである。なぜ日経新聞は「非課税還付」の妥当性に触れないのだろうか。

31 日本医師会もかつて、「今こそ考えよう　医療における消費税問題（パンフレット第2版）」（平成24年11月）24頁において、「『社会保険診療は非課税のまま、控除対象外消費税を還付』はできない？」という問いに対し、（恐らく財務省の主張を受け入れて）「税制の基本的な仕組みを超えたものになりますので、実現困難と考えています。」と主張していたが、その後方針転換している。

> 必要に応じて、診療報酬の配点方法の見直しなど対応していくことが望まれる。

上記記述がきわめて奇異なのは、税制改正大綱でありながら、税制上の措置についての記載がないということである。そのため、閣議決定された「平成31年度税制改正の大綱」（平成30年12月21日）には、上記記載は存在しない。要するに、控除対象外消費税問題は税制上の対応ではなく、診療報酬で解決するという方針が示されたということである。全くもって、これまでの議論はいったい何だったのか、という思いが強い。

上記「解決策」に対する医療界の反応も腑に落ちない。平成30年8月に連名で「提言」を出した日本医師会などの三師会と四病院団体協議会は、同年12月19日に合同で記者会見を開き、「診療報酬による補填の状況を継続的に調査し、必要に応じて配点方法を見直す形で対応すること」という手法につき、「現時点でこの問題が解決された」との見解を示したという[32]。しかし、同会見の中で日本病院会の万代副会長が指摘したとおり、診療報酬でいかに精緻化して補填しても、医療機関ごとにばらつきが生じる可能性が否めないのであり[33]、抜本的解決策には程遠いといえよう。

序-5 平成31年度税制改正の評価

結局、平成31（2019）年10月の消費税増税対応の診療報酬改定では、初診料（現行比＋6点）および再診料（現行比＋1点）の上乗せを基本とし、個別項目についてはできるだけ上乗せを控えるという対応を行うことになった。

それでは仮に、控除対象外消費税問題に関する平成31年度税制改正（税制の

32 2018年12月19日付 CB News「将来の消費税率引き上げ対応、医療団体間で温度差　三師会と四病協が合同会見」参照。

33 この点は中医協の公聴会でも、病院事業管理者から過不足ない補填を求める指摘があった。2019年1月30日付 CB News「消費税増税対応の改定、過不足ない補填の必要性訴え　中医協・公聴会で病院事業管理者」参照。

改正は何も行っていないのであるが）を一言で評価するならば、「問題の先送り」ということになるであろう。診療報酬改定というのはその時々の医療政策を的確に反映するための、いわばツールであり、税制に求められる透明性や中立性といった価値観とは相いれないケースも少なくない。これは診療報酬制度の問題というよりは、透明性や中立性が求められる制度改正については、診療報酬制度を介在させるのは得策ではないということを意味していると解するべきであろう。控除対象外消費税問題とは税負担の公平性の問題であるから、税制改正で対応するのが望ましいといえる。

にもかかわらず、何故今回も診療報酬改定で対応するとされたのであろうか。私見では、役所（霞が関）の論理に引きずられたためではないかと考えている。すなわち、今回の問題に対処するキープレーヤーは厚生労働省、財務省および医療界[34]ということになるが、厚生労働省（保険局）と財務省（主計局）は診療報酬の上げ下げこそが自らの業務領域であり、力の源泉である。財務省内でも主税局は税制を担当しているので税制上の措置に乗ってきそうであるが、その導入により減税となるような措置にはあまり積極的とはいえないであろう。結果として、霞が関の論理が前面に出れば、医療界が相当頑張らないと、診療報酬改定で決着するということになるのである。

それでは、控除対象外消費税問題の（当面の）解決に向けて、これまで医療界（および筆者）が採ってきた戦略に関して、どのような反省点があるのだろうか。恐らく、以下の項目が挙げられるのではないだろうか。

①　財務省の掲げる「税制の本質」論に対する反論の脆弱さ

先に触れた新聞記事[35]によれば、財務省は、医療界が要望した「非課税還付」案に対して、「税制上、税の還付を受けるためには、そもそも医療費が消費税の課税対象となっている必要がある」ため、実現は困難であると撥ねつけたと

34　本来であれば患者・納税者も関与するのが筋であるが、医療は消費税が非課税であるため、（保険料という形で本当は負担しているものの）消費税を負担しない患者は議論の蚊帳の外となってしまうのである。一方で、仮に、医療の課税化により患者・納税者が関与するようになると、その意向が議論の帰趨を決する可能性が高いと予想される。

35　前掲注30参照。

されている。要するに、仕入税額控除は課税売上に対応する仕入税額に限定され、非課税売上に対応する仕入税額は対象外であるというのが、付加価値税の基本原則であるということを意味するのであろう[36]。筆者もこれが原則であるという点に異論はない。しかし、原則を金科玉条とし、常に厳守すべきであるとも考えないところである。なぜなら、消費税が非課税であることの弊害が小さくなく、公定価格の診療報酬は医療機関に価格決定権がなく転嫁のメカニズムが機能しないため、その除去も容易ではないからである。

欧州では、非課税売上に対応する仕入税額が控除できず、さらに当該税額を価格にも転嫁できないことから、事業者がその負担を余儀なくされる現象を「隠れた付加価値税（hidden VAT）」問題と呼んでいるが、その弊害が顕著であるため、オプション制度や付加価値税グループ制度、コストシェアリング措置といった対応策が導入されている[37]。また、カナダでは正に付加価値税（GST）に係る医療非課税の問題点に対処するため、83％還付制度が導入されている[38]。諸外国のこのような取組みやわが国の現状を直視することなく、非課税売上に対応する仕入税額は控除不可とするのが「税制の本質論」であるとのみ繰り返すのは、極めて不誠実な態度をいわざるを得ないのではないだろうか[39]。

②「還付」を前面に押し出した要望の可否

今回医療界の要望が実現しなかった理由の一つとして挙げられるのが、「還付」を前面に出した税制上の措置を求めたためという点があるものと考えられる。なぜこれが問題になるかといえば、私見では、財務省という役所は、一度国庫に入った収入については、たとえそれが法律に基づくもの（過誤納）であったとしても、納税者にそれを「還付」という形で返還するということを、いわば生得的に嫌う官庁であるからである。その点は平成31年度の医療界の税制

36 金子前掲注1書799頁。
37 拙稿前掲注4書50－52頁参照。
38 拙稿前掲注4書181－192頁参照。
39 わが国の租税法学者の中でも、例えば欧州の税制に詳しい村井名誉教授は、医療サービスに対する消費税非課税が引き起こす問題に税制が対処する必要性を説いておられる。村井正「消費税法上の非課税取引は全廃か、課税選択権か」税研2014年1月号20－24頁参照。

改正要望でも慎重に考慮されており、「申告により補てんの過不足に対応する」という穏やか文言となっているが、財務省の警戒感および拒否感は思いの外大きかったようである。

税制上の措置として要望する「非課税還付」は、「還付」と謳っているものの、本質的には消費税制度の中核である仕入税額控除を機能させるということを意味するわけであり、その結果還付となる可能性もあるということである。今後は、目指すものは「非課税還付」であるものの、それを要望する理由はあくまで「仕入税額控除制度の適正な運用」というスタンスで望むことが必要になるのかもしれない。

序-6　平成31年度税制改正後の動き

平成31年度税制改正においては、控除対象外消費税問題は正面から議論されず、残念ながら問題先送りの対応となってしまったわけであるが、その後この問題はどのような展開をたどっているのであろうか。これについて、筆者はすでに別稿[40]にて述べているが、その内容の骨子を示せば以下のとおりとなる。

①　令和2年度の補填状況

前述のとおり、平成31年度税制改正で、控除対象外消費税問題は税制上の対応を行うのではなく、診療報酬の「配点方法の精緻化」により対応するとなったが、果たしてそれはうまくいったのであろうか。中医協の第22回「医療機関等における消費税負担に関する分科会」（令和3年12月2日開催[41]）で報告された内容は、以下の表のとおりである。

40　拙稿「医療機関における控除対象外消費税問題再考」『租税訴訟』第15号（2022年6月）151－162頁参照。

41　その前の第21回分科会（2021年8月4日開催）で分科会長は荒井耕一橋大学教授から飯塚敏晃東京大学教授に交替している。

図表序-13　令和2年度の補填状況（全体）

	全体	病院	一般診療所	歯科診療所	保険薬局
補填率	103.4%	110.1%	87.0%	103.4%	112.7%

図表序-14　令和2年度の補填状況（病院）

	全体	一般病院	精神科病院	特定機能病院	こども病院
補填率	110.1%	110.7%	104.4%	110.0%	106.8%

図表序-15　令和2年度の補填状況（一般病院）

	全体	医療法人	国立病院	公立病院	国公立除く
補填率	110.7%	117.4%	109.6%	88.1%	119.4%

上記表を見る限り、平成31年度税制改正後の診療報酬での対応は、一般診療所および公立病院を除き、概ねうまくいっているようにみえる。特に、それ以前の改定では補填率が低かった「病院（中でも特定機能病院）」の補填率が110%を超えているのは、長年控除対象外消費税問題の深刻な影響に苦しんできた当該医療機関を救済する結果となっており、一見問題解決の糸口が見えたかのようにもみえる。

しかし、実際のところは、中医協の資料で厚生労働省が認めているとおり、「令和2年度については、新型コロナウイルス感染症の影響があり、上乗せを行った診療報酬項目の算定回数の減少のほか、患者減に伴う課税経費の減少、消毒・マスク・機器整備等の感染対策のための課税経費の増加など、補てん額と負担額の双方にぶれが生じていると考えられ、令和2年度のデータにより、上乗せ点数の厳密な検証を行うことは困難[42]」というのが妥当な評価と言えそうである。すなわち、コロナ禍において、政府は医療機関を支援するため、2020（令和2）年度は約2.5兆円、2021（令和3）年度は2.1+α 兆円のコロナ関係補助金を交付しており、診療報酬による収入を加えると、医療機関の経営は全体としてコロナ禍前よりもむしろ潤っているという実態がある[43]。また、医療機関

42　中医協「医療機関等における消費税負担に関する分科会」第22回（令和3年12月2日）資料（税－2）「令和4年度診療報酬改定における対応（案）」参照。

43　財政審議会財政制度分科会資料「社会保障」（令和3年11月8日）17頁参照。

が新たにコロナ対応のための病床を確保した場合、1床あたり最大1,950万円の補助金が支給されているが、当該補助金は全国1,715の医療機関が受給しており、その分大幅な収入増があったとされている[44]。要するに、中医協消費税分科会に提出された資料により、診療報酬による消費税の補填率を議論することは事実上無理であり、また、そのような議論をすることは無駄とさえ言えよう。

したがって、仮に2年後にコロナ禍の影響がほぼなくなったと言えるような状況になったとしたら、その際に今回のような検証を再度行い、診療報酬による控除対象外消費税負担額の補填が十分なされているのか確認することが必要といえる。

なお、診療報酬の適切な改定のためには、医療機関の経営実態を的確に把握しそれに基づき行うことが求められるが、現状、2年に1度行われ、実態とは相当乖離した少数のサンプル調査である「医療経済実態調査」に基づきなされている[45]。これを医療法人の全数調査である「医療法人事業報告書」等に切り換えて、医療機関の実態に即した精度の高いデータに基づき行うことが必須であるといえる[46]。「医療法人事業報告書」については、現在紙媒体での提出となっているが、行政文書のDX化の観点から、そのデータのHPへのアップロードによる届出・公表・電子データ化が早急に求められよう[47]。

②　平成31年度税制改正後の税制改正要望

それでは、平成31年度税制改正後において、医療界は控除対象外消費税問題につき、診療報酬による対応で十分で、税制上の措置はもはや不要となったと方向転換したのであろうか。実は、厚生労働省は、平成31年度の税制改正

44　2021年11月9日付日本経済新聞参照。なお、コロナ対応病床を確保し当該補助金を受けながら、実際にはコロナ患者を受け入れていない病床は一般に「幽霊病床」と称されており、世間一般の批判を浴びている。

45　「医療経済実態調査」が医療機関の経営実態からいかに乖離しているかを実証的に示した研究として、荒井耕・古井健太郎「『主たる診療科』別の診療所損益把握の改善必要性」社会保険旬報2021年9月21日号6－19頁がある。

46　病院の7割程度を医療法人が占めているとは言うものの、それ以外の開設主体も含めた医療機関全体のデータに基づく診療報酬の改定を行うべきであろう。

47　財政審議会前掲注43資料20頁参照。

での「税制によらない」対応で控除対象外消費税問題は解決したかのようにとらえ、税制改正要望において控除対象外消費税問題の税制による対応を引っ込めたところである。すなわち、「令和2年度税制改正要望事項」において、前年度[48]まで「健康・医療」に関する要望の筆頭に挙げられていた控除対象外消費税問題に関する事項が丸ごと消滅し、以後それが復活することなく現在に至っているのである。

しかし、医療界の捉え方は必ずしも監督官庁と同一とは言えない。例えば、日本医師会は、この問題が依然として解決していないことを念頭に置いてか、令和2年度の税制改正要望では「個別医療機関に生ずる補てんのばらつきへの税制上の対応[49]」につき検討することを引き続き要望している。また、令和3年度の税制改正要望では「課税取引も視野に入れて[50]」税制上の対応も検討すべきとしたり、令和4年度の税制改正要望では「消費税負担の大きな医療機関においては軽減税率による課税取引に改めること[51]」としたりして、税制上の対応の具体的な方法につき、そのスタンスが微妙に変化している。現在はコロナ禍への対応で手一杯で、税制問題はそれほど重要性が高くないというのかもしれないが、コロナ禍が収束し補助金給付という特例措置がなくなれば、病院経営の実態が露になり、再度控除対象外消費税問題がクローズアップされるのではないか、というのが筆者の予想である。その時に備えて、今から論点を再度整理し、どのような解決策が望ましいといえるのか検討すべきであろう。

48 「平成31年度税制改正要望事項」では、「医療に係る消費税等の税制のあり方については、医療保険制度における手当のあり方の検討等とあわせて、医療関係者、保険者等の意見、特に高額な設備投資にかかる負担が大きいとの指摘等も踏まえ、医療機関の仕入れ税額の負担及び患者等の負担に十分に配慮し、関係者の負担の公平性、透明性を確保しつつ検討を行い、平成31年度税制改正に際し、この税制上の問題の抜本的な解決に向けて、個別の医療機関等の補てんの過不足について、新たな措置を講ずる。」としていた。

49 日本医師会「令和2年度医療に関する税制要望」1頁。

50 日本医師会「令和3年度医療に関する税制要望」1頁。

51 日本医師会「令和4年度医療に関する税制要望」1頁。令和5年度の改正要望もこれを踏襲している。

序-7　控除対象外消費税問題の経緯に係る年表

上記で述べた控除対象外消費税問題の経緯について、年表形式でまとめてみると以下のとおりとなる。

図表序-16　控除対象外消費税問題の経緯に係る年表

年月日	出　来　事
1989年4月1日	消費税導入（税率3%）
1991年10月1日	自由診療のうち助産に係る消費税非課税化
1997年4月1日	消費税率5%へ引き上げ
1998年	診療報酬（全体）のマイナス改定（△1.3%）
2008年3月14日	日医・医業税制検討会答申「課税制度に改める」旨を打ち出す
2012年6月20日	第1回中医協「医療機関等における消費税負担に関する分科会」開催
2012年8月22日	三党合意に基づく消費税率引き上げに係る改正消費税法公布（8%：2014年4月、10%：2015年10月）
2012年11月27日	兵庫県の医療法人が国を訴えていた国家賠償請求訴訟に関し原告敗訴（神戸地裁）
2013年9月25日	中医協消費税分科会「中間整理」で高額投資対応は行わない旨決定
2014年4月	予定通り8%引き上げ、診療報酬通常改定
2014年11月18日	安倍首相が消費税率10%への引き上げを2017年4月に1年半延期することを表明
2015年11月30日	第13回中医協消費税分科会で、消費税率8%への引き上げに伴う補填状況が報告される
2016年3月10日	日医・医業税制検討会答申「非課税還付措置」導入を求める
2016年6月1日	安倍首相が消費税率10%への引き上げを2019年10月に2年半再延期することを表明
2017年12月14日	平成30年度与党税制改正大綱「税制上の抜本的な解決に向けて総合的に検討し、結論を得る」旨明記
2018年3月30日	中医協消費税分科会が2年ぶりに再開（第15回）
2018年5月30日	日医・医業税制検討会答申「非課税還付措置」導入を再度求める
2018年7月25日	第16回中医協消費税分科会で、先に公表された消費税率8%への引き上げに伴う補填状況に誤りがある旨報告される
2018年8月29日	日本医師会や四病院団体協議会等が連名で「診療報酬への補てんを維持した上で、申告により補てんの過不足に対応する」制度の導入を提言する
2018年11月末	控除対象外消費税問題に関し、税制による対応を見送る旨の新聞記事が出る
2018年12月14日	平成31年度与党税制改正大綱、控除対象外消費税問題は「診療報酬の配点方法の精緻化により対処する」旨明記

医療・福祉施設における消費税の申告実務

1 消費税の概要

1-1 消費税とは

消費税は物品・サービスの販売・提供者である「事業者」の行う資産の譲渡や役務提供の対価を課税標準とし、これに税率（令和元（2019）年10月1日より国税7.8%および地方税（地方消費税）2.2%の計10%の標準税率）を適用して税額を計算する租税である[1]。消費税は「内国消費税」という位置付けにあることから、国外取引は課税の対象外である。

平成元年に導入されたわが国の消費税は、取引活動のあらゆる段階で課税する多段階一般消費税となっている。また、わが国の消費税は、欧州諸国ですでに導入されていた付加価値税（VAT, Value Added Tax）に倣い、課税の累積を避けるため、前段階の業者から仕入れた物品・サービスに係る前段階の仕入税額を控除し、ネットの付加価値に対して課税される仕組み（前段階税額控除型付加価値税）となっているのがその特徴といえる。

またわが国の消費税のその他の特徴として、納税者が納付する消費税額が、最終的に消費者に転嫁（ないし帰着）されることが予定されていることが挙げられる[2]。

1 水野忠恒『大系租税法（第2版）』（中央経済社・2018年）910頁。

2 このように、物品・サービスの製造者や卸・小売業者を納税者とする消費税を間接消費税と呼ぶことがある。水野前掲注1書910頁参照。ただし、消費税法においては事業者の消費税額の転嫁の権利や義務は定められていない。実際、税率が上がったからといって、その分を丸ごと価格に反映させられるかどうかは、市場の状況や取引先との関係、個々の企業の価格戦略等の様々な要因に左右されることとなる。

以下の表のとおり、わが国の租税および印紙収入に占める消費税（地方消費税を含む）の割合は24.5%（27兆4,900億円余り）と、法人税収（地方税分を含む）を凌駕し個人所得税収（地方税分を含む）に次ぐ規模となっており、名実ともにわが国の基幹税としての地位を確立しているものといえる。

図表1-1　わが国における国税および地方税の内訳（令和4年度一般会計予算）

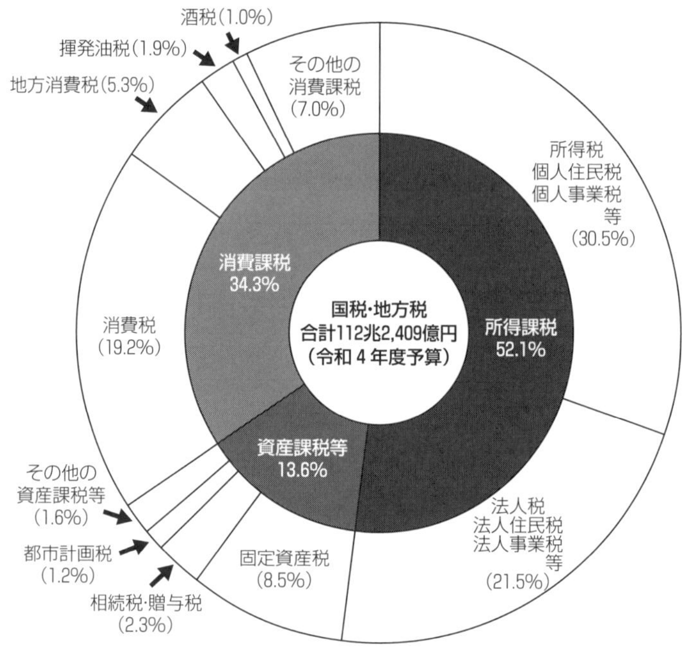

（出典）財務省ホームページ

1-2　消費税の課税の仕組み

前段階税額控除型付加価値税である消費税の課税の仕組みを図で示すと、次頁のとおりとなる。

図表1-2　消費税の課税フロー（税率10%）

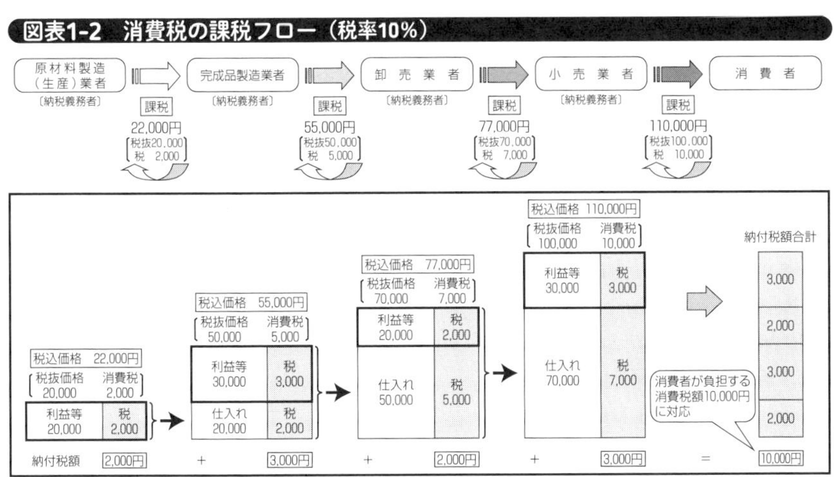

（注）　図中の「消費税」、「税」には地方消費税を含む。
（出典）　財務省ホームページ

前頁のような前段階税額控除型付加価値税に対し、アメリカやカナダ[3]では、州や市レベルで、小売り段階においてのみ課税し前段階の仕入税額を控除しない方式（単段階一般消費税[4]）である「小売売上税」が採用されている。小売売上税の場合、前段階税額控除型付加価値税との比較において一般に、小売り段階が最終段階とは限らず税が累積することや、サービスに対する課税が困難であること（実際には小売り段階以外のサービスの提供のウェイトが高いにもかかわらず、それに対する課税が困難であること）といった点が問題であるとされている。

3　カナダは連邦レベルでは付加価値税であるGST（Goods and Services Tax）が導入されており、いくつかの州では連邦税に準拠した付加価値税（HST : Harmonized Sales Tax）を課している。
4　わが国における単段階の個別消費税としては、酒税、たばこ税、揮発油税、関税等がある。

2 消費税の納税義務者

2-1 国内取引の場合

消費税の納税義務者は、国内取引（**3-1**参照）については課税資産の譲渡等を行った事業者である[5]（消法5①）。ここでいう事業者とは、個人および法人双方を指し、また、国、地方公共団体、公共法人、公益法人および人格のない社団等も含まれる（消法3、60）。個人事業者または法人のいずれにも該当しない組合、匿名組合、信託等も、また、非居住者および外国法人も、国内において課税資産の譲渡等を行う場合には、納税義務者となる[6]。ただし、その課税期間の基準期間[7]（個人事業者の場合は前々年、法人事業者の場合は前々事業年度、消法2①十四）における課税売上高が1,000万円以下の事業者は、課税事業者となることを選択した場合を除き、原則としてその課税期間は納税義務が免除される（免税事業者、消法9①）。

なお、裁判において消費者が消費税の（単なる負担者ではなく）納税義務者となるかが争われた事案があるが、裁判所は、税制改革法第11条第1項において、消費者が納税義務者であることも事業者が消費者から徴収すべき税額も定

5　信託については別途規定があり、原則として信託の受益者が納税義務者となる（消法14①）。
6　水野前掲注1書921頁、金子宏『租税法（第二十四版）』（弘文堂・2021年）804頁。
7　免税事業者に該当するか否かの判定を基本的に2年前の基準期間に基づき行うのは、一般に、事業者が取引価格に消費税を反映させるのかを決定するのに、その事業者自身が課税期間の開始の際に消費税の納税義務者であるかどうかを認識している必要があるためと解されている。仮にこれを前年・前事業年度とすると、その決算が締まるのが期末から2か月程度経過してからとなるため、事業者が課税期間の開始の際に消費税の納税義務者であるかどうかを認識できるとは限らないのである。

められていないことを理由に、これを否定している（東京地裁平成2年3月26日判決・判時1344号115頁）。

2-2 輸入取引の場合

輸入取引（**3-2**参照）における納税義務者は、課税貨物を保税地域から引き取る者である（消法5②）。輸入取引に関しては、免税事業者（**2-3**参照）を含むすべての輸入者が納税義務者となる。なぜなら、国産品の価格の中には消費税が含まれており、それとのバランスをとることが必要だからである。

2-3 免税事業者

① 免税事業者の意義

消費税はその導入の際、小規模事業者（中でも農業従事者）の事務負担を軽減するため、基準期間の課税売上高が一定規模以下の事業者につき、国内取引にかかる納税義務を免除する制度を採り入れた（人的非課税）。これを免税事業者制度または事業者免税点制度という。導入当初、当該課税売上高は3,000万円と比較的高額であったが、いわゆる「益税」問題[8]への批判が高まったこともあり、平成15年度の税制改正により平成16年4月1日以降に開始する課税期間から1,000万円に引き下げられた（消法9①）。

ここでいう「基準期間」とは、個人事業者についてはその課税年の前々年をいい、法人についてはその事業年度の前々事業年度[9]をいう（消法2①十四）。事

8 平成14年11月に発表された政府税制調査会の「平成15年度における税制改革についての答申―あるべき税制の構築に向けて」において、「消費者の支払った消費税相当額が国庫に入っていないのではないかとの疑念を呼び、これが消費税に対する国民の不信の大きな背景となっている。」と指摘されていた。なお、東京地裁平成2年3月26日判決・判時1344号115頁では、消費税の適正な転嫁を定めた税制改革法第11条第1項の趣旨から見て、事業者免税点制度は、免税事業者が消費者から消費税分を徴収しながらその全額を国庫に納めなくてもよいことを積極的に予定しているものではないことは明らかであるとして、便乗値上げが生じても、消費税法自体の意図するものではないと判示した。

業者が基準期間において免税事業者であった場合、課税売上高の計算の際消費税相当額を含める（それだけ課税売上高が増加するため不利になる）ものとされている（非控除説、最高裁平成17年2月1日判決・民集59巻2号245頁参照）。

図表2-1 基準期間（法人の場合）

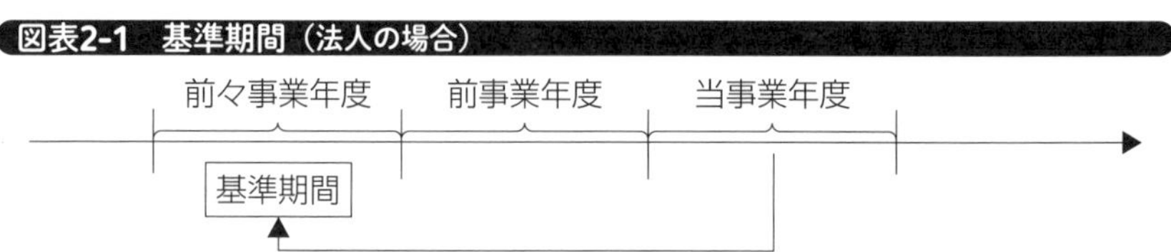

また、「課税売上高」とは、課税資産の譲渡等の対価の額であり（消法9②）、税込の対価から消費税相当額を控除した金額となる（消法28①）。

② 新設法人の特例

新規の事業者は事業開始後2年間につき上記基準期間がないため、免税事業者となるが、例外として、資本金等が1,000万円以上の新設法人（社会福祉法人を除く）は、設立当初2年間についても課税事業者と扱われる（新設法人の特例、消法12の2）。

③ 特定期間における課税売上高による納税義務の免除の特例

また、平成23年度の税制改正で、以下の要件に当てはまる事業者については免税事業者から外れることとなった（消法9の2）。

（ア） 前年の1月1日から6月30日までの間の課税売上高が1,000万円を超える個人事業者

（イ） 前事業年度（7か月以下の場合に限る）開始の日から6か月間の課税売上高が1,000万円を超える法人事業者

（ウ） 法人のその事業年度の前事業年度が7か月以下の場合で、その事業年度の開始前1年以内に開始した事業年度がある場合において、前々事業年度開始の日から6か月間の課税売上高が1,000万円を超える法人事業者

9 前々事業年度が1年未満の場合、その事業年度開始の日の2年前の日の前日から同日以後1年を経過する日までの間に開始した各事業年度を合わせた期間が基準期間となる（消法2①十四カッコ書）。

ただし、この場合、(ア)～(ウ)にいう「課税売上高」に代えて、所得税法に規定する給与等の支払額(支払明細書に記載すべき給与等の金額)を用いることができる(消法9の2③)。

当該規定は平成25年1月1日以後に開始するその年またはその事業年度から適用されている。

図表2-2　特定期間における課税売上高による納税義務の免除の特例の場合

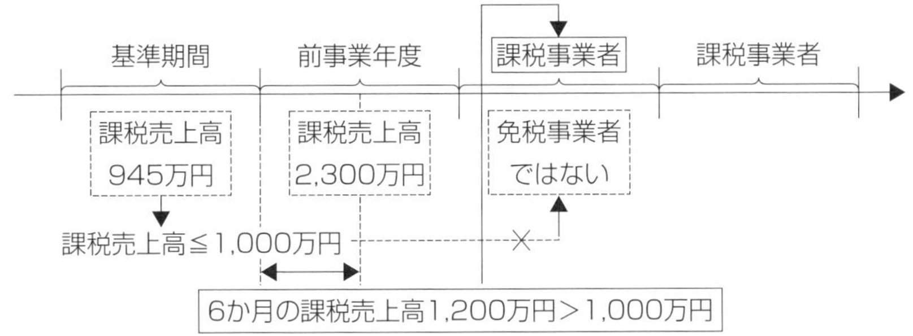

2-4　課税事業者の選択

①　課税事業者の選択の意義

免税事業者であっても、「消費税課税事業者選択届出書」を所轄の税務署長に提出することによって、課税事業者となることができる(消法9④)。設備投資をした場合には課税仕入高が課税売上高を上回ることがあり、その場合、課税事業者であれば申告書の提出により消費税の還付を受けることができるが、免税事業者では還付申告ができない。そのため、免税事業者であっても、主として課税事業者となり還付申告を行うため、当該届出書を提出するのである。

また、「消費税課税事業者選択届出書」を提出し課税事業者となることを選択した後、再び免税事業者となるには、「消費税課税事業者選択不適用届出書」を提出しなければならない。当該届出の効力は原則としてその提出した日の翌課税期間からとなる。

②　課税事業者の継続適用

課税事業者を選択した場合には、2年間継続した後でなければ免税事業者となることはできない（2年間の強制適用）。すなわち、上記「消費税課税事業者選択不適用届出書」は、課税事業者となった課税期間の初日から2年間を経過する日の属する課税期間の初日以後でなければ提出できないのである（消法9⑥）。

③　課税事業者の継続適用の特例

ただし、課税事業者を選択した事業者が課税事業者となった課税期間の初日から2年を経過する日までの間に開始した各課税期間、または、新設法人（**2-3②**参照）が基準期間のない事業年度に含まれる各課税期間中（いずれも簡易課税の適用を受けている課税期間を除く）に調整対象固定資産（**5-9**参照）を取得した場合には、その取得のあった課税期間の初日から3年間を経過する日の属する課税期間の初日以後でなければ「消費税課税事業者選択不適用届出書」を提出できない（3年間の強制適用、消法9⑦、12の2②）。これは平成22年度の税制改正で新たに導入された措置である。

図表2-3　3年間の強制適用

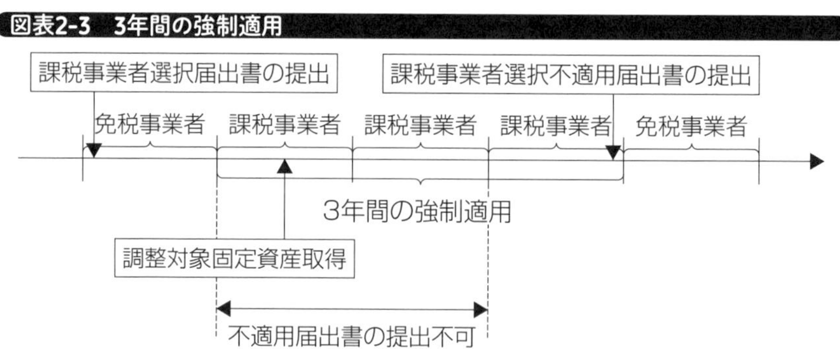

改正前の制度においては、上記②のように課税選択の強制適用期間が原則2年間であるため、その期間に調整対象固定資産を取得し、設備投資等による還付申告を行った場合において、その後課税売上割合が著しく変動したとしても、第3年度の課税期間において免税事業者となることが可能となっているため、

調整措置の対象とならないという問題がある（当該問題の詳細については、**6-6**参照）。そのため、消費税の課税の適正化の観点から、課税選択の強制適用期間中に調整対象固定資産を取得した場合には、調整措置の対象となるような改正が行われたのである。

なお、課税選択1期目（選択により課税事業者となった課税期間）に調整対象固定資産を取得しなかった場合には、課税選択2期目の初日以後は「消費税課税事業者選択不適用届出書」を提出できる状態になる。このため、当該課税選択2期目には調整対象固定資産の取得を行う前に当該届出書がすでに提出されている場合があり得るが、これを有効とすると調整措置の対象から免れてしまうという問題が生じる。そのため、この強制適用期間中に当該「消費税課税事業者選択不適用届出書」を提出した後、同一の課税期間に調整対象固定資産を取得した場合には、すでに提出した当該届出書は提出がなかったものとみなされる（消法9⑦）。

④　届出書の記載例

「消費税課税事業者選択届出書」および「消費税課税事業者選択不適用届出書」の記載例は次頁のとおりである。

第１号様式

消費税課税事業者選択届出書

収受印

令和 5 年 4 月 10 日	届出者	（フリガナ）	トシマクヒガシイケブクロ
		納税地	（〒 170 － 0001 ） 豊島区東池袋１―２―３ （電話番号 03 － 6333 － 1111 ）
		（フリガナ）	
		住所又は居所 （法人の場合）本店又は主たる事務所の所在地	（〒 － ） 同上 （電話番号 － － ）
		（フリガナ）	イリョウホウジンシャダンヒガシカイイケブクロビョウイン
		名称（屋号）	医療法人社団東会池袋病院
		個人番号又は法人番号	↓ 個人番号の記載に当たっては、左端を空欄とし、ここから記載してください。 0 1 2 3 4 5 6 7 8 9 0 1 2
		（フリガナ）	サトウ タロウ
		氏名 （法人の場合）代表者氏名	佐藤 太郎
		（フリガナ）	トシマクニシイケブクロ
豊島 税務署長殿		（法人の場合）代表者住所	豊島区西池袋３―３―３―333 （電話番号 03 － 6444 － 4444 ）

下記のとおり、納税義務の免除の規定の適用を受けないことについて、消費税法第９条第４項の規定により届出します。

適用開始課税期間	自 ○平成 ☑令和 5 年 4 月 1 日		至 ○平成 ☑令和 6 年 3 月 31 日	
上記期間の基準期間	自 ○平成 ○令和 年 月 日		左記期間の総売上高	円
	至 ○平成 ○令和 年 月 日		左記期間の課税売上高	円
事業内容等	生年月日（個人）又は設立年月日（法人）	1明治・2大正・3昭和・4平成・5令和（☑5令和） 5 年 4 月 1 日	法人のみ記載 事業年度	自 4月 1日 至 3月 31日
			資本金	0 円
	事業内容	医療・福祉業	届出区分	事業開始・設立・相続・合併・分割・特別会計・その他（☑事業開始）
参考事項			税理士署名	（電話番号 － － ）

※税務署処理欄					
整理番号		部門番号			
届出年月日	年 月 日	入力処理	年 月 日	台帳整理	年 月 日
通信日付印 年 月 日	確認	番号確認	身元確認 □ 済 □ 未済	確認書類	個人番号カード／通知カード・運転免許証 その他（ ）

注意 １．裏面の記載要領等に留意の上、記載してください。
２．税務署処理欄は、記載しないでください。

第２号様式

消費税課税事業者選択不適用届出書

収受印

令和 5年 3月 20日	届出者	（フリガナ）	トシマクヒガシイケブクロ
		納税地	（〒 170 － 0001 ） 豊島区東池袋１―２―３ （電話番号 03 － 6333 － 1111）
		（フリガナ）	イリョウホウジンシャダンヒガシカイイケブクロビョウインリジチョウサトウタロウ
		氏名又は名称及び代表者氏名	医療法人社団東会池袋病院 理事長 佐藤太郎
豊島 税務署長殿		個人番号又は法人番号	↓ 個人番号の記載に当たっては、左端を空欄とし、ここから記載してください。 0 1 2 3 4 5 6 7 8 9 0 1 2

下記のとおり、課税事業者を選択することをやめたいので、消費税法第９条第５項の規定により届出します。

①	この届出の適用開始課税期間	自 ○平成 ☑令和 4年 4月 1日　至 ○平成 ☑令和 5年 3月 31日
②	①の基準期間	自 ○平成 ☑令和 2年 4月 1日　至 ○平成 ☑令和 3年 3月 31日
③	②の課税売上高	8,920,160 円

※ この届出書を提出した場合であっても、特定期間（原則として、①の課税期間の前年の１月１日（法人の場合は前事業年度開始の日）から６か月間）の課税売上高が１千万円を超える場合には、①の課税期間の納税義務は免除されないこととなります。詳しくは、裏面をご覧ください。

課税事業者となった日	☑平成 ○令和 26年 4月 1日	
事業を廃止した場合の廃止した日	○平成 ○令和 年 月 日	
提出要件の確認	課税事業者となった日から２年を経過する日までの間に開始した各課税期間中に調整対象固定資産の課税仕入れ等を行っていない。	はい ☑
	※ この届出書を提出した課税期間が、課税事業者となった日から２年を経過する日までに開始した各課税期間である場合、この届出書提出後、届出を行った課税期間中に調整対象固定資産の課税仕入れ等を行うと、原則としてこの届出書の提出はなかったものとみなされます。詳しくは、裏面をご確認ください。	
参考事項		
税理士署名	（電話番号 － － ）	

※税務署処理欄	整理番号		部門番号			
	届出年月日 年 月 日		入力処理 年 月 日		台帳整理 年 月 日	
	通信日付印 年 月 日	確認	番号確認	身元確認 □ 済 □ 未済	確認書類	個人番号カード／通知カード・運転免許証 その他（ ）

注意 １．裏面の記載要領等に留意の上、記載してください。
２．税務署処理欄は、記載しないでください。

3 課税取引

3-1 国内取引

消費税の課税対象は資産の譲渡等であり、これが所得課税における売上に相当するものと考えられる（課税売上、消法9②）。消費税法における課税売上高は、以下のとおり計算される（消法9②一、28①）。

課税売上高	＝	課税資産の譲渡等の対価の額（税抜）	－	売上に係る対価の返還等の額（税抜）

このような課税対象取引は、国内取引と輸入取引とに分けられる（消費地課税主義）。ここではまず国内取引についてみていく。なお、課税対象取引であっても課税の対象から除かれる「非課税取引（消法6①、別表第1）」があるが、これは後述**4**でみていくこととする。

消費税法によれば、国内取引とは、国内（消費税の施行地域、消法2①一）において事業者が行った資産の譲渡等をいう（消法4①）。また、資産の譲渡等とは、事業として[10]対価を得て行われる資産の譲渡および貸付[11]ならびに役務（サービス）の提供を指す[12]（消法2①八）。なお、資産の譲渡等には非課税取引（消法6①、別表第1）も含まれ、資産の譲渡等から非課税取引を除いたものを課

10 消費税法における「事業」は一般に、所得税法における「事業」よりも広く解されており、その規模を問わず反復・継続・独立して行われているものをいう（名古屋高裁金沢支部平成15年11月26日判決・税資253号順号9473頁）。例えば、所得税法上は不動産所得に該当するものであっても、消費税法上は事業に該当し消費税が課されるケースがある。個人事業者が消費者として行う取引（生活用資産の譲渡等）については、事業に該当しない（消基通5－1－1）。

税資産の譲渡等という（消法2①九）。これを算式で示すと次のとおりとなる。

課税資産の譲渡等　＝　資産の譲渡等　－　非課税取引

国内取引に関する論点として、取引が国内で行われたかどうかの判定基準がある。資産の譲渡・貸付については、原則として、譲渡・貸付が行われたときに当該資産が所在していた場所を基準に判定することとなる（消法4③一）。したがって、国外において購入した資産を国内に搬入することなく譲渡した場合には、当該取引が国内の事業者間で行われた場合であっても、課税対象とはならない（消基通7－1－1）。また、国内にある資産を国外に譲渡することとなる輸出取引も、消費税法上国内取引ということになる（ただし輸出免税とされる。輸出免税については**3-4**参照）。

例外として、船舶・航空機・特許権等の無体財産権といった一定の資産については、資産の譲渡・貸付が行われたときにおける登録機関の所在地その他一定の場所を基準とすることとなっている（消法4③一カッコ書、消令6①）。

役務の提供については、原則として、役務の提供が行われた場所を基準に判定する（消法4③二）。したがって、例えば日本人プロゴルファーが全米オープンで賞金を得た場合、国外取引（課税対象外取引）となり消費税は課されない。ただし、運輸・通信等、役務の提供が国内および国外にまたがってなされるものについては、出発地・発送地または到着地（国際運輸の場合）、差出地または配達地（国際郵便の場合）等、一定の場所を基準として判定することとされている（消法4③二カッコ書、消令6②、なお平成27年度税制改正で電気通信利用役務の提供の取扱いが定められた。**3-2**参照）。

なお、国内取引に該当しても、その資産が輸出され、またはその役務の提供

11　資産の貸付には、資産に係る権利の設定その他他人に資産を使用させる一切の行為が含まれるが（消法2②）、具体的には、地上権または地役権の設定、工業所有権に係る実施権もしくは使用権または著作権に係る出版権の設定がそれに該当する（消基通5－4－1）。

12　なお、資産の譲渡等には、代物弁済による資産の譲渡その他対価を得て行われる資産の譲渡もしくは貸付または役務の提供に類する行為として政令で定めるもの（負担付贈与による資産の譲渡、金銭以外の資産の出資等）も含まれる、とされている（消法2①八、消令2）。

が国外で行われる場合には、当該取引に対する消費税は免除される（輸出免税、消法7、**3-4**参照）。

3-2 輸入取引

輸入取引の課税対象は、保税地域（指定保税地域、保税蔵置場、保税工場、保税展示場および総合保税地域の5種、関法29）から引き取られる外国貨物である（消法4②）。ここでいう外国貨物とは、輸出の許可を得た貨物および外国から本邦に到着した貨物で輸入が許可される前のものをいう（消法2①十、関法2①三）。外国貨物が消費税の課税の対象とされているのは、それがわが国の国内で消費されることとなることから、国内で製造・販売される物品（消費税の課税対象）との間の競争条件を等しくするためであると解される[13]。

外国貨物の引き取りに関しては、それが事業として行われているか、また、対価を得て行われているかを問わず課税される。すなわち、個人輸入の場合も消費税が課されることとなる[14]。これも、国内において無償で取引される物品でも、その無償譲渡までの製造や流通の段階で消費税が課されており、輸入品に対して課税しないとこのような国産品との間でバランスが取れないからだと考えられる。

また、無償でなされた外国貨物の引き取りの場合、消費税の課税標準は、関税が課税されるとした場合の課税標準に準じて計算することとなる（消法28④、関率法4～4の8）。

なお、輸入取引の場合、特許権等の無体財産権の外国からの導入は、保税地域からの外国貨物の引き取りには当たらないため、課税の対象とはならない[15]。

---

13 金子前掲注6書820頁。輸入取引が課税されるのはわが国の消費税法が仕向地主義（**3-4**②参照）を採用しているからである。

14 ただし、課税価格の合計額が1万円以下の物品の輸入に関しては関税および消費税が免除される（関率法14十八、輸入品に対する内国消費税の徴収等に関する法律13①一）。

15 無体財産権（複製権を除く）の使用に伴う対価の支払いが外国貨物の輸入取引の条件となっている場合には、当該対価は関税の課税価格に含めることとなる（消基通5－6－3）。

さらに、海外企業が日本国内で電子書籍等を販売する際、従来の税法では消費税が課税されなかったが、国内企業との公平性を担保する観点から、平成27年度の税制改正で国外事業者からの当該サービスの提供についても国内で行われたものとして、消費税の課税対象となった（電気通信利用役務の提供、消法2①八の三、4③三）。

3-3 課税対象外取引

消費税の課税対象となる取引は、①事業として行われる取引であり、かつ、②対価を得て行われる取引に限られる（消法2①八）。消費税の課税対象となる取引が事業上のものに限定される理由は、一般に、「事業」として行われた取引でなければ付加価値は生じないという考え方に立脚しているものと考えられる[16]。

また、事業外の取引、例えば、個人が自己の所有する書籍を友人に譲渡するといった行為が消費税の課税の対象とされていないのは、一般に、それに対して課税しても課税庁が当該取引を把握することは困難であり、かつ、税収を十分上げることが見込めないという執行上の理由であると考えられる[17]。

さらに、国外において行う取引も消費税の課税対象とはならない。

このように、消費税の課税対象とならない取引を一般に、課税対象外取引（out of scope）または不課税取引という。

消費税の課税対象となる取引は、「対価を得て」行われた取引である（有償取引課税の原則[18]）が、対価を得て行われる資産の譲渡および貸付ならびに役務の提供とは、実務上、資産の譲渡等に対して反対給付を受けることをいい、無償による資産の譲渡および貸付ならびに役務の提供は、資産の譲渡等に該当

16 水野前掲注1書925頁。
17 金子前掲注6書815頁。
18 山本守之「課税対象取引と課税対象外取引」『日税研論集』（日本税務研究センター・1995年）30号138頁。

しないと解されている（消基通5－1－2）。

対価性に関しては、損害賠償金のうち、心身または資産について加えられた損害の発生に伴い受ける金銭は、損害の回復に充てられることから資産の譲渡等の対価に該当しないが、以下のような逸失利益に代わるものは、その実質が資産の譲渡等の対価に該当するものと認められることから、資産の譲渡等の対価に該当すると取り扱われる（消基通5－2－5）。

① 損害を受けた棚卸資産等が加害者に引き渡される場合で、その棚卸資産等がそのまま、または軽微な修理を加えることで使用できるときの損害賠償金

② 無体財産権の侵害を受けた場合、加害者から権利者が受ける損害賠償金

③ 不動産等の明け渡しの遅滞により加害者から賃貸人が受ける損害賠償金

さらに、補償金の対価性に関しては、対価補償金に該当するかどうかが問題となり得る（消令2②、消基通5－2－10）。通達によれば、譲渡があったとみなされる収用の目的となった所有権その他の権利の対価である補償金（対価補償金）が対価に該当する。そのため、以下の補償金は反対給付ではなく対価性はないと考えられることから、消費税の課税対象としての対価補償金には該当しない。

① 事業について減少することとなる収益または生ずることとなる損失の補填に充てられるものとして受ける補償金

② 休廃業等により生ずる事業上の費用の補填または収用等による譲渡の目的となった資産以外の資産について実現した損失の補填に充てるものとして受ける補償金

③ 資産の移転に要する費用の補填に充てるものとして受ける補償金

④ その他対価補償金としての実質を有しない補償金

3-4 輸出免税・ゼロ税率

① 輸出免税・ゼロ税率の意義

資産の譲渡や役務の提供が国内取引に該当する場合であっても、その資産が輸出され、またはその役務の提供が国外で行われる場合には、当該取引に対する消費税は免除される（消法7）。これを輸出免税という。ここでいう「輸出」とは、判例では、内国貨物を外国に向けて送り出すことであり（関法2①二）、貨物を外国に仕向けられた船舶または航空機に積み込むことであるから、動産の売買取引において、外国に仕向けられた船舶または航空機への積込みによって目的物の引渡しが行われる場合には、当該売買取引は、その要素に輸出行為を含む取引として、「本邦からの輸出として行われる資産の譲渡」に該当するものというべきである、とされた（東京地裁平成18年11月9日判決・税資256号309頁）。

また、「免税」の意味するところは、資産の譲渡や役務の提供を単に課税の対象から除外する（非課税）のみではなく、その仕入れに含まれていた税額（仕入税額）を控除し、控除しきれない分を還付して、当該取引に関する税負担をゼロにすることにある[19]。したがって、免税は「ゼロ税率（zero-rated）」による課税と考えるのがより実態に即した取扱いないし用語法であるといえる。さらに、免税取引の金額は「課税売上高」には算入されるが非課税取引の金額には算入されないという点でも異なる。

② 源泉地主義と仕向地主義

わが国の消費税において輸出免税が採用される理由は、一般に以下のように説明される[20]。輸出される資産の譲渡や役務の提供に対する消費税の課税主体については、大きく分けて、①源泉地国（資産の生産や役務の提供元の国）に課税権があるとする源泉地主義（origin principle）と、②仕向地国（資産の消費

19 非課税の場合、対応する仕入れに係る仕入税額控除もできないこととなるため、免税ないしゼロ税率の方が事業者の税負担の観点からいえば有利な取扱いといえる。

20 金子前掲注6書822－823頁。

や役務の提供先の国）に課税権があるとする仕向地主義（destination principle）の2つの考え方がある。これは、資産の譲渡や役務の提供が国境を超える場合、その生産地（源泉地）国と消費地（仕向地）国の双方で付加価値税が課される可能性があり（国際的二重課税）、それを調整するための考え方である。

源泉地主義を採用すると、輸出品は源泉地国で課税され、輸入品は課税が免除される。そのため、源泉地主義を採用すると一般に、輸入超過国から輸出超過国へ税の移転がみられるだけでなく、税負担水準の低い国の製品が国際競争力をもつこととなり、消費税制が貿易取引を大きく歪めることとなる。これを次の事例で検討してみる。

図表3-1　源泉地主義の問題点

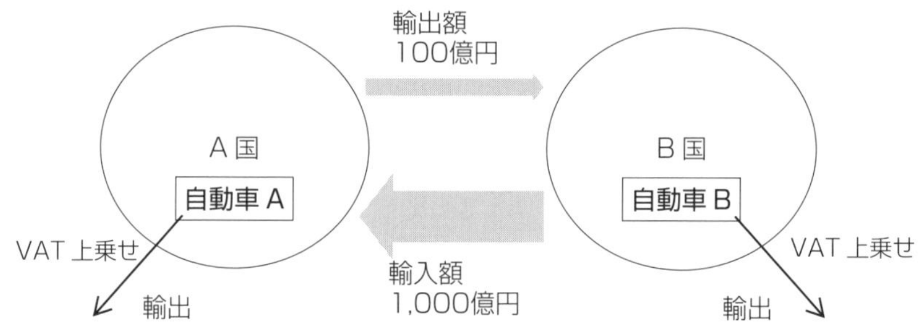

A・B 両国がともに源泉地主義を採用し、付加価値税率が10%とすると、A 国の税収は10億円に過ぎないが、B 国の税収は100億円となる。A 国の経済活動が活発になり輸入が増加すればするほど、輸出元である B 国の税収が増えることとなり、これは輸入超過国（A 国）から輸出超過国（B 国）へ税の移転現象ととらえられる。

また A・B 両国がともに源泉地主義を採用しており、仮に A 国の税率が5%、B 国の税率が10%であるとすると、同一価格・同等の品質の自動車 A・B であっても、自動車 A の方が税率の差額分（5%）だけ価格が安いため、国際市場で競争力をもつこととなる。これらの現象は、税の中立性という観点から問題であろう。

一方、仕向地主義を採用した場合、輸出品は源泉地国の消費税を免除され、仕向地国の消費税を課されるので、仕向地国のみならず他の国々の製品と税負担に関し同じ条件で競争することとなるので、税制の国際的競争の中立性が確保されることとなる。さらに、仕向地主義の下では、各国は、自国品・輸入品の区別なく自国内で消費される製品から税収を確保することができる。仕向地主義のこのような機能は、わが国も加盟するWTOが求めている自由貿易体制に合致したシステムであるといえる。

以上から、消費税に関しては仕向地主義を採用し、輸出品については免税（輸出免税）となるわけである。

なお、仕向地主義の下では、輸出の時点で前段階の税額が還付されるという方法で付加価値税の調整が行われるが、これを国境税調整（border tax adjustment）という。

③ 輸出取引等

消費税法によれば、輸出免税の対象となる取引（輸出取引等）は概ね以下の表のとおりとなる。

図表3-2 輸出取引等の例示

輸出取引	①	輸出取引としての資産の譲渡または貸付（消法7①一）
	②	外国貨物の譲渡または貸付（消法7①二）
輸出類似取引	③	国内と国外との間の旅客および貨物の輸送（国際運送）（消法7①三）
	④	国内と国外との間の通信または郵便（消法7①三、消令17②五）
	⑤	国際運送の用に供される船舶または航空機の譲渡・貸付または修理（消法7①四、消令17①）
	⑥	非居住者に対する無体財産権等の譲渡または貸付（消令17②六）
	⑦	特例輸出貨物の保税地域間の運送（消令17②四）

3-5 課税対象取引等の分類

これまでみてきた消費税の課税対象取引を分類すると次の図のようになる。

図表3-3 消費税の課税対象取引等の分類

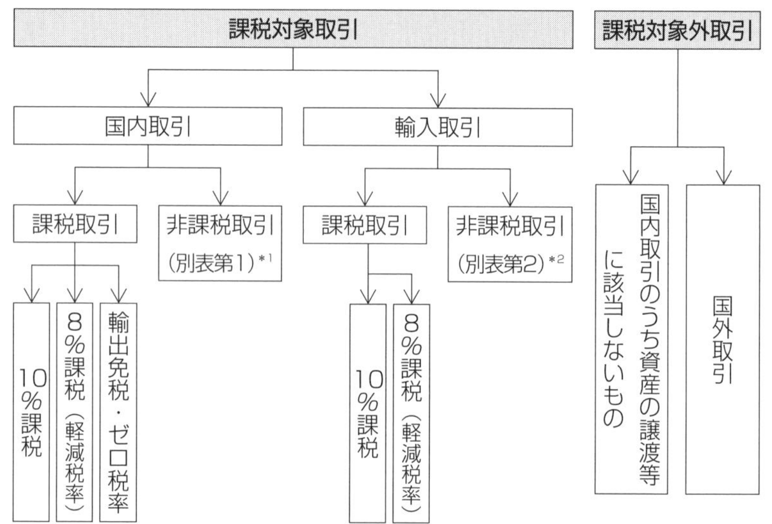

(注) 令和元(2019)年10月1日以降の標準税率10%、軽減税率8%の適用を前提に図示している。
＊1 令和5(2023)年10月1日以降別表第2
＊2 令和5(2023)年10月1日以降別表第2の2

4　非課税取引

わが国の消費税の課税ベースは導入時の「広く、薄く[21]」のスローガンに表されているように包括的ではあるが、国内取引においても、輸入取引においても、一定の範囲の資産の譲渡等ないし外国貨物が課税の対象から除かれている。これを非課税取引[22]という。

非課税取引については、次頁の表のように、①特別の政策的配慮に基づくものと、②その性質上消費税になじまないと説明されるものとに分けられる（消法6①、別表第1）[23]。

21　昭和63年4月の政府税制調査会の「税制改革についての中間答申」では、「これからの税制を考えるに当たっては、消費を基準として広く薄く負担を求める間接税の役割について、より積極的に評価することが必要である。」と指摘されており、当時の竹下首相もよくこのフレーズを用いていた。

22　非課税取引が制限されているのは、帳簿方式の採用により、課税・非課税が複雑だと帳簿での整理が困難であることもその理由であるという指摘もある。大島隆夫・木村剛志『消費税法の考え方・読み方（二訂版）』（税務経理協会・1997年）34頁参照。

23　金子宏「総論―消費税制度の基本的問題点」『日税研論集』（日本税務研究センター・1995年）第30号4～8頁参照。

図表4-1 非課税取引の例示

区分	番号	内容
特別の政策的配慮に基づくもの	①	公的な医療保障制度に基づく療養・医療等
	②	社会福祉・更生保護事業
	③	助産
	④	埋葬料・火葬料
	⑤	身体障害者用物品の譲渡等
	⑥	一定の学校の授業料・入学金等
	⑦	教科用図書
	⑧	住宅の貸付
その性質上消費税になじまないもの	⑨	土地の譲渡・貸付
	⑩	有価証券・支払手段等の譲渡
	⑪	金融・保険取引[24]
	⑫	日本郵便株式会社等が行う郵便切手・印紙・証紙等の譲渡
	⑬	物品切手（商品券・プリペイドカード等）の譲渡
	⑭	国・地方公共団体等が法令に基づき行う役務等の手数料
	⑮	外国為替業務等に係る役務の提供等

保税地域から引き取られる外国貨物のうち、上表⑤、⑦、⑩、⑫および⑬は、国内における非課税取引とのバランスを図るため、非課税とされている（消法6②、別表第2）。

なお、非課税の場合は前述**3-4**の（輸出）免税の場合と異なり、当該取引に係る売上が課税の対象から除かれるだけで、仕入税額控除は認められないことが重要であり、注意を要する[25]。

24 金融取引は、例えば、銀行の収益源であるスプレッド（貸出金利と預金金利との差）については、①金銭の時間的価値（time value of money）、②リスクプレミアム、③銀行の手数料相当額とで構成されていると考えられるが、このうち手数料相当額は消費税の課税対象とすることは理論的には可能である。しかし、執行の簡便さ（スプレッドのうち手数料相当額はどの程度なのか算定が困難）を重視して非課税としていると解される。中里実『キャッシュフロー・リスク・課税』（有斐閣・1999年）21～31頁参照。

25 これについては、病院等における消費税の「損税」の問題として議論になっている。この点については、本章7・8および第3章の **Q1-1**参照。

5 仕入税額控除

5-1 仕入税額控除の意義

消費税においては、課税の累積を排除するために、**図表1－2**で示されているように、前段階の税額である仕入れに係る税額（input tax）の控除が認められている。これを仕入税額控除（前段階税額控除）という。

消費税法によれば、事業者が国内において課税仕入れを行った場合または保税地域から課税貨物を引き取った場合には、これらの日の属する課税期間における売上に係る消費税額から、課税仕入れに係る消費税額および課税貨物に係る消費税額を控除することとなっている（消法30①）。なお、課税仕入れに係る消費税額とは、支払対価の額に110分の7.8を乗じて算出した金額である（消法30①、地方消費税を含めれば110分の10となる。令和元（2019）年10月以降適用される標準税率10%を前提としている）。

消費税の仕入税額控除の特徴は、そのタイミングにある。すなわち、所得税や法人税の場合と異なり、いわゆる「費用収益対応の原則」は適用されず、ある課税期間に仕入れた物品やサービスに含まれる消費税額は、その物品やサービスと当該課税期間における売上との対応関係にあるかどうかとは関係なく、原則としてその課税期間（課税仕入れを行った日）において控除されるのである（即時控除の原則）[26]。

26 金子前掲注6書836頁。

＜例＞（標準税率10%を前提）

医療法人が今期の期初に医療機器（5,000,000円（消費税額500,000円）、耐用年数5年、定額法）を購入した。この場合、法人税法上損金に算入される減価償却費および消費税における仕入税額控除の金額は以下のとおりである。

・減価償却費＝5,000,000×0.200（定額法の償却率）＝1,000,000円

・仕入税額控除額＝(5,000,000＋500,000)×10／110＝500,000円（地方消費税を含む）⇒ 当該金額**全額**が当期において仕入税額控除の対象となる。

5-2 帳簿方式による仕入税額控除

仕入税額控除は原則として、事業者が保存する帳簿および請求書等の証憑により行うこととなる[27]（消法30⑦）。このように帳簿および請求書等の証憑により仕入税額控除を行う方式を帳簿（アカウント）方式といい、欧州における付加価値税のインボイス（税額票）方式と対比される。日本独自の制度である帳簿方式の下では、原理的に、売主が免税事業者であり売上に含まれる消費税額を実際には納付しなくとも、買主が当該税額に係る仕入税額控除を行うことができるため、結果として消費税収が少なくなるという問題が生じる[28]。

ところで、付加価値税において複数税率を導入する場合、インボイス方式でないと機能しないという主張がされることがある[29]。しかし、わが国の現行消費税は帳簿方式の下で幅広い非課税項目を導入しているが、当該非課税項目は

27 平成9年3月31日までは帳簿または請求書等の保存であった。

28 もっとも、売主側では納付しなかった消費税額が売上高に含まれるため、通常法人税ないし所得税が課されることとなる。

29 例えば、谷口勢津夫・一高龍司・野一色直人・木山泰嗣著『基礎から学べる租税法（第3版）』（弘文堂・2022年）198頁など。これは主として事業者間の税額の移転が正確に行えないことを指しているのであるが、仮にこの懸念が正しいとしても、複数税率が採り入れられるのは基本的に小売り段階であることから、ほとんど問題にならないと考えられる。

複数税率（10%引き上げ前であっても8%と非課税・輸出免税の二段階税率）を導入したことと原理的には同じことであり、これを拡張すれば帳簿方式の下でも複数税率を導入することは、少なくとも技術的には可能である[30]。

ここでいう「帳簿」とは、以下の事項が記載されたものをいう（消法30⑧）。

① 課税仕入れに係る場合
　（ア） 課税仕入れの相手方の氏名または名称
　（イ） 課税仕入れを行った年月日
　（ウ） 課税仕入れに係る資産または役務の内容
　（エ） 課税仕入れに係る支払対価の額

② 課税貨物に係る場合
　（ア） 課税貨物を保税地域から引き取った年月日
　（イ） 課税貨物の内容
　（ウ） 課税貨物の引き取りに係る消費税額（地方消費税額を含む）

また、「請求書等」とは、前段階の事業者から交付される請求書、納品書、領収書その他これらに類する書類で、以下の事項が記載されたものをいう（消法30⑨）。

③ 取引の相手方が作成した書類の場合
　（ア） 書類の作成者の氏名または名称
　（イ） 課税資産の譲渡等を行った年月日
　（ウ） 課税資産の譲渡等に係る資産または役務の内容
　（エ） 課税資産の譲渡等の対価の額
　（オ） 書類の交付を受ける事業者の氏名または名称[31]

④ 事業者自身が作成した仕入明細書・仕入計算書等の書類の場合（取引の相

30 志賀櫻「消費税法―第6章インボイス―」『税務事例』（2012年8月号3頁）でも「アカウント方式によって軽減税率を入力する方法をとれば、技術的にはクリアできる。これに加えて請求書等の証憑を発行する場合において、発行者において税率を明示することまでをも法律によって義務付ければ、結果的には同等な制度となるように思われる。」と指摘されている。実際のところ、インボイス導入までのつなぎの制度である「区分記載請求書等保存方式」の下では、軽減税率が入って複数税率となってもアカウント方式を維持できているのが何よりの証拠と言えよう。

手方の確認を受けたものに限る)

(ア) 書類の作成者の氏名または名称

(イ) 課税仕入れの相手方の氏名または名称

(ウ) 課税仕入れを行った年月日

(エ) 課税仕入れに係る資産または役務の内容

(オ) 課税仕入れに係る支払対価の額

帳簿方式を採用したわが国の消費税の場合、仕入税額控除は上記の要件を満たす帳簿等の保存が条件となっている。ここでいう帳簿等の保存とは、単に法定帳簿等が存在し、納税者がそれを所持しているというだけでは不十分で、税務調査において、税務職員の質問検査権に応じてその内容を確認できる状態で保存を継続していることが必要と解されている[32]。判例でも、税務調査において帳簿等の提示を拒絶した場合において、「(課税庁の職員から) 適法に帳簿等の提示を求められ、これに応じ難いとする理由も格別なかったにもかかわらず、帳簿等の提示を拒み続けたということができ、(中略) 調査が行われた時点で帳簿等を保管していたとしても、同法 (筆者注:消費税法) 第62条に基づく税務職員による帳簿等の検査に当たって適時にこれを提示することが可能なように態勢を整えて帳簿等を保存していたということはできず、本件は同法第30条第7項にいう帳簿等を保存しない場合に当たる」とされている (最高裁平成17年3月10日・民集59巻2号379頁)。要するに、税務調査において帳簿等を調査官に見せることができないのであれば、保存しているとはいえず、仕入税額控除の適用はないということである。

なお、事業者があらかじめ電子帳簿保存法の承認を受けて電子データ等により保存している帳簿に上記の事項が記録されている場合には、当該電子データ等の保存をもって帳簿が保存されていることとなる。

31 通常不特定多数の消費者等を相手として取引を行っている事業者の一定の事業 (小売業、飲食業等) については、その交付する領収書・レシート等には買手や顧客の氏名や名称が記載されていないのが通例であるため、当該記載 (領収書等の宛名) は不要であるとされている (消令49④)。

32 水野前掲注1書971頁。

5-3 請求書の保存を要しない場合

帳簿方式の下でも、取引の実態等を踏まえて、下記の要件に該当する場合には、請求書の保存につき特例措置が講じられている。

① 課税仕入れに係る支払対価の合計額が3万円未満である場合

請求書等の保存は不要で、法定事項（**5-2**①②参照）が記載された帳簿の保存で足りる（消法30⑦、消令49①一）。

② 課税仕入れに係る支払対価の合計額が3万円以上で請求書等の交付を受けなかったことにつきやむを得ない理由がある場合

法定事項（**5-2**①②参照）が記載された帳簿にそのやむを得ない理由および相手方の住所または所在地を記載している場合[33]には、その帳簿の保存で足りる（消法30⑦、消令49①二）。

ここでいう「やむを得ない理由」とは、以下の場合が該当するものと取り扱われている（消基通11－6－3）。

（ア） 自動販売機を利用した場合

（イ） 乗車券・搭乗券のように回収される場合

（ウ） 取引の相手方に請求書等の交付を請求したが、交付を受けられなかった場合

（エ） 課税仕入れを行った課税期間末までにその支払対価の額が確定していない場合

（オ） その他上記に準じる場合

5-4 実額による控除

課税事業者は、その課税期間における売上税額から、その期間中の仕入税額

33 国税庁長官が指定する者（鉄道事業者や航空運送事業者等）については、その相手方の住所または所在地の記載を省略できる（消令49①二、消基通11－6－4）。

を控除することとなる（消法30①）。当該仕入税額の控除の方法は、実額による場合と、概算による場合（簡易課税制度）とに分けられる。ここではまず原則方式である実額による方法を説明する。

仕入税額控除の対象となる消費税額は、その課税期間中の国内において行った課税仕入れに係る消費税額およびその課税期間中における保税地域からの引き取りに係る課税貨物について課された（または課されるべき）消費税額の合計額である。

図表5-1　仕入税額控除の対象となる消費税

下記の合計額	
① その課税期間中の国内において行った課税仕入れに係る消費税額	② その課税期間中における保税地域からの引き取りに係る課税貨物について課された（または課されるべき）消費税額

上記でいう「課税仕入れ」とは、事業者が事業として他の者から資産を譲り受け、もしくは借り受け、または役務の提供を受けることをいう（消法2①十二）。ただし、役務の提供のうち給与を対価とするものは課税仕入れから除かれる（消法2①十二カッコ書）。

5-5　課税仕入れ等に係る消費税額の計算方法

課税仕入れ等に係る消費税額の具体的な計算方法は、次の区分により行う。

① 課税資産の譲渡等のみを行っている（課税売上割合が100%の）事業者

② 課税売上割合が95%以上でその課税期間における課税売上高が5億円以下[34]の事業者

③ 課税売上割合が95%以上でその課税期間における課税売上高が5億円超の事業者

34 ②③は進行年度の課税売上高で判定するのであり、「基準期間（2-1参照）」の課税売上高で判定するわけではないことに留意すべきである。

④　課税売上割合が95%未満の事業者

⑤　簡易課税の適用事業者（**6**で説明する）

上記における「課税売上割合」とは、課税期間中の国内における資産の譲渡等の対価の額の合計額に占めるその課税期間中の国内における課税資産の譲渡等の対価の額の合計額の割合をいう（消法30⑥、消令48①）。これを算式で示すと次のとおりとなる。

$$\text{課税売上割合} = \frac{\text{課税期間中の国内における課税資産の譲渡等の対価の額の合計額（売上に係る対価の返還等の金額控除後）}}{\text{課税期間中の国内における資産の譲渡等の対価の額の合計額（売上に係る対価の返還等の金額控除後）}}$$

3-1で説明したとおり、資産の譲渡等から非課税取引を除いたものを課税資産の譲渡等という（消法2①九）から、上記算式中の分子・分母の違いは「非課税取引の金額」ということになる。そのため、非課税取引の割合が高い医療機関や福祉施設は、一般に課税売上割合が低い水準になる。

なお、上記算式中分子・分母はともに税抜（消費税および地方消費税を含まない）の金額であり、かつ売上に係る対価の返還等の金額控除後の金額である。また、課税売上割合について、原則として端数処理は行わないが、行う場合には切り捨てることとなる[35]（消基通11－5－6）。

医療機関や福祉施設において上記課税売上割合を計算する際注意すべき事項は以下の点である。

（ア）　貸倒れ（償却済みの医業未収金等）の回収金額は、分母・分子に含めない

（イ）　役員に対する低額譲渡または贈与した場合の時価相当額との差額または時価相当額は分母・分子に含める

（ウ）　輸出免税取引（国際郵便・国際電話・海外出張の際の航空運賃等）の対

35　したがって、例えば課税売上割合の小数点以下1位を四捨五入して95%になる場合（94.8%のケース等）には、その期間における課税売上高が5億円以下であっても全額控除されるわけではない（個別対応方式か一括比例配分方式の選択適用となる）ことに留意する必要があるだろう。

価の額は分母・分子に含める

（エ） 貸倒れ（償却済みの医業未収金等）となった金額は、分母・分子から控除できない

前記の①～⑤の区分により仕入税額控除の計算方法を示すと以下の表のようになる。

図表5-2 課税仕入れ等に係る仕入税額控除の計算方法

	課税売上割合等	計算方法
①	課税資産の譲渡等のみを行っている（課税売上割合が100%の）事業者	全額控除
②	課税売上割合が95%以上でその課税期間の課税売上高が5億円以下の事業者	全額控除
③	課税売上割合が95%以上でその課税期間の課税売上高が5億円超の事業者	個別対応方式または一括比例配分方式（選択）[36]
④	課税売上割合が95%未満の事業者	個別対応方式または一括比例配分方式（選択）
⑤	簡易課税の適用事業者	みなし仕入率

上記のうち、①～④により仕入税額を計算する方法を、⑤を「簡易課税」ということとの対比で「原則課税」ということがある。

5-6 個別対応方式

課税仕入れ等に係る消費税額について、以下の3つの区分に分類し仕入控除税額を計算する方法を「個別対応方式」という（消法30②一）。

① 課税資産の譲渡等にのみ要するもの

② その他の資産の譲渡等にのみ要するもの[37]

③ 両方に共通して要するもの

これを算式で示すと以下のとおりとなる。

---

36 平成23年度の税制改正で、平成24年4月1日以降に開始する課税期間においては全額控除が認められなくなった。

37 実質的に「非課税資産の譲渡等を行うためにのみ必要な課税仕入れ等」と同義である。

仕入控除税額	＝	課税資産の譲渡等にのみ要するものに係る課税仕入れ等の消費税額	＋	〔両方に共通して要するものに係る課税仕入れ等の消費税額	×	課税売上割合〕

また図解すると以下のとおりとなる。

図表5-3　個別対応方式による場合の仕入控除税額

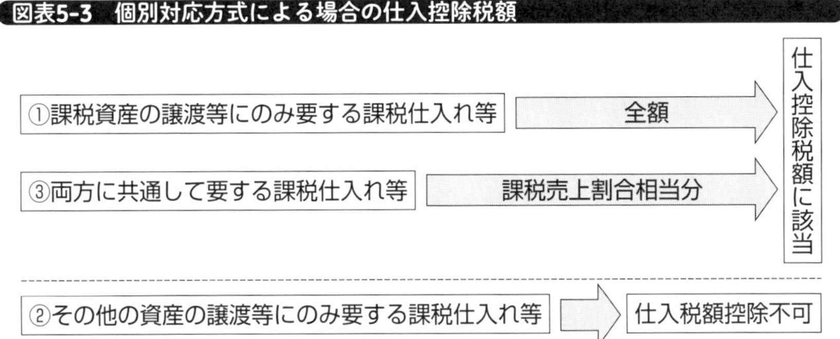

個別対応方式を選択する場合には、必ず上記①～③に区分しなければならない（消基通11－2－18）。

なお、上記③「両方に共通して要する課税仕入れ等」であっても、例えば原材料、包装材料、倉庫料、電力料等のように生産実績その他の合理的な基準により前頁①および②に区分（按分計算）することが可能な場合には、その区分により個別対応方式を適用することができる（消基通11－2－19）。

5-7　一括比例配分方式

課税仕入れ等に係る消費税額について、課税売上割合で按分計算した金額を仕入控除税額とする方法を「一括比例配分方式」という（消法30②二、④）。課税売上割合が95%未満の事業者および課税売上割合が95%以上でその課税期間の課税売上高が5億円超の事業者は、個別対応方式と一括比例配分方式とを選択することができるが、課税仕入れ等に係る消費税額について**5-6**における

①～③に区分していない事業者は、必然的に一括比例配分方式によることとなる。

一括比例配分方式における仕入控除税額の計算は次の算式により行う。

仕入控除税額＝課税期間中の課税仕入れ等に係る消費税額×課税売上割合

なお、一括比例配分方式を選択した場合には、2年間以上継続適用した後でない限り、個別対応方式へ変更することができない（消法30⑤）。一方、個別対応方式を選択した場合には、いつでも一括比例配分方式へ変更することができる。

5-8 課税売上割合に準ずる割合

個別対応方式により仕入控除税額を計算する場合には、原則として**5-6**の③「両方に共通して要する課税仕入れ等」に課税売上割合を乗じることとなるが、所轄税務署長の承認を受けた場合には、課税売上割合に代えて、その他の合理的な割合（課税売上割合に準ずる割合）により計算することも可能である（消法30③）。通達によれば、「合理的な割合」とは以下のような基準をいう（消基通11－5－7）。

① 使用人の数または従事日数の割合

② 消費または使用する資産の価額

③ 使用数量

④ 使用面積の割合　等

課税売上割合に準ずる割合は、個別対応方式により課税仕入れ等に係る消費税額の計算を行っている事業者についてのみ適用され、一括比例配分方式により課税仕入れ等に係る消費税額の計算を行っている事業者には適用がないことに留意すべきである。

課税売上割合に準ずる割合は、事業全体について同一の基準・割合を適用する必要はなく、それぞれについて税務署長の承認を受けている限り、事業の種類ごと、費用ごと、事業場ごとに別の基準・割合を適用することが可能である（消基通11－5－8）。したがって、例えば、病院における部門を入院部門、外来部門、管理部門に分け、それぞれ異なる基準の「課税売上割合に準ずる割合」を適用することも、そのすべてが合理的と税務署長が認める限り、可能である（適用例について**第3章 Q2-22**参照）。

課税売上割合に準ずる割合を適用する場合には、所轄税務署長に「消費税課税売上割合に準ずる割合の適用承認申請書」を提出する（消令47①）。当該申請書の審査後税務署長から承認を受けた日の属する課税期間から適用することができる。一方、当該適用をやめる場合には、所轄税務署長に「消費税課税売上割合に準ずる割合の不適用届出書」を提出すれば、その提出のあった日の属する課税期間から適用されないこととなる[38]。

「消費税課税売上割合に準ずる割合の適用承認申請書」の記載例は次々頁のとおりである。

5-9 課税売上割合が著しく変動した場合の仕入控除税額の調整

消費税制度においては、仕入れに係る消費税額は棚卸資産・固定資産にかかわらず、原則として仕入時の課税期間において即時に控除することとされている。しかし、固定資産のように長期にわたって使用されるものについて、その課税仕入れを行った課税期間の課税売上割合や使用形態のみで税額控除を完結させることは、その後の課税期間において、仮に課税売上割合が著しく変動した場合や使用形態・用途を変更（転用）した場合には、必ずしも適切とはいえない。そこで、固定資産等のうち一定金額以上のもの（調整対象固定資産）については、一定の方法により仕入控除税額を調整することとなっている（消法33～35）。

38 「課税売上割合に準ずる割合」の詳細については、拙著『消費税［個別対応方式・一括比例配分方式］有利選択の実務』（清文社、2013年）245－276頁参照。

①　調整対象固定資産

調整対象固定資産は、建物や機械装置といった棚卸資産以外の固定資産で、一取引単位の税抜金額が100万円以上のものをいう（消法2①十六、消令5）。

②　要件

次の要件にすべて当てはまる場合には、調整対象固定資産に係る仕入税額についての調整を行う（消法33）。

（ア）　調整対象固定資産を購入した課税期間において、調整対象固定資産に係る仕入税額について次のいずれかに該当する

1. 課税売上割合が95%以上（100%の場合を含む）で、仕入税額が全額控除された場合
2. 課税売上割合が95%未満で、個別対応方式で共通用として計算した場合
3. 課税売上割合が95%未満で、一括比例配分方式により計算した場合

（イ）　第3年度の課税期間[39]の末日においてその調整対象固定資産を保有している

（ウ）　課税売上割合が著しく変動している

これは以下の場合をいい、各ケースに応じて仕入税額に加算（著しく増加した場合）または減算・控除（著しく減少した場合）する。

1. 課税売上割合が著しく増加した場合（消令53①）

$$\frac{\text{通算課税売上割合}^{40}-\text{仕入等の課税期間の課税売上割合}}{\text{仕入等の課税期間の課税売上割合}} \geqq 50\%$$

かつ

$$\text{通算課税売上割合}-\text{仕入等の課税期間の課税売上割合} \geqq 5\%$$

39　仕入等の課税期間の開始の日から3年を経過する日の属する課税期間をいう（消法33②）。

40　仕入等の課税期間から第3年度の課税期間までの各課税期間における資産の譲渡等の対価の額の合計額のうちに占める、その各課税期間における課税資産の譲渡等の対価の額の合計額の占める割合をいう（消法33②、消令53③）。

第22号様式

消費税課税売上割合に準ずる割合の適用承認申請書

収受印

令和 5年 4月21日	申請者	(フリガナ)	トシマクヒガシイケブクロ
		納税地	(〒170－0001) 豊島区東池袋4―3―2 (電話番号 03 －3777－0001)
		(フリガナ)	イリョウホウジンシャダンミヤシタカイヤマグチビョウインリジチョウヤマグチジロウ
		氏名又は名称及び代表者氏名	医療法人社団宮下会山口病院 理事長　山口次郎
豊島 税務署長殿		法人番号	※ 個人の方は個人番号の記載は不要です。 1 2 3 4 5 6 7 8 9 0 1 2 3

下記のとおり、消費税法第30条第３項第２号に規定する課税売上割合に準ずる割合の適用の承認を受けたいので、申請します。

適用開始課税期間	自 令和 5年 4月 1日　至 令和 6年 3月 31日		
採用しようとする計算方法	1、福利厚生費及び水道光熱費…$\dfrac{\text{課税売上のみに従事する人数}}{\text{課税売上のみに従事する人数＋非課税売上のみに従事する人数}}$ 2、その他の費用…本来の課税売上割合		
その計算方法が合理的である理由	福利厚生費及び水道光熱費は従事者数と比例するため		
本来の課税売上割合	(課税資産の譲渡等の対価の額の合計額) 20,495,338 円 (資産の譲渡等の対価の額の合計額) 141,395,762 円	左記の割合の算出期間	自 平成・(令和) 4年 4月 1日 至 平成・(令和) 5年 3月 31日
参考事項			
税理士署名	(電話番号　－　－　)		

※ 上記の計算方法につき消費税法第30条第３項第２号の規定により承認します。

＿＿＿第＿＿＿号

＿＿＿税務署長＿＿＿印

令和＿＿年＿＿月＿＿日

※税務署処理欄	整理番号		部門番号		適用開始年月日	年　月　日	番号確認	
	申請年月日	年　月　日	入力処理	年　月　日	台帳整理	年　月　日		
	通信日付印 年　月　日	確認						

注意　1．この申請書は、裏面の記載要領等に留意の上、２通提出してください。
　　　2．※印欄は、記載しないでください。

2. 課税売上割合が著しく減少した場合（消令53②）

$$\frac{\text{仕入等の課税期間の課税売上割合}-\text{通算課税売上割合}}{\text{仕入等の課税期間の課税売上割合}} \geqq 50\%$$

かつ

$$\text{仕入等の課税期間の課税売上割合}-\text{通算課税売上割合} \geqq 5\%$$

なお、取得時に簡易課税制度を適用している場合には、原理上過大・過小控除の問題が生じないので、当該調整計算は不要である。

③　**調整税額**

次の算式により計算した金額を第3年度の課税期間の控除対象仕入税額に加算または控除（減算）する。

（ア）　課税売上割合が著しく増加した場合 ⇒ 仕入控除税額に加算

$$\begin{bmatrix}\text{調整対象固定資産}\\\text{に係る消費税額}\end{bmatrix}\times\begin{bmatrix}\text{通算課税}\\\text{売上割合}\end{bmatrix}-\begin{bmatrix}\text{調整対象固定資産}\\\text{に係る消費税額}\end{bmatrix}\times\begin{bmatrix}\text{仕入等の課税期間}\\\text{の課税売上割合}\end{bmatrix}$$

（イ）　課税売上割合が著しく減少した場合 ⇒ 仕入控除税額から控除

$$\begin{bmatrix}\text{調整対象固定資産}\\\text{に係る消費税額}\end{bmatrix}\times\begin{bmatrix}\text{仕入等の課税期間}\\\text{の課税売上割合}\end{bmatrix}-\begin{bmatrix}\text{調整対象固定資産}\\\text{に係る消費税額}\end{bmatrix}\times\begin{bmatrix}\text{通算課税}\\\text{売上割合}\end{bmatrix}$$

④　**留意事項**

第3年度の課税期間において免税事業者である場合や簡易課税制度の適用がある場合には、原則として当該調整計算は不要である。ただし、このことを利用した賃貸マンション等に係る消費税の還付事例に対処するため、平成22年度の税制改正で免税事業者（「消費税課税事業者選択不適用届出書」の提出）や簡易課税制度の適用に制限が加えられた。簡易課税制度の適用の制限については**6-6**参照。

また、第3年度の課税期間までの間に免税事業者となった課税期間および簡易課税制度の適用を受けた課税期間が含まれている場合であっても、当該調整計算が必要となる（消基通12－3－1）。この場合、通算課税売上割合の計算は、免税事業者となった課税期間および簡易課税制度の適用を受けた課税期間の売上高を含めて計算する。

5-10 課税業務用から非課税業務用に転用した場合等の仕入控除税額の調整

① 制度の概要

5-9で説明したとおり、課税事業者が調整対象固定資産（**5-9①**参照）の課税仕入れを行い、個別対応方式により課税業務用にのみ供するものとして仕入れに係る消費税額の計算を行った場合で、これを取得した日から3年以内に非課税事業用にのみ供するものに転用したときや、逆に、非課税業務用にのみ供するものとしていたものを取得した日から3年以内に課税業務用にのみ供するものに転用したときは、その転用した課税期間に応じ、一定の調整税額をその転用した課税期間における仕入れに係る消費税額から控除（減算）または加算することとなっている（消法34①、35）。

② 調整税額

（ア）　取得の日から1年以内に転用した場合　調整対象税額[41]の全額
（イ）　取得の日から2年以内に転用した場合　調整対象税額の3分の2
（ウ）　取得の日から3年以内に転用した場合　調整対象税額の3分の1

転用の形態により以下のとおり控除または加算を行う。

課税用から非課税用に転用⇒課税仕入れ等に係る消費税額から控除
非課税用から課税用に転用⇒課税仕入れ等に係る消費税額に加算

③ 留意事項

転用に係る調整が必要となるのは、取得の日における課税売上割合および仕

41　調整対象固定資産に係る消費税額をいう。

入税額控除に係る処理が以下の場合である。したがって、共通用の資産を転用した場合や、共通用に転用した場合には調整計算は不要である。

(ア) 取得の日における課税売上割合が95%未満で、仕入時の処理が個別対応方式の課税売上用とした資産を3年以内に非課税売上用に転用した場合

(イ) 取得の日における課税売上割合が95%未満で、仕入時の処理が個別対応方式の非課税売上用とした資産を3年以内に課税売上用に転用した場合

なお、転用するまでの間に免税事業者となった課税期間および簡易課税制度の適用を受けた課税期間が含まれている場合であっても、当該調整計算が必要となる(消基通12－4－2、12－5－2)。

5-11 棚卸資産に係る消費税額の調整

① 制度の概要

免税事業者が新たに課税事業者となる場合や、課税事業者が免税事業者となる場合には、棚卸資産に係る課税仕入れ等の税額について、調整を行うこととなる(消法36)。これは次のような不合理を排除するための措置である。すなわち、免税事業者であった課税期間に仕入れた商品等を課税事業者になった課税期間に販売すると、売上に係る消費税額は計上されるが、仕入れに係る消費税額は控除できないため納付すべき消費税額が増加し、逆に、課税事業者であった課税期間に仕入れた商品等を免税事業者になった課税期間に販売すると、仕入れに係る消費税額は控除できるが、売上に係る消費税額は計上されないため過大控除ということになる。そのため、棚卸資産に係る課税仕入れ等の税額についての調整が必要となるのである。

② 免税事業者が課税事業者となる場合

この場合、免税事業者であった課税期間に仕入れた棚卸資産のうち、課税事業者となった課税期間の期首に棚卸資産として計上されているものにつき、その取得に要した費用の額の110分の7.8(軽減対象課税資産の譲渡等に係るものは108分の6.24)を付表2の「課税仕入れに係る消費税額」に加算する。

③ 課税事業者が免税事業者となる場合

この場合、免税事業者となる直前の課税期間に仕入れた棚卸資産のうち、当該課税期間の期末に棚卸資産として計上されているものにつき、その取得に要した費用の額の110分の7.8（軽減対象課税資産の譲渡等に係るものは108分の6.24）を付表2の「課税仕入れに係る消費税額」から控除する。

ただし、課税事業者が免税事業者となる直前の課税期間において簡易課税制度の適用を受けている場合には、当該措置の適用はない（消基通12－6－4）。

④ 適用要件

課税仕入れ等に係る棚卸資産の明細を記録した書類を確定申告期限から7年間保存しなければならない（消法36②、消令54③⑤）。

5-12 公益法人等の記帳義務の特例

消費税法別表第3に定める法人（公益法人等、後述**9-1**参照）については、一般の事業者の記帳義務（前述**5-2**参照）に加え、特定収入等に関する事項についても記帳義務が課されている（消令77）。記載事項は以下のとおりである（消規31）。

① 特定収入等に関する相手方の氏名または名称。ただし相手方が不特定多数の場合省略することができる

② 特定収入等を受けた年月日

③ 特定収入等の内容

④ 特定収入等の金額

⑤ 特定収入等の使途

6 簡易課税制度

6-1 簡易課税制度の意義

前述のとおり、課税事業者は、その課税期間における売上税額から、その期間中の仕入税額を控除することとなる（消法30①）が、当該仕入税額の控除の方法は、**5-4**のような実額による場合と、概算による場合（簡易課税制度）とに分けられる。

簡易課税制度は、中小企業者の事務負担を考慮して導入された制度である[42]。すなわち、基準期間（**2-1**参照）における課税売上高（**3-1**参照）が5,000万円以下[43]の課税期間について、所轄税務署長に「消費税簡易課税制度選択届出書」を提出した場合に、その課税期間の課税標準額に対する消費税額（課税売上に係る消費税額）から売上対価の返還等の金額に係る消費税額の合計額を控除した金額にみなし仕入率を乗じた金額を、控除する課税仕入れ等に係る消費税額の合計額（仕入れに係る消費税額）とみなすものである（消法37）。

簡易課税制度と原則課税制度とを比較すると次頁の図のようになる。

---

42 「納税者の混乱を避け、その協力を期待するために」採用されたと説明される。水野前掲注1書960頁。

43 平成16年3月31日以前に開始した課税期間については課税売上高の基準は2億円であった。消費税導入時は5億円であったが、不当な優遇税制であるという批判が強く、平成4年度の改正で4億円、次いで平成6年度には2億円に引き下げられた。

図表6-1　原則(本則)課税と簡易課税の比較

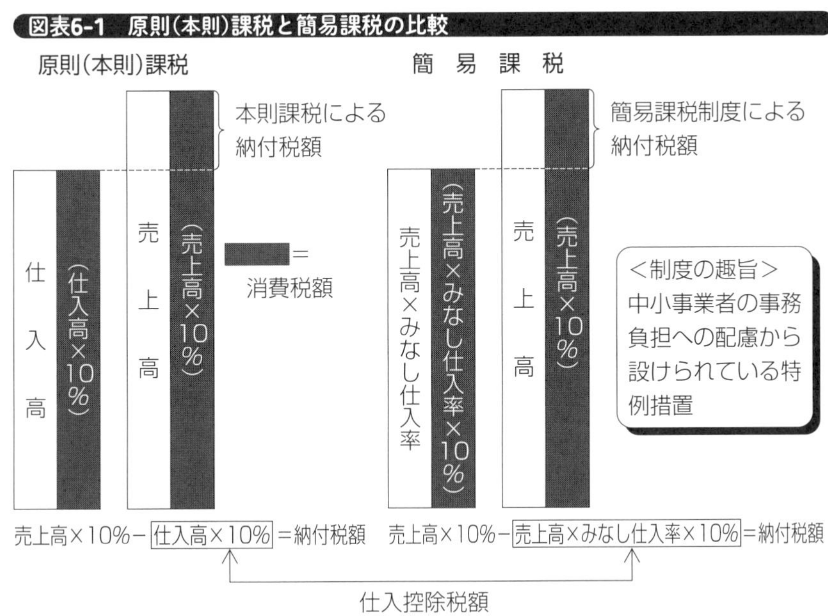

（出典）財務省ホームページを一部改変（標準税率10%を前提としている。また軽減税率（8%）適用の売上・仕入れがないものとする）

医療機関や福祉施設の収入の大部分は非課税となる社会保険診療報酬等であるため、課税売上高が5,000万円を超えるケースは比較的大規模な病院等に限られており、原則課税ではなく簡易課税制度を選択する場合が多くみられる。そのため、医療機関や福祉施設にとって、簡易課税制度の理解は非常に重要であるといえる。

上記「消費税簡易課税制度選択届出書」の効力は、原則としてその提出のあった日の属する課税期間の翌課税期間以後の課税期間から生じる（消法37①）。ただし、新設法人の場合や、事業を営んでいなかった個人が事業を開始した場合には、その提出のあった日の属する課税期間以後の課税期間（要するに提出のあった日の属する課税期間）からその効力が生じる（消法37①、消令56）。

また、一旦当該制度の適用を選択した場合、事業を廃止した場合を除き、届出書を提出した日の属する課税期間の翌課税期間の初日から2年を経過するまで取りやめることはできないことに留意する必要がある（「2年間継続適用要件」消法37③、**6-5**参照）。

なお、「消費税簡易課税制度選択届出書」の記載例は次頁のとおりである。

6-2 みなし仕入率

みなし仕入率が適用される事業区分は以下のとおりであるが（消法37①、消令57①⑤⑥）、平成26年度の税制改正で第6種事業が新設されるとともに、金融業および保険業が第4種事業から第5種事業に変更された。

図表6-2 事業区分とみなし仕入率

事業区分	みなし仕入率	該当する事業	課税売上高に乗ずる率(注1)
第1種事業	90%	卸売業	0.78%
第2種事業	80%	小売業	1.56%
第3種事業	70%	農・林・漁業(注2)、鉱業、建設業、製造業、電気・ガス・熱供給業、水道業	2.34%
第4種事業	60%	第1種・2種・3種・5種・6種以外の事業（飲食店等）	3.12%
第5種事業	50%	運輸通信業、金融業、保険業、サービス業	3.9%
第6種事業	40%	不動産業	4.68%

（注1） 各事業区分につき税額を算出するために課税売上高に乗ずる割合を示す。
（注2） 平成30年度の税制改正で、第3種事業の中の「農・林・漁業」のうち、飲食料品の譲渡を行う部分は第2種事業、飲食料品の譲渡を行う部分以外の部分は引き続き第3種事業とされている。

業種の分類は原則として事業者の課税資産の譲渡等ごとに、日本標準産業分類（総務省）等を参考に行う（消基通13－2－1、13－2－4）。日本標準産業分類における医療・福祉業はサービス業等、すなわち第5種事業に該当する（消基通13－2－4）。ただし、医療法人等において医療・福祉以外の事業を行っている場合には、以下のようにその業務内容に応じた事業が適用される。

① 売店での物品販売　　第2種事業
② 事業用固定資産の売却　　第4種事業

第９号様式

消費税簡易課税制度選択届出書

収受印

令和 5年 3月26日	届出者	（フリガナ）	トシマクヒガシイケブクロ
		納税地	（〒170 － 0001 ）豊島区東池袋４—１—１（電話番号 03 －6333 － 1111）
		（フリガナ）	イリョウホウジンシャダンヒガシカイオオツカビョウインリジチョウナカタイチロウ
		氏名又は名称及び代表者氏名	医療法人社団東会大塚病院　理事長　中田一郎
豊島　税務署長殿		法人番号	※個人の方は個人番号の記載は不要です。 1 2 3 4 5 6 7 8 9 0 1 2 3

下記のとおり、消費税法第37条第１項に規定する簡易課税制度の適用を受けたいので、届出します。

☐ 所得税法等の一部を改正する法律（平成28年法律第15号）附則第51条の２第６項の規定又は消費税法施行令等の一部を改正する政令（平成30年政令第135号）附則第18条の規定により消費税法第37条第１項に規定する簡易課税制度の適用を受けたいので、届出します。

①	適用開始課税期間	自 令和 5 年 4 月 1 日　至 令和 6 年 3 月 31 日
②	①の基準期間	自 令和 3 年 4 月 1 日　至 令和 4 年 3 月 31 日
③	②の課税売上高	40,129,600 円
事業内容等		（事業の内容）医療・福祉業　（事業区分）第 5 種事業

提出要件の確認

次のイ、ロ又はハの場合に該当する（「はい」の場合のみ、イ、ロ又はハの項目を記載してください。）　はい ☐　いいえ ☑

イ	消費税法第９条第４項の規定により課税事業者を選択している場合		課税事業者となった日	令和　年　月　日
			課税事業者となった日から２年を経過する日までの間に開始した各課税期間中に調整対象固定資産の課税仕入れ等を行っていない	はい ☐
ロ	消費税法第12条の２第１項に規定する「新設法人」又は同法第12条の３第１項に規定する「特定新規設立法人」に該当する（該当していた）場合		設立年月日	令和　年　月　日
			基準期間がない事業年度に含まれる各課税期間中に調整対象固定資産の課税仕入れ等を行っていない	はい ☐
ハ	消費税法第12条の４第１項に規定する「高額特定資産の仕入れ等」を行っている場合（同条第２項の規定の適用を受ける場合） （仕入れ等を行った資産が高額特定資産に該当する場合はＡの欄を、自己建設高額特定資産に該当する場合は、Ｂの欄をそれぞれ記載してください。）	A	仕入れ等を行った課税期間の初日	令和　年　月　日
			この届出による①の「適用開始課税期間」は、高額特定資産の仕入れ等を行った課税期間の初日から、同日以後３年を経過する日の属する課税期間までの各課税期間に該当しない	はい ☐
		B	仕入れ等を行った課税期間の初日	○平成 ○令和　年　月　日
			建設等が完了した課税期間の初日	令和　年　月　日
			この届出による①の「適用開始課税期間」は、自己建設高額特定資産の建設等に要した仕入れ等に係る支払対価の額の累計額が１千万円以上となった課税期間の初日から、自己建設高額特定資産の建設等が完了した課税期間の初日以後３年を経過する日の属する課税期間までの各課税期間に該当しない	はい ☐

※　消費税法第12条の４第２項の規定による場合は、ハの項目を次のとおり記載してください。
１「自己建設高額特定資産」を「調整対象自己建設高額資産」と読み替える。
２「仕入れ等を行った」は、「消費税法第36条第１項又は第３項の規定の適用を受けた」と、「自己建設高額特定資産の建設等に要した仕入れ等に係る支払対価の額の累計額が１千万円以上となった」は、「調整対象自己建設高額資産について消費税法第36条第１項又は第３項の規定の適用を受けた」と読み替える。

※　この届出書を提出した課税期間が、上記イ、ロ又はハに記載の各課税期間である場合、この届出書提出後、届出を行った課税期間中に調整対象固定資産の課税仕入れ等又は高額特定資産の仕入れ等を行うと、原則としてこの届出書の提出はなかったものとみなされます。詳しくは、裏面をご確認ください。

参考事項	
税理士署名	（電話番号　－　－　）

※税務署処理欄	整理番号		部門番号	
	届出年月日　年　月　日	入力処理　年　月　日	台帳整理　年　月　日	
	通信日付印　年　月　日	確認	番号確認	

注意　１．裏面の記載要領等に留意の上、記載してください。
　　　２．税務署処理欄は、記載しないでください。

③　歯科技工士の行う事業[44]　　　　第5種事業

④　自動販売機の設置手数料　　　　第5種事業

6-3 2以上の事業を営む場合

2以上の事業を営む事業者で、そのうち1種類または特定の2種類の事業の課税売上高が全体の課税売上高の75%以上を占める事業者については、みなし仕入率の適用に当たって次の特例計算によることができる（「75%ルール」消法37①、消令57②③）。この場合、当該75%以上の判定の際には、非課税売上および免税売上を除くこととなる（消令57③）。

①　2種類以上の事業を営む事業者で、1種類の事業の課税売上高が75%以上の場合

課税売上高が75%以上の事業	課税売上高の全体に対して適用するみなし仕入率
第1種事業	90%
第2種事業	80%
第3種事業	70%
第4種事業	60%
第5種事業	50%
第6種事業	40%

44　名古屋地裁平成17年6月29日・訟月53巻9号2665頁では歯科技工業は製造業（第3種事業）とされたが、名古屋高裁平成18年2月9日判決・訟月53巻9号2645頁では歯科技工業はサービス業であり、第5種事業であるとされた。なお、本件は最高裁平成18年6月24日決定・税資256号順号10431により上告不受理・確定している。

②　3種類以上の事業を営む事業者で、2種類の事業の課税売上高が75%以上の場合

課税売上高が75%以上となる2種類の事業	みなし仕入率の適用関係	
第1種事業と第2種事業	第1種事業	90%
	第1種事業以外の事業	80%
第1種事業と第3種事業	第1種事業	90%
	第1種事業以外の事業	70%
第1種事業と第4種事業	第1種事業	90%
	第1種事業以外の事業	60%
第1種事業と第5種事業	第1種事業	90%
	第1種事業以外の事業	50%
第1種事業と第6種事業	第1種事業	90%
	第1種事業以外の事業	40%
第2種事業と第3種事業	第2種事業	80%
	第2種事業以外の事業	70%
第2種事業と第4種事業	第2種事業	80%
	第2種事業以外の事業	60%
第2種事業と第5種事業	第2種事業	80%
	第2種事業以外の事業	50%
第2種事業と第6種事業	第2種事業	80%
	第2種事業以外の事業	40%
第3種事業と第4種事業	第3種事業	70%
	第3種事業以外の事業	60%
第3種事業と第5種事業	第3種事業	70%
	第3種事業以外の事業	50%
第3種事業と第6種事業	第3種事業	70%
	第3種事業以外の事業	40%
第4種事業と第5種事業	第4種事業	60%
	第4種事業以外の事業	50%
第4種事業と第6種事業	第4種事業	60%
	第4種事業以外の事業	40%
第5種事業と第6種事業	第5種事業	50%
	第5種事業以外の事業	40%

事業ごとのみなし仕入率による場合（原則計算）よりも当該75％ルールを選択した方が不利になる（仕入控除税額が少なくなる）場合があるが、そのときは原則計算によることとなる。

また、上記ルールに該当するものが複数生じることがあるが、その場合には原則計算を含め、いずれか有利なものを選択することができる（消基通13－4－1、13－4－2）。

＜例＞

第2種事業が80％、第1種事業が15％、第5種事業が5％の場合、原則計算によるほか、次のうちの1つを選択して仕入れに係る消費税額を計算することができる。

（ア） 第2種事業が75％以上であることから、課税売上高全体に対して第2種事業のみなし仕入率80％を適用する

（イ） 第1種事業と第2種事業の合計が75％以上であることから、第1種事業についてはみなし仕入率90％、その他の課税売上高についてはみなし仕入率80％を適用する

（ウ） 第2種事業と第5種事業の合計が75％以上であることから、第2種事業についてはみなし仕入率80％、その他の課税売上高についてはみなし仕入率50％を適用する

なお、2以上の事業を営む事業者が課税売上を事業ごとに区分していない場合には、その区分していない事業のうち最も低いみなし仕入率を適用して仕入控除税額を計算することとなる（消令57④）。

6-4 簡易課税選択の効力

6-1で説明した「消費税簡易課税制度選択届出書」の効力は、**6-5**で説明する「消費税簡易課税制度選択不適用届出書」を提出しない限り継続する。したがって、選択後、ある基準期間の課税売上高が1,000万円以下となり免税事業

者となった場合であっても[45]、その後の課税期間において再び基準期間における課税売上高が1,000万円を超え5,000万円以下となった場合には、簡易課税制度により申告することとなる（消基通13－1－3）。医療機関や福祉施設は非課税となる収入が多いため、課税売上高が1,000万円前後となる当該ケースは少なくないものと考えられる。

図表6-3 簡易課税選択の継続～免税事業者になった場合

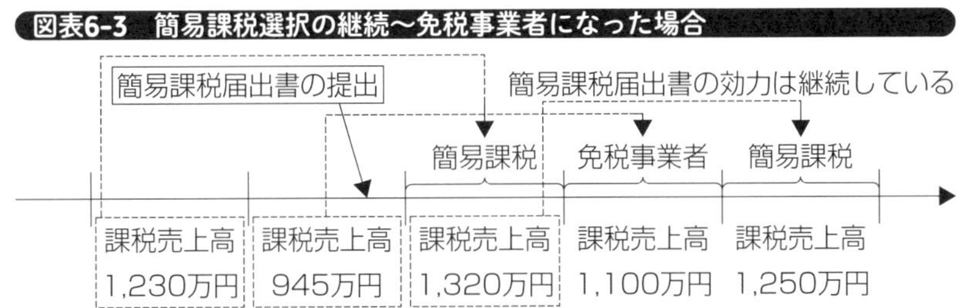

同様に、選択後、ある基準期間の課税売上高が5,000万円超となり原則課税の事業者となった場合であっても、その後の課税期間において再び基準期間における課税売上高が1,000万円を超え5,000万円以下となった場合には、簡易課税制度により申告することとなる（消基通13－1－3）。

図表6-4 簡易課税選択の継続～原則課税になった場合

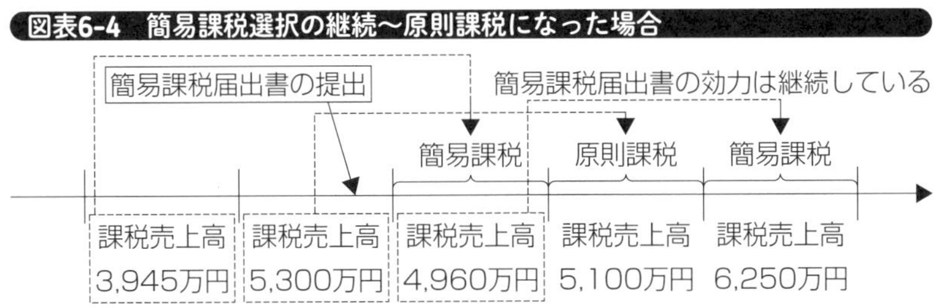

これは例えば、病院建物の改築や医療機器の導入等、多額の設備投資を予定している場合、それに伴い原則課税であれば課税仕入れに係る消費税額の還付

45 この場合、過去に「消費税課税事業者選択届出書」を提出していない限り、特に何の届出を行わなくとも免税事業者となる。

が受けられることとなるが、みなし仕入率が強制的に適用される簡易課税のままでは受けられない。そこで、還付を受けようとする場合には、設備投資を予定している課税期間の前の課税期間の末日までに、**6-5**の「消費税簡易課税制度選択不適用届出書」を提出する必要があるのである。

図表6-5　簡易課税選択の継続〜還付を受ける場合

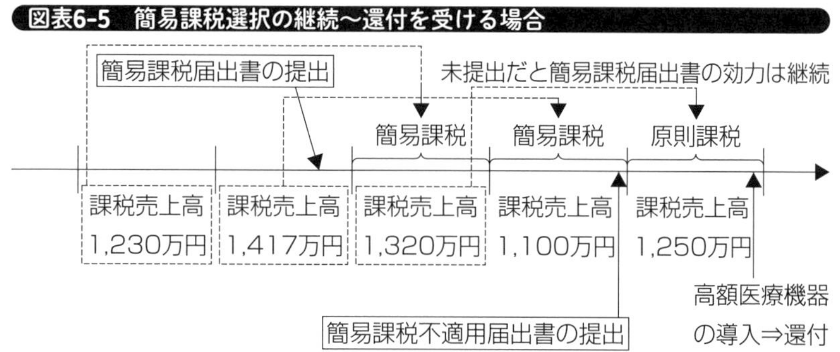

6-5　簡易課税選択の不適用

簡易課税制度を選択した事業者が、その後その選択をやめようとするときや、事業を廃止するときには、「消費税簡易課税制度選択不適用届出書」を所轄税務署長に提出する必要がある（消法37⑤）。当該「消費税簡易課税制度選択不適用届出書」は、事業を廃止した場合を除き、「消費税簡易課税制度選択届出書」を提出した日の属する課税期間の翌課税期間の初日から2年を経過する日の属する課税期間の初日以後でなければ提出できないので、注意を要する（2年間継続適用要件、消法37⑥）。

「消費税簡易課税制度選択不適用届出書」の記載例は次頁のとおりである。

第25号様式

消費税簡易課税制度選択不適用届出書

収受印

令和 5 年 3月 16日	届出者	(フリガナ)	トシマクヒガシイケブクロ
		納税地	(〒 170 － 0001) 豊島区東池袋1—1—1 (電話番号 03 － 3700－1111)
		(フリガナ)	イリョウホウジンシャダンミナミカイメジロビョウインリジチョウイケダタロウ
		氏名又は名称及び代表者氏名	医療法人社団南会目白病院 理事長　池田太郎
豊島 税務署長殿		法人番号	※ 個人の方は個人番号の記載は不要です。 3 4 5 6 7 8 9 0 1 2 3 4 5

下記のとおり、簡易課税制度をやめたいので、消費税法第37条第５項の規定により届出します。

①	この届出の適用開始課税期間	自 ◉平成 ☑令和 5 年 4 月 1 日　至 ◉平成 ☑令和 6 年 3月 31日
②	①の基準期間	自 ◉平成 ☑令和 3 年 4 月 1 日　至 ◉平成 ☑令和 4 年 3月 31日
③	②の課税売上高	37,189,400 円
簡易課税制度の適用開始日		◉平成 ○令和 20年 4 月 1 日
事業を廃止した場合の廃止した日		◉平成 ○令和 年 月 日
		個人番号 ※ 事業を廃止した場合には記載してください。
参考事項		
税理士署名		(電話番号 － －)

※税務署処理欄							
整理番号		部門番号					
届出年月日	年 月 日	入力処理	年 月 日	台帳整理	年 月 日		
通信日付印 年 月 日	確認	番号確認		身元確認	□ 済 □ 未済	確認書類	個人番号カード／通知カード・運転免許証 その他（ ）

注意　1．裏面の記載要領等に留意の上、記載してください。
　　　2．税務署処理欄は、記載しないでください。

6-6 簡易課税制度適用の制限

平成22年度の税制改正で、以下の期間中に調整対象固定資産を取得した場合には、その取得のあった日の属する課税期間の初日から3年を経過する日の属する課税期間の初日以降でなければ「消費税簡易課税制度選択届出書」を提出することはできなくなった（3年間の強制適用、消法37③）。

① 課税事業者を選択した事業者の、課税事業者となった課税期間の初日から2年を経過する日までの間に開始した各課税期間

② 平成22年4月1日以後設立される新設法人の、基準期間がない事業年度に含まれる各課税期間

これは、賃貸マンション等を取得した個人事業者が次の方法により消費税を還付する事案が問題視されたため講じられた措置である（自販機節税法スキーム）[46]。

＜事例＞

（ア） 免税事業者が賃貸マンションを取得する前の課税期間に「消費税課税事業者選択届出書」を所轄税務署長に提出する。

（イ） 「消費税課税期間特例選択・変更届出書（後述**10-2**参照）」を所轄の税務署長に提出し、課税期間を短縮する特例の適用を受ける等して、取得課税期間において非課税売上である家賃収入が発生しないようにするとともに、自動販売機の設置等により、課税売上である販売手数料収入等を発生させることにより、当該取得課税期間における課税売上割合を95%以上にする。

（ウ） その結果、課税売上に係る消費税額よりも課税仕入れに係る消費税額が多いため、当該超過額に関する消費税額の還付を受けることとなる。

46 会計検査院平成21年10月20日付「賃貸マンション等の取得に係る消費税額の納付について」

(エ)　本来であれば、当該スキームにより課税売上割合が著しく変動するため、固定資産に係る調整計算を行わなければならない（**5-9**参照）。しかし、調整課税期間が到来する前に、

1．「消費税課税事業者選択不適用届出書」を所轄の税務署長に提出し免税事業者に戻ることにより調整を免れるか、

2．調整課税期間が到来する前に、「消費税簡易課税制度選択届出書」を所轄の税務署長に提出し、簡易課税制度の適用を受けることにより調整を免れる方法が採られた。

当該制限規定を図解すると以下のようになる。

図表6-6　簡易課税制度適用の制限

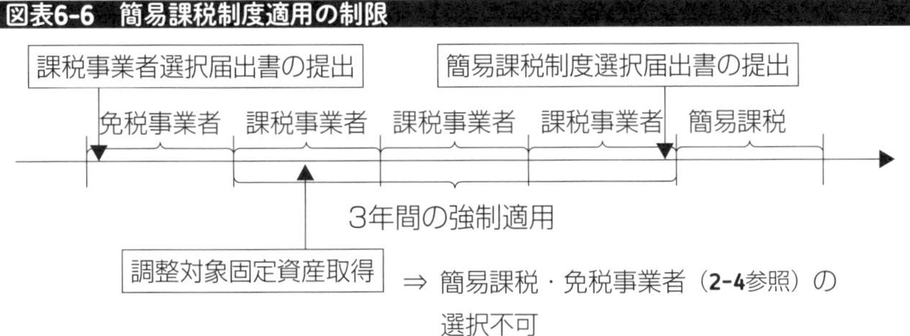

なお、免税事業者の場合（**2-4**参照）と同様に、強制適用期間中に当該「消費税簡易課税制度選択届出書」を提出した後、同一の課税期間に調整対象固定資産を取得した場合には、すでに提出した当該届出書は提出がなかったものとみなされる（消法37④、消基通13－1－4の2）。

6-7　宥恕規定

事業者が課税期間開始前に「消費税簡易課税制度選択届出書」を提出できなかったことにつき、次のようなやむを得ない事情がある場合で、税務署長の承認を受けたときは、その適用を受けようとする課税期間の開始の日の前日に当

該届出を提出したものとみなされる（宥恕規定、消法37⑧、消令57の2①）。

① 震災、風水害、火山の噴火等の天災または火災その他の人的災害で自己の責任によらないものに基因する災害が発生したことにより、届出書の提出ができない状態になったと認められる場合

② 上記①に準ずるような状況またはその事業者の責めに帰すことができない状態にあることにより、届出書の提出ができない状態になったと認められる場合

③ その課税期間の末日前概ね1か月以内に相続があったことにより、その相続に係る相続人が新たに「消費税課税事業者選択届出書」を提出できる個人事業者となった場合

④ 上記①～③に準ずる事情がある場合で、税務署長がやむを得ないと認めた場合

宥恕規定に係る承認を受けようとする事業者は、「消費税簡易課税制度選択（不適用）届出に関する特例承認申請書」をその事情がやんだ後相当の期間内に所轄税務署長に提出する必要がある（消令57の2③、消規17④一）。

7 控除対象外消費税

7-1 控除対象外消費税の意義

5-5で説明したとおり、課税売上割合が95%以上で進行年度の課税売上高が5億円超の事業者および課税売上割合が95%未満の事業者は、原則として課税売上割合に対応する消費税額のみ控除することができる。そのため、課税仕入れ等に係る消費税額（仮払消費税額）のうち、控除することができない税額が生じるが、これを「控除対象外消費税（額）」という（法令139の4、所令182の2）。

控除対象外消費税の発生は、収入のうち大きな割合が非課税売上となっている医療機関や福祉施設にとって深刻な問題となり得る。なぜなら、当該消費税額は医療機関や福祉施設が負担すべきコストとなるからで、利益水準が低いとこれにより赤字に転落し、その結果施設の経営に深刻な影響を及ぼすこともあり得るからである。特に、今後消費税率がさらに引き上げられれば、一施設当たりの控除対象外消費税額も跳ね上がり、その負担に耐えかねて経営続行を断念する医療機関や福祉施設が次々に現れ、地域医療や福祉が崩壊することさえ懸念されるところである。

図表7-1 医療機関における控除対象外消費税（イメージ図）

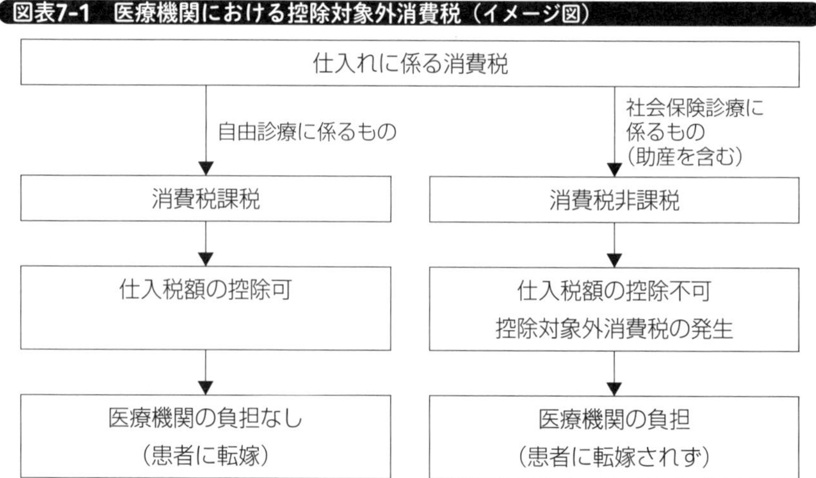

なお、消費税に関し税込経理方式を採用する事業者の場合、すべての取引について消費税を含めて経理処理を行っており仮払消費税額が生じないため、控除対象外消費税に係る調整計算を行う必要はない。

7-2 控除対象外消費税の発生メカニズム

それでは、医療機関における控除対象外消費税はどのようなメカニズムで発生するのであろうか。次頁の図で確認したい。

図表7-2　医療機関における控除対象外消費税の発生メカニズム

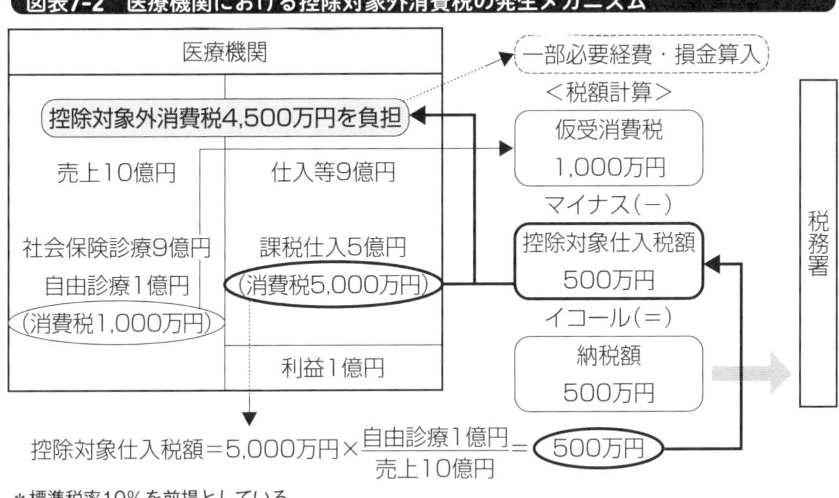

＊標準税率10％を前提としている。

上記のように、多くの医療機関は消費税が非課税となる社会保険診療報酬の占める割合が高いため、控除対象仕入税額は抑えられることとなる。そのため、課税仕入れに含まれる消費税額の多くは控除対象外消費税額となり、医療機関が負担することを強いられるのである。ただし、当該控除対象外消費税額は医療機関の所得の計算上原則として必要経費に計上ないし損金算入されるため、所得税・法人税が軽減されることにも留意する必要がある（**7-3**参照）。

7-3　控除対象外消費税の取扱い

消費税における税額控除の計算の結果発生する控除対象外消費税は、所得税ないし法人税の課税所得の計算上、以下のとおり処理される。

①　経費に係る控除対象外消費税

経費に係る控除対象外消費税は、原則としてその全額がその事業年度の損金または必要経費に算入される。ただし、法人の場合、交際費に係るものは、当該控除対象外消費税額を含めた金額につき損金不算入規定が適用されるので注意を要する[47]。同様に、法人が課税資産を購入して寄附した場合も、当該控除対象外消費税額は支出寄附金等の額に含めて寄附金等の損金不算入額を計算することとなる。

② 資産に係る控除対象外消費税

資産に係る控除対象外消費税は、次のいずれかの方法により損金ないし必要経費に算入されることとなる（法令139の4①～③、所令182の2①～④）。

（ア） 個々の資産の取得価額に算入する。この場合、すべての資産につき取得価額への算入が必要となり、個々の資産ごとに算入するかどうかを選択することはできない。

（イ） 以下のいずれかに該当する場合、損金経理ないし一時の必要経費算入を要件に、損金ないし必要経費に算入する。

1. その事業年度の課税売上割合が80%以上であること
2. 棚卸資産に係る控除対象外消費税であること
3. 一の資産に係る控除対象外消費税額が20万円未満であること

（ウ） 上記（ア）、（イ）に該当しない場合、「繰延消費税額等」として資産計上し、5年以上の期間で損金経理により損金算入（法人の場合）または6年間で償却（個人の場合[48]）する。

③ 繰延消費税額等の損金算入限度額等

②の（ウ）に該当する場合、繰延消費税額等に係る損金（必要経費）算入限度額は以下のとおりとなる。

（ア） 繰延消費税額等の生じた事業年度または年（初年度）

$$\text{損金算入限度額または必要経費算入額} = \text{繰延消費税額等} \times \frac{\text{その事業年度（年）の月数}}{60} \times \frac{1}{2}\text{(注)}$$

（注） 初年度は事業年度（年）の中間に生じたものとみなされる。

47 交際費の中に課税売上のみに対応するもの（例えば人間ドックのプロモーション費用）がある場合には、個別対応方式を採用していれば、当該支出につき仕入税額控除が可能となるため、この問題は生じないこととなる。

48 所得税には損金経理要件はない。

（イ）　その後の事業年度または年

$$\text{損金算入限度額または必要経費算入額} = \text{繰延消費税額等} \times \frac{\text{その事業年度（年）の月数}}{60}$$

④　控除対象外消費税の会計処理

病院における控除対象外消費税額の重要性から、病院会計準則では、損益計算書の医業費用の中の独立項目として「控除対象外消費税等負担額」を別途表示することが要求されている（病院会計準則注22）。

7-4　控除対象外消費税の申告実務

7-3の②③に該当する金額がある場合には、法人税または所得税の申告の際、法人については「資産に係る控除対象外消費税額等の損金算入に関する明細書」、個人事業者については「資産に係る控除対象外消費税額等の必要経費算入に関する明細書」を添付する必要がある（法令139の5、所令182の2⑨）。当該明細書の記載例（法人税の場合）は次頁のとおりである。

資産に係る控除対象外消費税額等の損金算入に関する明細書

事業年度又は連結事業年度	令和5・4・1 令和6・3・31	法人名	医療法人社団東会 ( )

別表十六(十) 令四・四・一以後終了事業年度又は連結事業年度分

繰延消費税額等	1	円	円	円	円	3,842,596円	911,912円
(発生した事業年度又は連結事業年度)		・・	・・	・・	・・	令4・4・1 令5・3・31	当期分
当期の損金算入限度額 (1)×当期の月数/60 [当期発生分については (1)×当期の月数/60×1/2]	2					768,519	91,191
当期損金経理額	3					768,519	91,191
差引 損金算入不足額 (2)−(3)	4					0	0
差引 損金算入限度超過額 (3)−(2)	5						
損金算入限度超過額 前期からの繰越額	6						
損金算入限度超過額 同上のうち当期損金認容額 ((4)と(6)のうち少ない金額)	7						
損金算入限度超過額 翌期への繰越額 (5)+(6)−(7)	8						

当期に生じた資産に係る控除対象外消費税額等の損金算入額等の明細

課税標準額に対する消費税額等(税抜経理分)	9	円 195,719,875	(12)のうち当期損金算入額	14	円 5,445,480
課税仕入れ等の税額等(税抜経理分)	10	245,231,917	同上のうち (13)の割合が80%以上である場合の資産に係る控除対象外消費税額等の合計額	15	
			同上のうち 資産に係る控除対象外消費税額等で棚卸資産に係るものの合計額	16	5,149,354
同上の額のうち課税標準額に対する消費税額等から控除されない部分の金額	11	154,705,817	同上のうち 資産に係る控除対象外消費税額等で特定課税仕入れに係るものの合計額	17	
同上の額のうち資産に係るものの金額(資産に係る控除対象外消費税額等の合計額)	12	6,266,200	同上のうち 資産に係る控除対象外消費税額等で20万円未満のものの合計額	18	204,934
当期の消費税の課税売上割合	13	38.43%	当期の繰延消費税額等 ((12)−(15))又は((12)−(16)−(17)−(18))	19	911,912

8 控除対象外消費税と医療・福祉施設

8-1 医療・福祉施設における控除対象外消費税(「損税」)問題の意義

医療機関や福祉施設にとって、現行消費税の最大の問題点はここまで説明してきた控除対象外消費税であるとされる。なぜなら、控除対象外消費税は、売上高に占める非課税売上の割合が高い業種において発生し、以下の①～④で掲げられるように、医療機関や福祉施設の売上は非課税売上となるケースが多い（消法6、別表第1）ことから、この控除対象外消費税が無視できないコストとして医療機関や福祉施設の経営にのしかかってくるからである。

① 健康保険法、国民健康保険法等による医療、労災保険、自賠責保険の対象となる医療の給付

② 介護保険法に基づく保険給付の対象となる居宅サービスや施設サービス等の提供

③ 社会福祉法に規定する第一種社会福祉事業や更生保護事業法に規定する更生保護事業といったサービスの提供

④ 医師、助産師等による助産に関するサービスの提供

ちなみに、日本医師会の試算によれば、社会保険診療収入に占める控除対象外消費税の割合は平成17年度において2%強で、医療機関全体の負担額は2,200億円にも上るとされている[49]。

49 平成21年12月3日日本医師会「医療をめぐる控除対象外消費税問題」（第11回社会保障審議会医療部会資料）3・8頁参照。

わが国における消費税の構造的な問題点として導入以来槍玉に挙げられてきたのは、いわゆる「益税」の問題である。「益税」とは一般に、事業者（納税義務者）が消費者からすでに徴収済みの消費税額につき、法令に定められた納付税額の計算を行った結果、その一部を消費税額として納める必要がない税額のことを指す[50]。その反対に、消費税の非課税取引に対応する仕入税額控除の適用が認められない結果、控除が不能となる仕入税額（控除対象外消費税額）を事業者が負担する[51]ことを余儀なくされる現象を「損税」という場合がある。医療機関や福祉施設における控除対象外消費税問題はこの「損税」の典型といえよう。

益税のケースとは全く逆に、当該控除不能の仕入税額は事業者の所得税ないし法人税の課税所得の計算上、必要経費ないし損金に算入されるため、その一部は所得税ないし法人税の負担を軽減することとなる。しかし、地域医療を担う病院の中には経営状況が厳しく、当該控除不能仕入税額を吸収できるような所得を計上できず、単なる「負担」となっているケースが少なくない[52]。また、最新の高度医療を提供するため、最新鋭の医療機器を導入したり、患者の利便性を高めるため建物の建て替えによって多額の仕入税額が生じる病院の場合には、特にこの問題は深刻である。医療の充実に意欲的な病院にとって、「損税」は経営の足を引っ張り財務状況のさらなる悪化を引き起こす深刻な病巣ともなりかねないのである[53]。

50 もっとも、消費税額としては納めなくとも、所得税ないし法人税の課税所得の計算上、当該「益税」額は収入金額ないし益金に算入されるため、その一部は所得税ないし法人税として納めることとなる。

51 控除対象外消費税額に係る法人税および所得税の取扱いについては、**7-3**参照。

52 そもそも、わが国における医療提供主体の大きな割合を占めている学校法人や社会福祉法人、社会医療法人は、医療の提供に係る所得が非課税であるため（法法4①、別表第2）、控除対象外消費税額を損金に算入する機会は事実上ないこととなる。

53 現に、平成22年9月に兵庫県内の4病院が「損税」を問題視して国を相手に提訴したが原告が敗訴している。神戸地裁平成24年11月27日判決・税資262号順号12097.

8-2　医療・福祉施設における控除対象外消費税（「損税」）問題の本質

それでは、医療・福祉施設における控除対象外消費税問題を解決するにはどうしたらよいのであろうか。これについては日本医師会等からいくつか案が出されている。有力と目されているのが医療・福祉サービスのゼロ税率化または軽減税率化である。各アイディアの是非については**8-3**でみていくこととして、ここではまず控除対象外消費税問題の本質について検討したい。

消費税が医療・福祉施設の経営に深刻な影響を及ぼすのは、現行税法上、仕入れに係る消費税額の大部分が控除できないからである。そこで、「控除できるようにすればいいのでは」と単純に考えるわけであるが、ここでは一歩進んで、「控除できるようになる」というのは一体何を意味するのか冷静に考える必要があるだろう。

図表8-1　医療・福祉サービスのゼロ税率化

医療・福祉施設
売上
仕入等
課税売上
非課税売上
ゼロ税率
課税仕入れ
課税仕入れに係る消費税額総額
＜非課税の場合＞
控除対象消費税額
患者が負担
控除対象外消費税額
医療・福祉施設が負担
控除対象消費税額
納税者全体で負担
＜ゼロ税率の場合＞

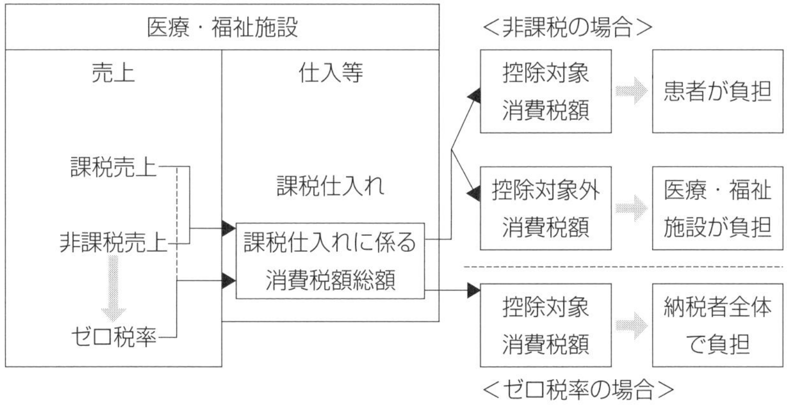

上記図で、「ゼロ税率の場合」において控除対象消費税額を「納税者全体で負担」とあるが、どういうことだろうか。ゼロ税率の場合、仕入れに係る消費税額は控除対象となるため、課税売上に係る消費税（仮受消費税）との差額部分が還付されることとなる。医療機関を受診する患者や福祉施設の利用者からみれば、ゼロ税率の場合も非課税の場合と同様に消費税は課税されないことと

なるため、一見、いずれであっても問題なさそうである。

しかし、ゼロ税率化で消費税が還付されるときその原資は、国民一般から納付された消費税であることを忘れてはならないだろう。仮に、現在医療機関が負担している控除対象外消費税額の総額が2,200億円あり（平成17年度における日本医師会の推計。85頁参照）、税率が当時の倍（5%→10%）となったときのそれが4,400億円になった場合、ゼロ税率化でその大半（仮に4,000億円とする）が医療機関に還付されることとなる。医療機関としては喜ばしいことであるが、4,000億円にも上る還付税額を結局誰が負担しているのかということに思いが至らないのでは、制度改革案としては問題である。いまさら言うまでもないことであるが、消費税率の引き上げは税収が足りないからそれを補うために行うのである。税率引き上げにより期待していた税収が4,000億円も消滅したのであれば、それを補わなければならないだろう。それを税率引き上げでやるのか他の手段（免税点の引き下げ等）となるのか不明であるが、いずれにせよ税収の不足部分は結局広く国民一般が負担することとなるのである[54]。ゼロ税率化により消費税負担が消滅するのではないことを強調しておきたい。

軽減税率（例えば、一般ないし標準税率が10%のときに医療・福祉を3%とするケースをいう）の導入も同様の問題を抱えている。軽減税率の場合、患者や福祉サービスの利用者は軽減税率とはいえ今まで負担していなかった消費税を負担することとなる。さらに、一般税率よりも低い税率であるにもかかわらず仕入税額控除は一般税率と同様に可能となるので、国庫に入るべき税収は減ることとなる。ゼロ税率のときと同様に、当該歳入欠陥分を広く国民一般が負担することとなるのである。

この問題を論じる際重要なのは、この問題の何が本質なのかを常に念頭に置くことである。医療・福祉施設が控除対象外消費税を現状のまま負担し続けることが不合理であるのは、おそらく大方の理解を得ることができるだろう。し

54 もちろん、国家財政に余裕があれば還付分に見合う増税は不要となるのであろうが、現下の日本の財政事情に鑑みればそれは夢物語であろう。

かし、この負担は手品のように消すことはできない。医療・福祉施設が負担できない部分については、患者なり国民全体なりが代わって負担するしかないのである。すなわち、この問題の本質は、医療・福祉サービスに係る消費税を当事者がどのように負担するのか（分かち合うのか）、ということになる。議論の仕方を誤ると、負担の押し付け合いになりかねないため、慎重に進める必要があるだろう。

8-3　控除対象外消費税（「損税」）負担問題の解決策

民主党時代の野田政権が平成24年3月30日に閣議決定し8月10日に成立させた消費税改正法案[55]では、医療機関における控除対象外消費税負担の問題を採り上げ、 第7条で「医療機関等における高額の投資に係る消費税の負担に関し、新たに一定の基準に該当するものに対し区分して措置を講ずることを検討し、医療機関等の仕入れに係る消費税については、診療報酬等の医療保険制度において手当をすることとし、医療機関等の消費税の負担について、厚生労働省において定期的に検証を行う場を設けることとするとともに、医療に係る消費税の課税の在り方については、引き続き検討する。」とされたことから、以後議論が本格化していった。それでは、医療・福祉施設における控除対象外消費税負担の解決策はどうなるのであろうか。上記**8-2**の議論を踏まえたところで挙げてみると、以下のようになる。

①　ゼロ税率化

控除対象外消費税の負担（「損税」）問題を解決する方法として、理論的にはゼロ税率の導入が最も優れているという説がある。しかし、その実現には大きなハードルが立ちはだかっている。それは、税金は税収を上げるための手段であり、税収減となる措置は最小限にすべきであるという大原則である。すなわ

55　「社会保障の安定財源の確保等を図る税制の抜本的な改革を行うための消費税法等の一部を改正する等の法律案」

ち、税金を取るための仕組みでありながら、課税減免措置の多用により課税ベースが穴だらけであっては、一体何のための税制であるのか、仮に税収減となる措置を大々的に取り入れないと維持できないのであれば、そのような税制は税源として致命的な欠陥があるということではないのか、ということである。これを消費税について当てはめると、政策的に配慮すべき項目については、仕入税額控除が認められさらなる税収減につながるゼロ税率によるのではなく、非課税とすべきということになる。理論的に正しいからといって、それが必ずしも実現しないのが、多くの利害関係者間の調整が必須となる税制の宿命であろうか[56]。

ゼロ税率が例外的な措置であることは欧州においても確認されている。すなわち、EU の付加価値税指令（Council Directive 2006/112/EC of 28 November 2006 on the common system of value added tax）第110条において、1991（平成3）年1月1日の時点で、前段階で支払われたVAT の控除を認める非課税措置（exemptions、ゼロ税率をいうものと考えられる）や第99条で規定された税率よりも低い軽減税率の適用を行っている加盟国は、引き続き当該非課税措置または軽減税率を適用することができるとされているが、それ以後の非課税措置または軽減税率の新たな導入には消極的である。また、同条で、このような非課税措置および軽減税率は、EU 法に従い、明確に定義された社会的理由および最終消費者の利益のために採用されなければならない、としている。当該規定は、VAT に関し広範なゼロ税率の規定を持つイギリス[57]等を念頭に置いたものと解されている[58]。

実際、以下の表で見るとおり、欧州において医療の提供に関しVAT を非課

56 一度ゼロ税率を認めると、様々な団体からほかの項目についても認めるべきという圧力が強まることを課税庁は懸念するであろう。

57 イギリスでは食料品、水、新聞、雑誌、書籍、医薬品、国内輸送等に対しゼロ税率の適用がある（Schedule 8 of Value Added Tax Act 1994）。なお、イギリスにおいても医療の提供は非課税である。

58 なお、欧州司法裁判所（European Court of Justice）は当該条項を「国内法で規定された非課税措置を廃止することによって生ずる社会的困難を防ぐための現状維持（"stand-still"）条項になぞらえるもの」ととらえている。Case C-309/06 Marks and Spencer plc v Commissioners of Customs and Excise, Judgment of the Court（Third Chamber）of 10 April 2008. 参照。

税としている国は多いが、ゼロ税率や軽減税率を適用している国はみられない[59]。これは、上記付加価値税指令第132条（b）で、医療の提供が非課税とされていることによるものと考えられる[60]。

図表8-2 欧州における医療の提供に関するVATの適用税率（2014年）

非課税	軽減税率	ゼロ税率
オーストリア（20%）、ベルギー（21%）、チェコ（21%）、デンマーク（25%）、フィンランド（24%）、フランス（20%）、ドイツ（19%）、ギリシャ（23%）、ハンガリー（27%）、アイルランド（25.5%）、イタリア（22%）、ルクセンブルク（15%）、オランダ（21%）、ノルウェー（25%）、ポーランド（23%）、ルーマニア（24%）、スロバキア（20%）、スペイン（21%）、スウェーデン（25%）、イギリス（20%）	なし	なし

（注） カッコ内は標準税率である。
（出典） KPMG's Corporate and Indirect Tax Survey 2014

図表8-3 欧州における医薬品に関するVATの適用税率（2014年）

非課税	軽減税率	ゼロ税率
なし	ベルギー（6%）、フィンランド（10%）、フランス（5.5%又は2.1%）、ギリシャ（6.5%）、ハンガリー（5%）、ルクセンブルク（3%）、オランダ（6%）、ポーランド（8%）、ルーマニア（9%）、スロバキア（10%）、スペイン（4%）	アイルランド[61]、スウェーデン[62]、イギリス[63]

（注） カッコ内は軽減税率である。
（出典） KPMG's Corporate and Indirect Tax Survey 2014

② 軽減税率の導入

ゼロ税率化が困難であるのであれば、次善の策として、軽減税率の導入、すなわち、医療行為や福祉サービスの提供を課税取引とするものの、標準税率よりも低い軽減税率により課税するという方策が考えられる（例えば、税率が10%に引き上げられたとすると、医療や福祉サービスの提供に対し軽減税率である3%の

59 そうであれば、欧州においてもわが国と同様に医療機関における「損税」問題が生じるはずであるが、その実態については医療の提供体制（税方式か保険方式か等）を含めさらなる調査が必要である。
60 ただし、欧州域外のオーストラリアでは医療の提供に対してゼロ税率（GST-free）が適用される。
61 医療器具や医薬品（経口薬）はゼロ税率である。
62 処方薬はゼロ税率である。
63 処方薬はゼロ税率である。

課税にとどめる、など)。それにより、医療行為が非課税のままであれば仕入税額控除が認められないが、課税取引であれば仕入税額控除が認められるため、「損税」問題が事実上解消するということである。これは、消費税の標準税率が引き上げ後の10%から将来さらに10%超に引き上げられる場合、低所得層に対する逆進性緩和のため、食料品等の生活必需品に本来税率より低率の軽減税率を導入されることを受けての議論である。

これは一見現実的な解決策であるように考えられるが、本当にそうであろうか。患者の側に立てば、残念ながらこの議論には重大な欠陥がある。すなわち、現行の消費税制の下では、医療機関側はともかくとして、患者は大部分の医療行為につき消費税を負担することなく治療等を受けることができているのにもかかわらず、この案では、軽減税率とはいえ消費税が課税され患者の負担が増加するわけである。そのような新たな負担が生じる理由が、専ら医療機関の「損税」問題を解消するためであると患者側が知ったとしたら、果たしてどれだけ理解を得られるであろうか。医療機関の負担を患者側に押し付けた「業界エゴ」の問題であるとして、厳しい批判にさらされることも予想されるところである。もっとも患者側は窓口でも実負担額が上がらなければ問題にしないということも考えられる。仮に診療報酬の引き上げが軽減税率導入により抑制ないし引き下げとなるのであれば、現実的な選択肢となり得る。したがって、軽減税率の導入により「損税」問題を解決するというアプローチは、公定価格である診療報酬との兼ね合いということになるかもしれない。

③ 特定の設備投資につき仕入税額控除を認める

「損税」に関しその負担が重くなる主たる要因は、医療機関が多額の設備投資をすることにあると考えられる。そこで、特定の設備投資(高額の医療機器や病棟建設等)に係る仕入税額につき、非課税売上対応分についても(一部)控除を認める特例措置を導入することが考えられる。これは現行税制にはない特例措置であり、諸外国においてもカナダ[64]を除き類似の制度はみられず、また特定の業界のみを対象にすることから、民主党政権時の租税特別措置の整理・合理化の方針[65]との整合性が問われそうである。しかし、先にみた消費税改正法案でも「医療機関等における高額の投資に係る消費税の負担に関し、新たに一定の基準に該当するものに対し区分して措置を講ずることを検討し」とあるため、議論する価値はあるだろう。

これによりどの程度医療機関の負担が軽減されるのかは、制度設計によることとなる。この案のメリットは、消費税制度の枠内で解決することと、患者や最終消費者の負担がみえにくいため、導入に当たり抵抗が少ないと想定されることであろう。ただし、これにより税収が減少し、それは最終消費者が負担していることにほかならないことは意識して議論すべきである。

一方、医療機関の側からすると、負担が軽減されるものの解消はしない点に不満が残るかもしれない。ただそれは、現在一方的に医療機関が負っている負担を、医療機関と納税者とが分担したということを意味するわけで、最終的な落としどころとしては妥当といえるかもしれない。また、「高額の投資」の線引きをどうするのかという点も議論が分かれることが予想される。何らかの割り切りが必要になるであろうし、場合によってはカナダのように一定の割合で控除するという方法も検討に値するだろう。

④　医療・福祉の課税化

軽減税率の導入が困難であれば、いっそのこと医療・福祉についても原則どおり消費税の課税取引として、仕入税額控除を認めてもらう方がすっきりするという意見もあり得る。これは決して突飛な発想ではなく、かつて第一種社会福祉事業に該当する授産施設（身体障害者授産施設、精神薄弱者授産施設、福祉工場等の授産施設）および第二種社会福祉事業に該当する精神保健法にいう精神障害者授産施設における資産の譲渡等については、消費税導入時には非課税とされていたが、平成3年度の税制改正で課税取引とされたことがある。その理由は、当該取引を非課税とする場合、授産施設と取引している事業者が当該施設からの仕入れにつき仕入税額控除ができないため、授産施設が取引から排

64　カナダの付加価値税であるGST（Goods and Services Tax）においては、病院に対して控除不能となっている仕入税額の83%相当額を還付する制度がある。

65　平成22年度税制改正大綱における「租特透明化法（仮称）」の制定の方針などにそれが表れていた。

除されるという問題が生じたためである[66]。

授産施設の消費税課税化は、控除対象外消費税の問題とはやや異なるが、非課税に伴う弊害を解決しようとしたとなったという点では医療機関のケースと同じである。非課税のものが課税となる場合、患者・国民の抵抗感は非常に大きいことが想定されるため、医療・福祉の課税化による税収増を何に充てるのかがポイントとなるものと考えられる。

⑤　消費税課税と医療保険補助との組み合わせ

上記④のバリエーションとして、消費税の「損税」問題を税制だけで解決することが難しい場合、代替的に、社会保険制度との組み合わせで解決するということも選択肢としてあり得ると考えられる。すなわち、医療の提供についても消費税の課税対象とすることで医療機関における仕入税額控除の適用を可能とし、また、新たに課税となった医療の提供に係る消費税の課税額相当分を医療保険（国民健康保険、協会けんぽ、健康保険組合、共済組合等）への補助に充てることにより、非課税だった医療の提供が課税となることで負担が高まる患者の不満を和らげることも期待できる、というものである。また、税と社会保障とをトータルで考えるという視点は、民主党政権下で掲げられていた「社会保障と税の一体改革」の理念とも合致しているものと考えられる。

ただ、このアイディアにも問題がある。1つは、患者側からみれば制度の全体像が見えにくいため、病院の窓口での消費税支払いに伴う負担だけを強く感じてしまい、理解を得るのに困難を伴う可能性があるという点である。このアイディアは医療の提供に関し消費税は非課税であるという建前を大胆に打ち壊す方策であるが、対応関係が分かれば実質的に非課税であるということについて理解が得られるのではないかと考える。これは周到な広報活動により解決するよりほかないであろう。

2つ目は、税制（財務省）と社会保障制度（厚生労働省）を所管する官庁が異なるという点である。つまり、この仕組みを導入してから時が経過するにつれ、

66 大蔵省編『平成3年度改正税法のすべて』376頁。

医療に対する消費税の課税と医療保険に対する増税分の補助とがセットであるという対応関係がいつの間にか失われ、医療保険に対する補助が縮減されるという事態につながることが懸念されるということである。これについても、関連法規で対応関係を明記し、制度導入の理念が失われることのないよう配慮することが必要となるであろう。

3つ目は、より本質的な問題として、この仕組みによって、結局医療機関の負担を患者に回しただけではないかという批判を浴びる可能性があるということである。マクロ的にみるとこの批判は正当であると考えられる。つまり、控除対象外消費税となるものを、一体だれが負担すべきなのかという点に行き着くということである。当該税額を医療機関が全額負担すべきものとは考えられないが、果たして患者（最終消費者）が全額負担すべきなのかについても議論があるだろう。あるべき負担割合を設定することができれば、この仕組みを使って、医療保険への補助割合や仕入税額控除の割合を調整すること等により、それを実現することもできるであろう。

⑥　診療報酬改定による消費税分の上乗せ

消費税率の引き上げによる医療機関の負担分を補填するため、診療報酬を改定し消費税分を上乗せするという方法も考えられる。控除対象外消費税問題は仕入れに係る税額を患者に転嫁できないがゆえに生じるのであり、公定価格である診療報酬が引き上げられれば、控除対象外消費税がその引き上げ幅に応じて解消されることとなる。

これは先にみた消費税改正法案でも、「医療機関等の仕入れに係る消費税については、診療報酬等の医療保険制度において手当をすることとし（同法7一ト）」と明記されており、また、過去に実際に行われた対応策である。すなわち、消費税導入時の平成元年には0.76%（うち診療報酬本体0.11%）、税率が3%から5%に引き上げられた平成9年には0.77%（うち診療報酬本体0.32%）の改定がなされている[67]。

67　前掲注49資料6頁参照。

しかし、仮に当該改定により消費税額の補填がなされたとしても、改定項目が固定的・持続的ではない[68]ことから、改定後時間が経過すると当該改定の効果が消滅したり、見えにくくなる。また、改定により上乗せされたのは診療報酬約4,000項目のうちの36項目に過ぎない[69]。さらに、診療報酬改定のメカニズムは複雑であり、それに消費税率引き上げを合わせることは事実上不可能であるとも考えられる。

加えて、診療報酬改定による補填は、当該補填分の原資の相当部分が税金と考えられることから、結局納税者が負担することとなる。

8-4 控除対象外消費税負担問題の解決に向けて

以上みてきたとおり、控除対象外消費税を医療機関や福祉施設が負担している問題（「損税」問題）は、根が深くその解決は容易ではない。医療機関等の「不当かつ一方的な」負担を減らすためには、患者や国民一般に何らかの負担を強いることとなる。医療や福祉というインフラ維持のためには、当該インフラの受益者である国民が一定の負担をすべきということになろう。問題は、どのような形で、どれだけ負担するのか（医療・福祉側50%、国民・患者側50%か？）、ということである。負担の形と水準について、理論的に明快な正答や解答があるわけではない。広い国民的な議論の中で、何らかのコンセンサスを得ていくよりほかないであろう。

いずれにせよこの問題の解決に向けて重要なのは、メリット・デメリットを包み隠さず開示して、関係者が知恵を出し合って公開の場で議論することであろう。また、医療・福祉施設と国民との間で徒に対立するのではなく（マスコミ等がそれを煽るのではなく）、互助の精神で負担を分かち合うということが了

68 平成9年に5%に引き上げられて以来平成26年まで消費税率は据え置きとなっていたが、一方で累次の診療報酬改定がなされており、平成9年の改定の効果がどの程度持続しているのか検証することは困難である。
69 前掲注49資料7頁参照。

解されれば、自ずと解決策がみえてくるのではないだろうか[70]。

70　当該問題のより詳細な議論については、拙著『消費税の税率構造と仕入税額控除』（白桃書房、2015年）71－87参照のこと。

9 特定収入の取扱い

9-1 特定収入の意義

わが国において医療を提供する主体としては、個人（個人立診療所）や医療法人のほか、社会福祉法人（済生会等）、学校法人（私立大学附属病院等）、宗教法人（キリスト教系等）、公益社団・財団法人、一般社団・財団法人といった公益法人が大きな役割を果たしている。これらの公益法人（ここでは消費税法別表第3に掲げる法人をいう）は純粋な営利企業（株式会社等）と異なり、一般に、補助金や寄附金といった対価性のない収入により運営経費の多くが賄われている。このような対価性のない収入を消費税法では「特定収入」という。

このような公益法人において提供するサービス等の価格の設定基準は、通常の営利法人とは異なると考えられる。すなわち、課税売上となるサービスに係る価格設定については、対応する費用との見合いで純粋に決定するのではなく、補助金や寄附金といった対価性のない収入をも見込んで行うと考えられるのである。言い換えれば、対価性のない特定収入によって賄われる仕入額は、いわば最終消費としての色彩が強いということである。そのため、当該課税仕入れについては、転嫁すべき税額ではないことから、仕入税額控除の対象としないという措置がとられている。

なお、特定収入につき上記取扱いがなされるのは、公益法人のほか、国または地方公共団体（特別会計のみ）、人格のない社団等である（消法60④）。

図表9-1　特定収入と課税仕入れとの関係

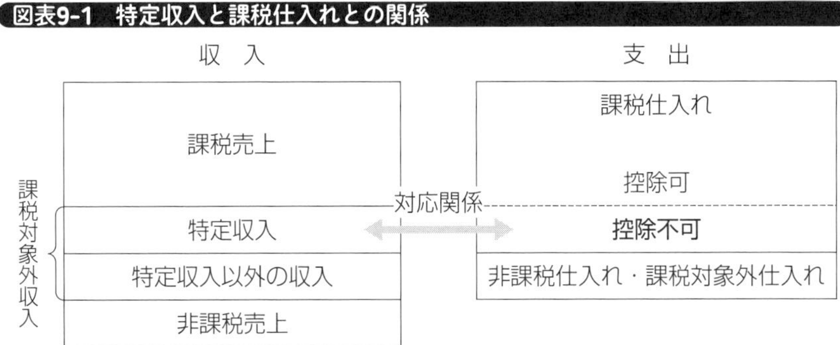

9-2　消費税法における特定収入

消費税法上、特定収入は、資産の譲渡等の対価に該当しない収入のうち、非特定収入以外の収入をいう（消法60④、消令75①、消基通16－2－1）。

まず非特定収入を挙げると、以下のようなものが該当する（消令75①）。

＜非特定収入＞

① 通常の借入金等[71]

② 出資金

③ 預金、貯金および預り金

④ 貸付回収金

⑤ 返還金および還付金

⑥ 次に掲げる収入

（ア） 法令または交付要綱等において、次に掲げる支出以外の支出（特定支出[72]）のために使用することとされている収入

1）課税仕入れに係る支払対価の額に係る支出

71 借入金および債券の発行に係る収入で、法令においてその返済または償還のための補助金等が交付されることが規定されているもの以外のものをいう（消令75①一）。なお、法令により交付を受けることが規定されているものは「特殊な借入金等」という。

72 要するに、特定支出のためにのみ使用する収入は特定収入に該当しないこととなる。特定支出の具体例は、給与、利子、土地購入費、特殊な借入金等の返済等が該当する。

2）課税貨物の引取価額に係る支出

3）通常の借入金等の返済金または償還金に係る支出

（イ）　国または地方公共団体が合理的な方法により資産の譲渡等の対価以外の収入の使途を明らかにした文書において、特定支出のためにのみ使用することとされている収入

次に、特定収入に該当するものを例示すると、以下のようなものが該当する（消基通16－2－1）。

＜特定収入＞

①　租税

②　補助金

③　交付金

④　寄附金

⑤　出資に対する配当金

⑥　保険金

⑦　損害賠償金

⑧　負担金（対価性のないものに限る）

⑨　他会計からの繰入金　（対価性のないもので、国および地方公共団体に限る）

⑩　会費等（対価性のないものに限る）

⑪　喜捨金等（対価性のないものに限る）

⑫　特殊な借入金等（前記注71参照）

⑬　通常の借入金等に係る債務免除益（消令75②）

なお、国・地方公共団体、公益法人や人格のない社団等が一定の財源（基金）に充てるため受け入れる金銭については、次のように取り扱われる（消基通16－2－5）。

（ア）　出資金または借入金と同様の性格を有するもの
　　：特定収入に該当しない

（イ）　法令において事業は当該基金を運用した利益で行い、元本については取り崩しができないとされている金銭

：解散等により取り崩した時の使途により判定する

（ウ） 上記（ア）・（イ）のいずれにも該当しないもの

：特定収入に該当する

9-3 特定収入に係る仕入税額控除の特例

特定収入に係る仕入税額控除の調整が必要となるのは、資産の譲渡等の対価の額に特定収入の額を加算した合計額に占める特定収入の額の割合（特定収入割合。以下の算式参照）が5%を超えるケースである（消令75③）。なお、その法人が簡易課税制度の適用を受けている場合には、当該特例の適用はない。

$$\text{特定収入割合} = \frac{\text{特定収入の額}}{\text{資産の譲渡等の対価の額}^{*} + \text{特定収入の額}}$$

ここでいう「資産の譲渡等の対価の額」(＊)とは、課税売上高（税抜）に非課税売上高、輸出免税（ゼロ税率）売上高および国外における資産の譲渡等の対価の額を加算した合計額である。

特定収入に係る課税仕入れ等の税額の調整計算は、課税売上割合が95%以上（ただし進行年度の課税売上高が5億円以下）の場合（すなわち課税仕入れにつき原則全額控除が可能な場合）と、課税売上割合が95%未満（または進行年度の課税売上高が5億円超）の場合（すなわち課税仕入れにつき個別対応方式または一括比例配分方式が選択適用できる場合）とで区別される。

① 課税売上割合が95%以上（ただし進行年度の課税売上高が5億円以下）の場合

課税売上割合が95%以上（ただし進行年度の課税売上高が5億円以下）の場合の特定収入に係る課税仕入れ等の税額の調整計算は、次の算式に基づき行う（消令75④一）。

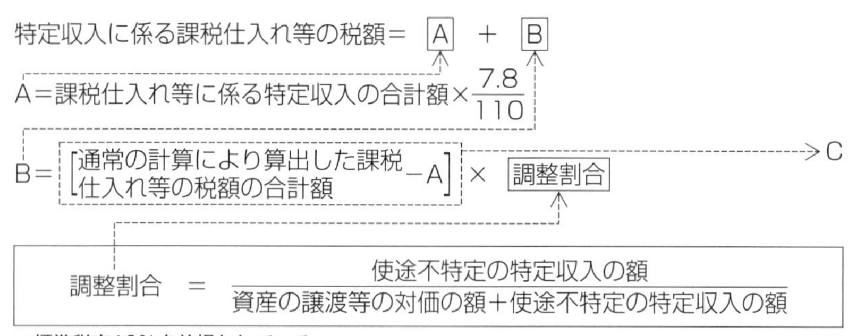

＊標準税率10%を前提としている。

なお、上記算式中の「C」の値がマイナスとなる場合、特定収入に係る課税仕入れ等の税額の計算は、次の算式により行う。

特定収入に係る課税仕入れ等の税額＝A－（C×調整割合）

② 課税売上割合が95%未満の場合

課税売上割合が95%未満（または進行年度の課税売上高が5億円超）の場合、仕入税額控除に関し個別対応方式を採用しているか一括比例配分方式を採用しているかで算定方法が異なる。

（ア） 個別対応方式を採用している場合

次の算式により計算する（消令75④二）。

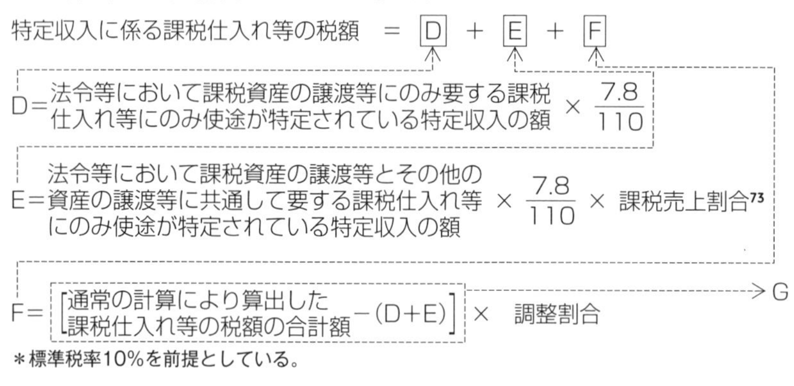

＊標準税率10%を前提としている。

73 課税売上割合に準ずる割合（**5-8**参照）の承認を受けているときはその割合による。

なお、上記算式中の「G」の値がマイナスとなる場合、特定収入に係る課税仕入れ等の税額の計算は、次の算式により行う。

特定収入に係る課税仕入れ等の税額＝（D＋E）－（G×調整割合）

（イ）一括比例配分方式を採用している場合

次の算式により計算する（消令75④三）。

特定収入に係る課税仕入れ等の税額 ＝ H ＋ I

$$H = 課税仕入れ等に係る特定収入の合計額 \times \frac{7.8}{110} \times 課税売上割合$$

I＝［通常の計算により算出した課税仕入れ等の税額の合計額－H］×調整割合

（［通常の計算により算出した課税仕入れ等の税額の合計額－H］→ J）

＊標準税率10％を前提としている。

なお、上記算式中の「J」の値がマイナスとなる場合、特定収入に係る課税仕入れ等の税額の計算は、次の算式により行う。

特定収入に係る課税仕入れ等の税額＝H－（J×調整割合）

9-4 調整割合が著しく変動した場合の調整

調整割合が著しく変動した場合、すなわち、その課税期間における調整割合と通算調整割合との差が20％以上ある場合には、**9-3**で行った計算方法（原則計算）にかかわらず、その課税期間において特定収入に係る課税仕入れ等の税額の調整を行う（消令75⑤⑥）。ただし、その課税期間の過去2年間の各課税期間において当該調整を行っている場合には、その課税期間において当該調整を行う必要はない（消令75⑤カッコ書）。

「通算調整割合」は以下の算式で計算する（消令75⑥）。

$$\text{通算調整割合} = \frac{\text{通算課税期間における課税仕入れ等に係る特定収入以外の特定収入の額}}{\text{通算課税期間の資産の譲渡等の対価の額} + \text{通算課税期間における課税仕入れ等に係る特定収入以外の特定収入の額（使途不特定の特定収入）}}$$

上記算式における「通算課税期間」とは、その課税期間の初日の2年前の日の前日の属する課税期間からその課税期間までの各課税期間、すなわち、その課税期間を含む過去3年間の各課税期間をいう（消令75⑤一ロ）。

特定収入に係る課税仕入れ等の税額の調整は、次の算式により行う。

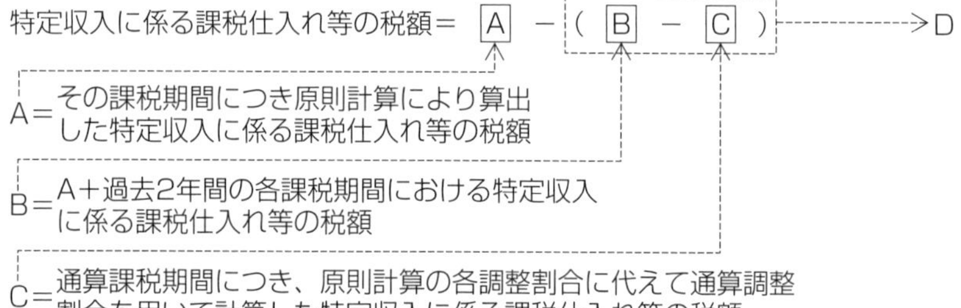

特定収入に係る課税仕入れ等の税額＝ A －（ B － C ）→D
A＝その課税期間につき原則計算により算出した特定収入に係る課税仕入れ等の税額
B＝A＋過去2年間の各課税期間における特定収入に係る課税仕入れ等の税額
C＝通算課税期間につき、原則計算の各調整割合に代えて通算調整割合を用いて計算した特定収入に係る課税仕入れ等の税額

特定収入に係る課税仕入れ等の税額がマイナスとなる場合には、その金額を通常計算により算出した課税仕入れ等の税額に加算する（消令75⑦）。

なお、上記算式中の「D」の値がマイナスとなる場合、特定収入に係る課税仕入れ等の税額の計算は、以下の算式により行う。

特定収入に係る課税仕入れ等の税額＝A＋（C－B）

9-5 特定収入に係る仕入税額控除の計算事例

介護事業を行っている社会福祉法人で、その課税期間の課税売上高が5億円以下かつ課税売上割合が95%未満の場合における特定収入に係る仕入税額控除の計算方法を示すと、次頁のようになる。

【設例】

収入の部	金　額
課税売上（税込・税率7.8%適用分）	26,400,000円
介護保険収入（非課税売上）	196,000,000円
補助金収入 1．交付要綱等において課税売上にのみ要する課税仕入れに使途が特定されているもの（税率7.8%適用分） 2．交付要綱等において課税売上・非課税売上に共通して要する課税仕入れに使途が特定されているもの（税率7.8%適用分） 3．交付要綱等において人件費（通勤手当を除く）に充てることとされているもの	 7,000,000円 34,000,000円 56,000,000円
預金利息収入（非課税売上）	240,000円
寄附金収入	3,000,000円
保険金収入	2,400,000円
収入合計	**325,040,000円**
支出の部	
課税仕入れ（税込・すべて税率7.8%適用分） 1．課税売上にのみ要する課税仕入れ 2．課税売上・非課税売上に共通して要する課税仕入れ 3．非課税売上にのみ要する課税仕入れ 小計	 5,500,000円 121,000,000円 4,400,000円 130,900,000円
課税仕入れ以外の支出	182,800,000円
支出合計	**313,700,000円**

＊消費税額の計算過程＊（以下、標準税率10%を前提として解説している）

①　個別対応方式を採用している場合

（ア）　課税標準額

26,400,000円（課税売上高・税込）$\times\frac{100}{110}$＝24,000,000円（税抜課税売上高）

（イ）　課税標準額に対する消費税額

24,000,000円×7.8%（国税分のみ）＝1,872,000円

（ウ）　調整前の仕入控除税額

1．課税売上割合

$$\text{課税売上割合}=\frac{\underset{\text{税抜課税売上高}}{24{,}000{,}000\text{円}}}{\underset{\text{税抜課税売上高}}{24{,}000{,}000\text{円}}+\underbrace{\underset{\text{介護保険収入}}{196{,}000{,}000\text{円}}+\underset{\text{預金利息収入}}{240{,}000\text{円}}}_{\text{非課税売上高}196{,}240{,}000\text{円}}}=\frac{\overbrace{24{,}000{,}000\text{円}}^{\text{計算表1①C}}}{\underbrace{220{,}240{,}000\text{円}}_{\text{計算表1⑥C}}}$$

計算表1④C

＝10.89720……%

2．調整前の仕入控除税額

a．課税売上にのみ要する課税仕入れ等の税額

5,500,000円$\times\frac{7.8}{110}$＝390,000円

b．非課税売上にのみ要する課税仕入れ等の税額

4,400,000円$\times\frac{7.8}{110}$＝312,000円

c．課税売上・非課税売上に共通して要する課税仕入れ等の税額

121,000,000円$\times\frac{7.8}{110}$＝8,580,000円

d．個別対応方式による仕入控除税額

390,000円＋8,580,000円$\times\frac{24{,}000{,}000\text{円}}{220{,}240{,}000\text{円}}$（課税売上割合）＝1,324,980円

（エ） 特定収入に係る課税仕入れ等の税額（調整税額）の計算

1. 特定収入と特定収入以外との区分

＜特定収入に該当するもの＞

補助金収入（105頁の設例の3. の人件費に充てることとされているもの以外）

	41,000,000円
寄附金収入	3,000,000円
保険金収入	2,400,000円
合計	46,400,000円

2. 特定収入割合の計算

$$\text{特定収入割合}=\frac{\overset{\text{特定収入の額}}{46{,}400{,}000\text{円}}}{\underset{\text{税抜課税売上高}}{24{,}000{,}000\text{円}}+\underset{\text{非課税売上高}}{196{,}000{,}000\text{円}}+\underset{\text{特定収入の額}}{240{,}000\text{円}}+\underset{\text{特定収入の額}}{46{,}400{,}000\text{円}}}$$

＝17.5%（小数点4位以下の端数切上げ）＞5%

⇒ 特定収入割合が5%を超えているため、特定収入に係る調整計算が必要

3. 調整割合の計算

$$\text{調整割合}=\frac{\overset{\text{使途不特定の特定収入の額*}}{5{,}400{,}000\text{円}}}{\underset{\text{税抜課税売上高}}{24{,}000{,}000\text{円}}+\underset{\text{非課税売上高}}{196{,}000{,}000\text{円}}+\underset{\text{非課税売上高}}{240{,}000\text{円}}+\underset{\text{使途不特定の特定収入の額*}}{5{,}400{,}000\text{円}}}$$

$$=\frac{5{,}400{,}000\text{円}}{225{,}640{,}000\text{円}}$$

＜使途不特定の特定収入の額＞

補助金収入	0円
寄附金収入	3,000,000円
保険金収入	2,400,000円
合計	5,400,000円

4. 調整税額

a. 課税売上にのみ要する課税仕入れ等にのみ使途が特定されている特定収入に係る税額

補助金収入1

$$7{,}000{,}000円\times\frac{7.8}{110}=496{,}363円$$

b．課税売上・非課税売上に共通して要する課税仕入れ等にのみ使途が特定されている特定収入に係る税額

補助金収入2　課税売上割合

$$34{,}000{,}000円\times\frac{7.8}{110}\times\frac{24{,}000{,}000円}{220{,}240{,}000円}=262{,}721円$$

c．課税仕入れ等に係る特定収入以外の特定収入（使途不特定の特定収入）に係る税額

調整前仕入控除税額　上記4aの額　上記4bの額

1,324,980円　－496,363円－262,721円＝565,896円

$$565{,}896円\times\frac{5{,}400{,}000円}{225{,}640{,}000円}（調整割合）=13{,}542円$$

d．調整税額

上記4aの額　上記4bの額　上記4cの額

496,363円＋262,721円＋13,542円＝772,626円

5．控除対象仕入税額

調整税額は仕入税額控除の対象とはならないので、調整前の仕入控除税額から差し引くこととなる。

調整前仕入控除税額　調整税額

控除対象仕入税額＝　1,324,980円　－772,626円＝552,354円

（オ）　税額

1,872,000円－552,354円＝1,319,646円 ⇒ 1,319,600円（国税・百円未満切捨て）

$$1{,}319{,}600円\times\frac{22}{78}=372{,}194円 \Rightarrow 372{,}100円（地方消費税・百円未満切捨て）$$

なお、国税庁編『国、地方公共団体や公共・公益法人等と消費税』（令和4年6月版）で示されている計算表に、上記計算がどのように反映されるのか以下でみていくこととする。

計算表1　資産の譲渡等の対価の額の計算表

内　容			税率6.24%適用分 A	税率7.8%適用分 B	合　計 C
課税売上げ	通常の課税売上げ・役員への贈与及び低額譲渡	①		24,000,000円	24,000,000円
	課税標準額に対する消費税額の特例適用の課税売上げ	②			
免税売上げ（輸出取引等）		③			
非課税売上げ		④			196,240,000円
国外における資産の譲渡等の対価の額		⑤			
資産の譲渡等の対価の額の合計額		⑥			（計算表3①、計算表4①へ）220,240,000円

計算表2　特定収入の金額およびその内訳書

（1）　特定収入、課税仕入れ等に係る特定収入、課税仕入れ等に係る特定収入以外の特定収入の内訳書

内容		資産の譲渡等の対価以外の収入	左のうち特定収入 A	うち税率6.24%が適用される課税仕入れ等にのみ使途が特定されている金額（「課税仕入れ等に係る特定収入」） B	うち税率7.8%が適用される課税仕入れ等にのみ使途が特定されている金額（「課税仕入れ等に係る特定収入」） C	A－(B+C)（「課税仕入れ等に係る特定収入以外の特定収入」） D
租税	①					
補助金・交付金等	②	97,000,000	41,000,000		41,000,000	0
他会計からの繰入金	③					
寄附金	④	3,000,000	3,000,000			3,000,000
出資に対する配当金	⑤					
保険金	⑥	2,400,000	2,400,000			2,400,000
損害賠償金	⑦					
会費・入会金	⑧					
喜捨金	⑨					
債務免除益	⑩					
借入金	⑪					
出資の受入れ	⑫					
貸付回収金	⑬					
	⑭				計算表5（1）④、（3）④へ	
	⑮		計算表3②へ			計算表4②へ
	⑯					
合計	⑰	102,400,000	46,400,000		41,000,000	5,400,000

計算表2 特定収入の金額およびその内訳書（個別対応方式用）

（2） 課税売上げにのみ要する課税仕入れ等にのみ使途が特定されている特定収入、課税・非課税売上げに共通して要する課税仕入れ等にのみ使途が特定されている特定収入の内訳書

※この表は、課税期間中の課税売上高が5億円超又は課税売上割合が95%未満で個別対応方式を採用している場合のみ、使用します。

内容		課税仕入れ等（税率6.24%）に係る特定収入 （計算表2（1）B）	うち課税売上げにのみ要する課税仕入れ等にのみ使途が特定されている特定収入 E	うち課税・非課税売上げに共通して要する課税仕入れ等にのみ使途が特定されている特定収入 F	課税仕入れ等（税率7.8%）に係る特定収入 （計算表2（1）C）	うち課税売上げにのみ要する課税仕入れ等にのみ使途が特定されている特定収入 G	うち課税・非課税売上げに共通して要する課税仕入れ等にのみ使途が特定されている特定収入 H
租税	①						
補助金・交付金等	②				41,000,000	7,000,000	34,000,000
他会計からの繰入金	③						
寄付金	④						
出資に対する配当金	⑤						
保険金	⑥						
損害賠償金	⑦						
会費・入会金	⑧						
喜捨金	⑨						
債務免除益	⑩						
借入金	⑪						
出資の受入れ	⑫						
貸付回収金	⑬						
	⑭						
	⑮					計算表5（2）⑥へ	計算表5（2）⑧へ
	⑯						
合計	⑰				41,000,000	7,000,000	34,000,000

計算表3　特定収入割合の計算表

内　　　　容		金　額　等
資産の譲渡等の対価の額の合計額（計算表1⑥c）	①	220,240,000円
特定収入の合計額（計算表2（1）⑰のA）	②	46,400,000
分母の数（①+②）	③	266,640,000
特定収入割合（②÷③）	④	17.5%

（小数点4位以下の端数切上げ）

計算表4　調整割合の計算表

内　　　　容		金　額　等
課税仕入れ等に係る特定収入以外の特定収入（計算表2（1）⑰D）	②	5,400,000
資産の譲渡等の対価の額の合計額（計算表1⑥c）	①	220,240,000円
分母の数（①+②）	③	225,640,000
調整割合 $\left\{\frac{②の金額}{③の金額}\right\}$	④	$\frac{5,400,000}{225,640,000}$

↓
計算表5
（1）⑦、（2）⑭、（3）⑨

計算表5 控除対象仕入税額の調整計算表（個別対応方式用）

（2） 課税期間中の課税売上高が5億円以下、かつ、売上割合が95%未満で個別対応方式を採用している場合

内容		税率6.24%適用分	税率7.8%適用分
調整前課税仕入れ等の税額の合計額	①	円	1,324,980円
課税売上げにのみ要する課税仕入れ等（税率6.24%）にのみ使途が特定されている特定収入（計算表2（2）⑰E）	②		
②×$\frac{6.24}{108}$（1円未満の端数切捨て）	③		
課税・非課税売上げに共通して要する課税仕入れ等（税率6.24%）にのみ使途が特定されている特定収入（計算表2（2）⑰F）	④		
④×$\frac{6.24}{108}$（1円未満の端数切捨て）	⑤		
課税売上げにのみ要する課税仕入れ等（税率7.8%）にのみ使途が特定されている特定収入（計算表2（2）⑰G）	⑥		7,000,000
⑥×$\frac{7.8}{110}$（1円未満の端数切捨て）	⑦		496,363
課税・非課税売上げに共通して要する課税仕入れ等（税率7.8%）にのみ使途が特定されている特定収入（計算表2（2）⑰H）	⑧		34,000,000
⑧×$\frac{7.8}{110}$（1円未満の端数切捨て）	⑨		2,410,909
課税売上割合（準ずる割合の承認を受けている場合はその割合）	⑩	$\frac{24,000,000}{220,240,000}$	
⑤×⑩、⑨×⑩（いずれも1円未満の端数切捨て）	⑪		262,721
③+⑪、⑦+⑪	⑫		759,084
①−⑫	⑬		565,896
調整割合（計算表4④）	⑭	$\frac{5,400,000}{225,640,000}$	
⑬×⑭（1円未満の端数切捨て）	⑮		13,542
特定収入に係る課税仕入れ等の税額（⑫+⑮）	⑯		772,626
控除対象仕入税額（①−⑯）	⑰		552,354

②　一括比例配分方式を採用している場合（105頁の設例に基づく）

（ア）　課税標準額

$$26,400,000円 \times \frac{100}{110} = 24,000,000円$$

（イ）　課税標準額に対する消費税額

24,000,000円×7.8%＝1,872,000円

（ウ）　調整前の仕入控除税額

1．課税売上割合

$$課税売上割合 = \frac{24,000,000円}{\underset{税抜課税売上高}{24,000,000円} + \underbrace{\underset{介護保険収入}{196,000,000円} + \underset{預金利息収入}{240,000円}}_{非課税売上高196,240,000円\ 計算表1④C}} = \frac{\overbrace{24,000,000円}^{計算表1①C}}{\underbrace{220,240,000円}_{計算表1⑥C}}$$

＝10.89720…%

2．調整前の仕入控除税額

a．課税仕入れの支払対価の額の合計額

$$130,900,000円 \times \frac{7.8}{110} = 9,282,000円$$

b．一括比例配分方式による仕入れに係る税額

$$9,282,000円 \times \frac{24,000,000円}{220,240,000円} = 1,011,478円$$

（エ）　特定収入に係る課税仕入れ等の税額（調整税額）の計算

1．特定収入の額

補助金収入（105頁の設例の3.の人件費に充てることとされているもの以外）

補助金収入	41,000,000円
寄附金収入	3,000,000円
保険金収入	2,400,000円
合計	46,400,000円

2. 特定収入割合の計算

$$特定収入割合=\frac{\overset{特定収入の額}{46{,}400{,}000円}}{\underset{税抜課税売上高}{24{,}000{,}000円}+\underset{非課税売上高}{196{,}000{,}000円}+\underset{非課税売上高}{240{,}000円}+\underset{特定収入の額}{46{,}400{,}000円}}$$

＝17.5％（小数点4位以下の端数切上げ）＞5％

⇒特定収入割合が5％を超えているため、特定収入に係る調整計算が必要

3. 調整割合の計算

$$調整割合=\frac{\overset{使途不特定の特定収入の額^{*}}{5{,}400{,}000円}}{\underset{税抜課税売上高}{24{,}000{,}000円}+\underset{非課税売上高}{196{,}000{,}000円}+\underset{非課税売上高}{240{,}000円}+\underset{使途不特定の特定収入の額^{*}}{5{,}400{,}000円}}$$

$$=\frac{5{,}400{,}000円}{225{,}640{,}000円}$$

＜使途不特定の特定収入の額＞

補助金収入	0円
寄附金収入	3,000,000円
保険金収入	2,400,000円
合計	5,400,000円

4. 調整税額

a. 課税仕入れ等にのみ使途が特定されている特定収入（課税仕入れに係る特定収入）に係る税額

$$(\underset{補助金収入1}{7{,}000{,}000円}+\underset{補助金収入2}{34{,}000{,}000円})\times\frac{7.8}{110}\times\frac{\overset{課税売上割合}{24{,}000{,}000円}}{220{,}240{,}000円}$$

＝316,811円

b. 課税仕入れに係る特定収入以外の特定収入（使途不特定の特定収入）に係る税額

$$(\underset{調整前仕入控除税額}{1{,}011{,}478円}-\underset{上記5aの額}{316{,}811円})\times\frac{\overset{調整割合}{5{,}400{,}000円}}{225{,}640{,}000円}=16{,}624円$$

c．特定収入に係る課税仕入れ等の税額（調整税額）

上記5aの額　上記5bの額
316,811円＋16,624円＝333,435円

5．控除対象仕入税額

調整税額は仕入税額控除の対象とはならないので、調整前の仕入控除税額から差し引くこととなる。

調整前仕入控除税額　調整税額
控除対象仕入税額＝ 1,011,478円 －333,435円＝678,043円

（オ）　税額

1,872,000円－678,043円＝1,193,957円 ⇒ 1,193,900円（国税・百円未満切捨て）

1,193,900円×$\frac{22}{78}$＝336,741円 ⇒ 336,700円（地方消費税・百円未満切捨て）

以下、国税庁編『国、地方公共団体や公共・公益法人等と消費税』（令和4年6月版）で示されている計算表に、上記計算がどのように反映されるのかみていくこととする。

計算表1　資産の譲渡等の対価の額の計算表

内容			税率6.24%適用分 A	税率7.8%適用分 B	合計 C
課税売上げ	通常の課税売上げ・役員への贈与及び低額譲渡	①		24,000,000円	24,000,000円
	課税標準額に対する消費税額の特例適用の課税売上げ	②			
免税売上げ（輸出取引等）		③			
非課税売上げ		④			196,240,000円
国外における資産の譲渡等の対価の額		⑤			
資産の譲渡等の対価の額の合計額		⑥			（計算表3①、計算表4①へ）220,240,000円

計算表2 特定収入の金額およびその内訳書

(1) 特定収入、課税仕入れ等に係る特定収入、課税仕入れ等に係る特定収入以外の特定収入の内訳書

内容		資産の譲渡等の対価以外の収入	左のうち特定収入 A	うち税率6.24%が適用される課税仕入れ等にのみ使途が特定されている金額（「課税仕入れ等に係る特定収入」） B	うち税率7.8%が適用される課税仕入れ等にのみ使途が特定されている金額（「課税仕入れ等に係る特定収入」） C	A－(B+C)（「課税仕入れ等に係る特定収入以外の特定収入」） D
租税	①					
補助金・交付金等	②	97,000,000	41,000,000		41,000,000	0
他会計からの繰入金	③					
寄附金	④	3,000,000	3,000,000			3,000,000
出資に対する配当金	⑤					
保険金	⑥	2,400,000	2,400,000			2,400,000
損害賠償金	⑦					
会費・入会金	⑧					
喜捨金	⑨					
債務免除益	⑩					
借入金	⑪					
出資の受入れ	⑫					
貸付回収金	⑬					
	⑭					
	⑮					
	⑯					
合計	⑰	102,400,000	46,400,000		41,000,000	5,400,000

計算表3 ②へ

計算表5 (1)④、(3)④へ

計算表4 ②へ

計算表3　特定収入割合の計算表

内　　　容		金　額　等
資産の譲渡等の対価の額の合計額（計算表1⑥C）	①	220,240,000円
特定収入の合計額（計算表2(1)⑰A）	②	46,400,000
分母の数（①+②）	③	266,640,000
特定収入割合（②÷③）	④	17.5%

（小数点4位以下の端数切上げ）

計算表4　調整割合の計算表

内　　　容		金　額　等
資産の譲渡等の対価の額の合計額（計算表1⑥C）	①	220,240,000円
課税仕入れ等に係る特定収入以外の特定収入（計算表2（1）⑰D）	②	5,400,000
分母の数（①+②）	③	225,640,000
調整割合 $\left\{\frac{②}{③}\right\}$	④	$\frac{5,400,000}{225,640,000}$

↓

計算表5

(1)⑦、(2)⑭、(3)⑨

計算表5　控除対象仕入税額の調整計算表（一括比例配分方式用）

（3）　課税期間中の課税売上高が5億円以下、かつ、売上割合が95%未満で一括比例配分方式を採用している場合

内容		税率6.24%適用分	税率7.8%適用分
調整前課税仕入れ等の税額の合計額	①	円	1,011,478円
課税売上げにのみ要する課税仕入れ等（税率6.24%）にのみ使途が特定されている特定収入（計算表2(2)⑰E）	②		
②×$\frac{6.24}{108}$（1円未満の端数切捨て）	③		
課税売上げにのみ要する課税仕入れ等（税率7.8%）にのみ使途が特定されている特定収入（計算表2(2)⑰C）	④		41,000,000
④×$\frac{7.8}{110}$（1円未満の端数切捨て）	⑤		2,907,272
課税売上割合	⑥	$\frac{24,000,000}{220,240,000}$	
③×⑥、⑤×⑥（いずれも1円未満の端数切捨て）	⑦	③×⑥	⑤×⑥ 316,811
①−⑦	⑧		694,667
調整割合（計算表4④）	⑨	$\frac{5,400,000}{225,640,000}$	
⑧×⑨（1円未満の端数切捨て）	⑩		16,624
特定収入に係る課税仕入れ等の税額（⑦＋⑩）	⑪		333,435
控除対象仕入税額（①−⑪）	⑫		678,043

10 税額計算と申告手続

10-1 課税標準

① 国内取引

消費税の課税標準は、国内取引の場合、課税資産の譲渡等の対価の額である(消法28①)。ここでいう対価の額とは、対価として収受し、または収受すべき一切の金銭または金銭以外の物もしくは権利その他経済的な利益の額[74]を指す(消法28①カッコ書)。収受すべき金銭等の額とは、一般に当事者間の取引価格をいうものとされる(消基通10－1－1)。ただし、課税資産の譲渡等につき課されるべき消費税相当額および地方消費税相当額は除かれ、税抜対価の額が課税標準となる[75](消法28①カッコ書)。

しかし、法人が資産をその役員に譲渡した場合の対価の額がその資産の譲渡のときの価額に比して著しく低いときは、その価額相当額を「対価の額」とみなすとされている（消法28①但書)。ここでいう「著しく低い」対価とは、概ね時価の2分の1に満たない額をいうと解されている[76]。

個人事業者が棚卸資産または事業用資産を家事のために消費・使用した場合には、消費・使用した時点における当該資産の価額（時価）相当額を対価の額

74 金銭以外の物もしくは権利その他経済的な利益の額とは、実質的に資産の譲渡等の対価と同様の経済的効果をもたらすものをいう（消基通10－1－3)。

75 一方、酒税、たばこ税といった個別消費税の税額は、税負担の転嫁が予定されており、対価の一部を構成すると考えられることから、消費税の課税標準に含まれる（消基通10－1－11)。輸入取引においても同様である。

76 金子前掲注6書831頁。

とみなすこととされている（消法28③一）。

② 輸入取引

保税地域から引き取られる課税貨物に係る消費税の課税標準は、その貨物につき関税定率法第4条から第4条の8までの規定に準じて算出した価格に、その貨物の保税地域からの引き取りに当たって課される個別消費税および関税の額に相当する金額を加算した金額である（消法28④）。

10-2 消費税の課税期間

① 個人事業者

（ア） 原則

個人事業者の課税期間は原則として暦年（1月～12月）である（消法19①一）。

（イ） 特例

「消費税課税期間特例選択・変更届出書」を所轄税務署長に提出することで、課税期間を3か月ごと（消法19①三）または1か月ごと（消法19①三の二）とすることができる。このような課税期間を短縮することが認められているのは、恒常的に輸出還付の生じる輸出業者等にとって、課税期間を一律に1年とすると、仕入れに係る消費税額が還付されるまで時間がかかり、その間の資金負担が重いためそれを軽減する意図があるものと解されている[77]。

当該選択届出の効力は、原則として、届出書の提出があった日の属する課税期間の翌課税期間の初日以後に生ずることとされている（消法19②）。

77 中里実・弘中聡浩・渕圭吾・伊藤剛志・吉村政穂編『租税法概説（第4版）』（有斐閣・2021年）245頁。

図表10-1　3か月ごとの課税期間を選択する場合（原則）

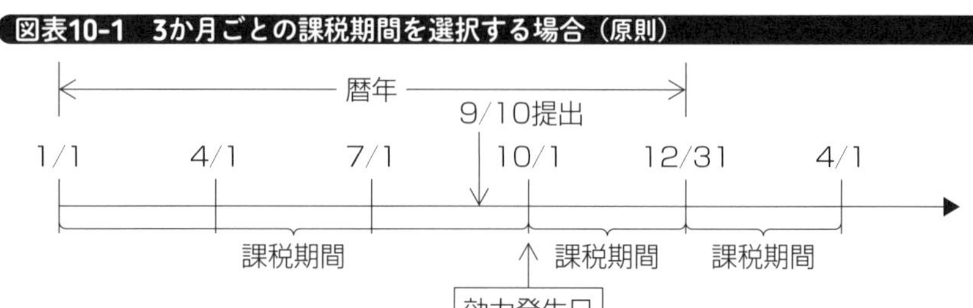

図表10-2　1か月ごとの課税期間を選択する場合（原則）

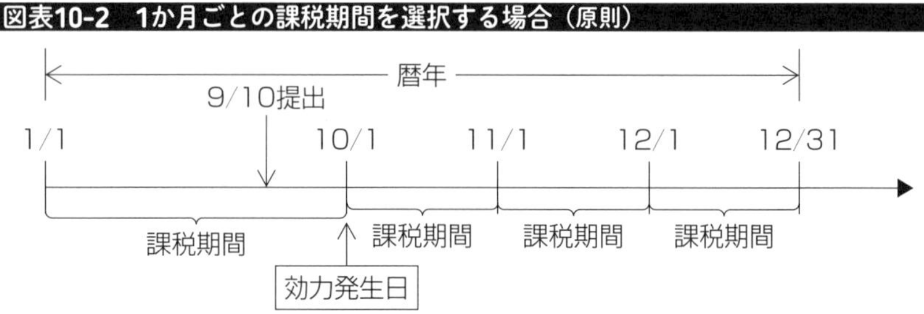

ただし、事業を開始した場合や相続があった場合には、届出書の提出があった日の属する課税期間の初日以後に生ずることとされている（消法19②カッコ書、消令41①一・二、消基通3－3－2）。

図表10-3　3か月ごとの課税期間を選択する場合（特例）

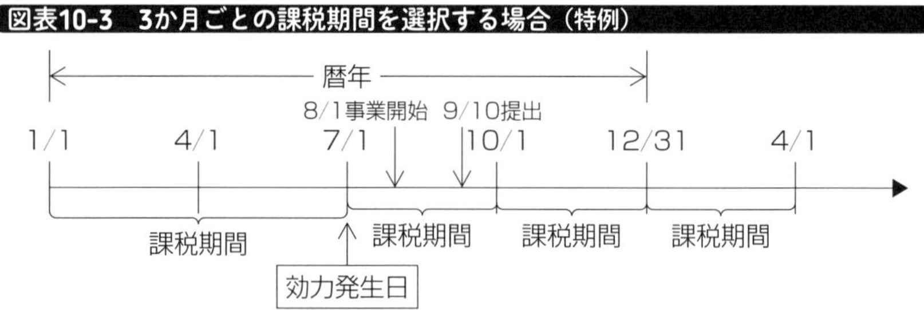

図表10-4 1か月ごとの課税期間を選択する場合（特例）

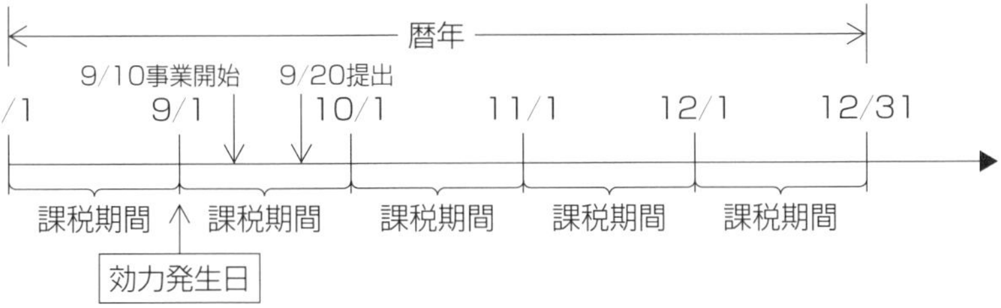

暦年
9/10事業開始
9/20提出
1/1
9/1
10/1
11/1
12/1
12/31
課税期間
課税期間
課税期間
課税期間
課税期間
効力発生日

なお、被相続人が提出した「消費税課税期間特例選択・変更届出書」の効力は相続人には及ばないため、事業を継続する相続人が引き続き適用を受けるためには、新たに当該届出書を提出する必要がある（消基通3－3－2)。

(ウ) 課税期間の特例の変更

3か月ごとの課税期間から1か月ごとへの変更、また、その逆の変更を行う場合、その効力の発生日は、届出書の提出があった日の属する課税期間の翌課税期間の初日以後に生ずることとなる。ただし、すでに受けている課税期間の特例（3か月ごとまたは1か月ごと）の効力が生じた日から2年を経過する日の属する月の初日以降でなければ、変更の届出書を提出できない(消法19⑤、消令41②一・二)。

図表10-5 3か月ごとから1か月ごとへ課税期間特例を変更する場合

暦年
11/16提出
1/1
4/1
7/1
10/1
12/1
12/31
課税期間
課税期間
課税期間
課税期間
課税期間
効力発生日

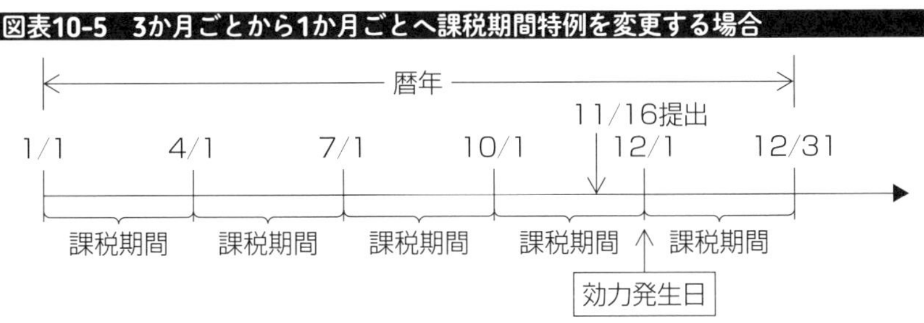

図表10-6　1か月ごとから3か月ごとへ課税期間特例を変更する場合

上記で、提出のあった日（4月20日）の属する課税期間（4月1日～6月30日の3か月）の翌課税期間の初日とは7月1日（効力発生日）である[78]。

（エ）　課税期間選択の不適用

課税期間の特例を選択した個人事業者が、当該特例の適用をやめる場合には、「消費税課税期間特例選択不適用届出書」を所轄税務署長に提出する必要がある（消法19③～⑤）。ただし、事業を廃止した場合を除き、すでに受けている課税期間の特例（3か月ごとまたは1か月ごと）の効力が生じた日から2年を経過する日の属する月の初日以降でなければ、当該不適用の届出書を提出できない（消法19⑤）。

また、当該届出書の効力の発生は、提出した日の属する課税期間の末日の翌日以後となる（消法19④）。

図表10-7　「消費税課税期間特例選択不適用届出書」の効力

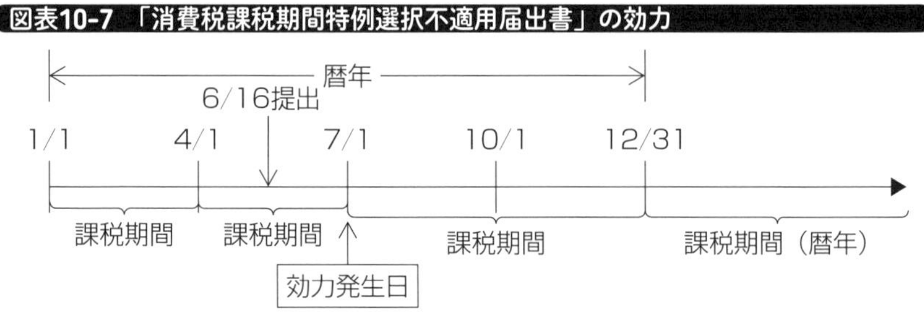

78　個人事業者の3か月ごとの課税期間は、1月～3月、4月～6月、7月～9月、10月～12月の4期間である。

② 法人事業者

（ア） 原則

法人の課税期間は、原則として法人税法に規定する事業年度である（消法19①二）。

（イ） 特例

「消費税課税期間特例選択・変更届出書」を所轄税務署長に提出することで、課税期間を3か月ごと（消法19①四）または1か月ごと（消法19①四の二）とすることができる。

当該選択届出の効力は、原則として、届出書の提出があった日の属する課税期間の翌課税期間の初日以後に生ずることとされている（消法19②）。

図表10-8 3か月ごとの課税期間を選択する場合（3月決算法人・原則）

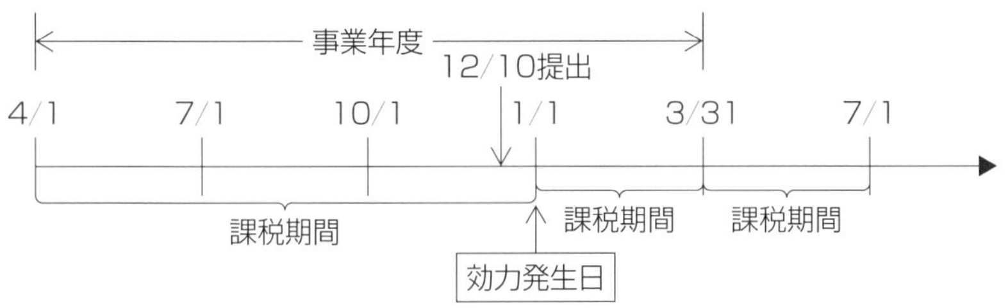

図表10-9 1か月ごとの課税期間を選択する場合（3月決算法人・原則）

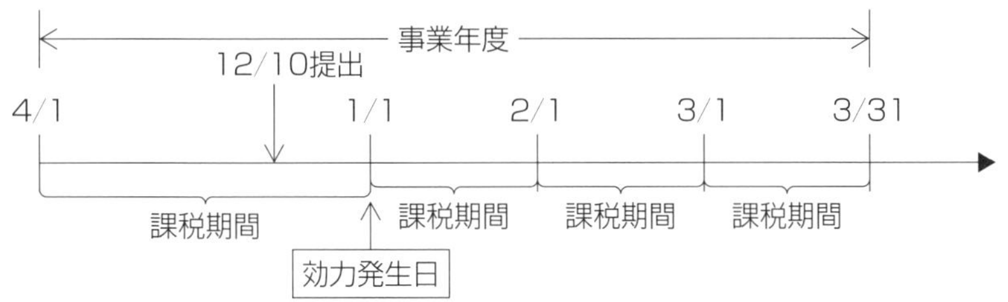

ただし、新たに設立された法人の場合や合併により特例の適用を受けていた被合併法人の事業を承継した場合、吸収分割により特例の適用を受けていた被合併法人の事業を承継した場合には、届出書の提出があった日の属する課税期間の初日以後に生ずることとされている（消法19②カッコ書、消令41①一・三・

四、消基通3－3－3、3－3－4)。

図表10-10　3か月ごとの課税期間を選択する場合（特例・3月決算）

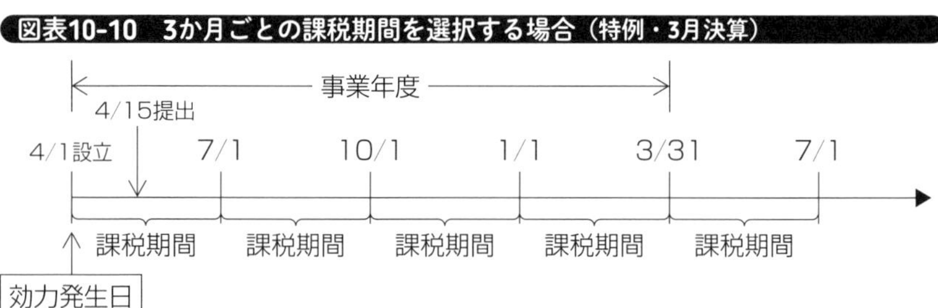

図表10-11　1か月ごとの課税期間を選択する場合（特例・12月決算）

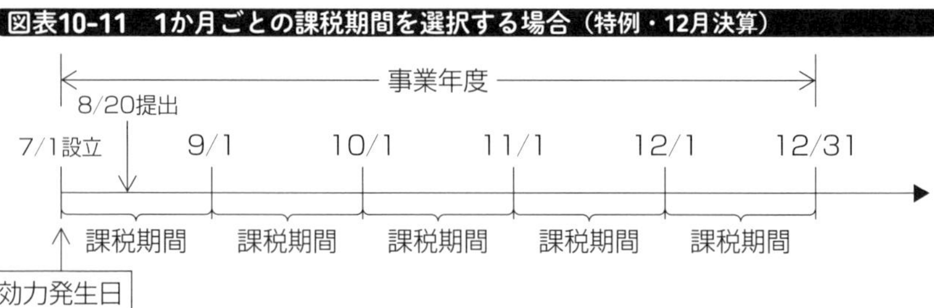

提出日が設立と同じ月（7月31日まで）であれば7月から課税期間は1か月であるが、8月にずれ込んだため、課税期間が1か月となるのは9月からである。

なお、法人の場合も個人事業者の場合と同様に、被合併法人または分割法人等が提出した「消費税課税期間特例選択・変更届出書」の効力は合併法人または分割承継法人には及ばないため、その適用を引き続き受けるためには、新たに当該届出書を提出する必要がある（消基通3－3－3、3－3－4)。

（ウ）　課税期間の特例の変更

3か月ごとの課税期間から1か月ごとへの変更、また、その逆の変更を行う場合、その効力の発生日は、届出書の提出があった日の属する課税期間の翌課税期間の初日以後に生ずることとなる。ただし、すでに受けている課税期間の特例（3か月ごとまたは1か月ごと）の効力が生じた日から2年を経過する日の属する月の初日以降でなければ、変更の届出書を提出できない(消法19⑤、消令41②一・二)。

図表10-12 3か月ごとから1か月ごとへ課税期間特例を変更する場合（3月決算）

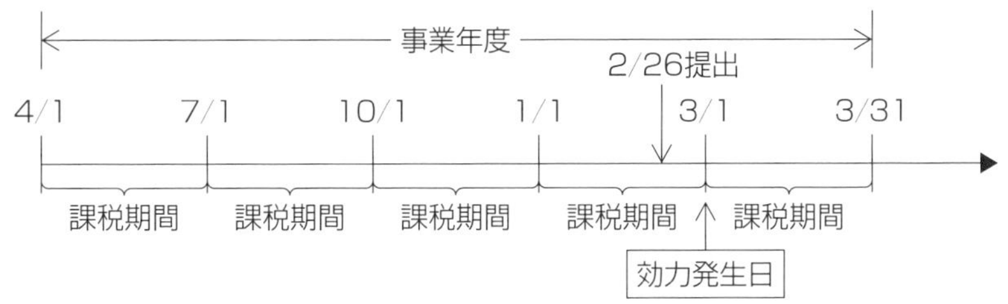

図表10-13 1か月ごとから3か月ごとへ課税期間特例を変更する場合（3月決算）

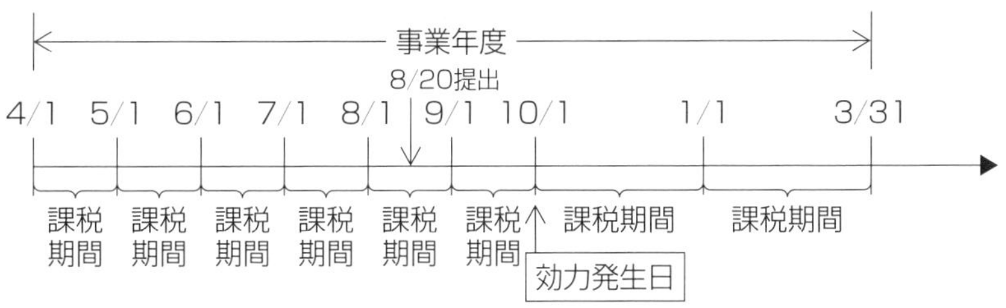

(エ) 課税期間選択の不適用

課税期間の特例を選択した法人が、当該特例の適用をやめる場合には、「消費税課税期間特例選択不適用届出書」を所轄税務署長に提出する必要がある（消法19③～⑤）。ただし、個人事業者の場合と同様に、事業を廃止した場合を除き、すでに受けている課税期間の特例（3か月ごとまたは1か月ごと）の効力が生じた日から2年を経過する日の属する月の初日以降でなければ、当該不適用の届出書を提出できない（消法19⑤）。

また、当該届出書の効力の発生は、提出した日の属する課税期間の末日の翌日以後となる（消法19④）。

図表10-14 「消費税課税期間特例選択不適用届出書」の効力

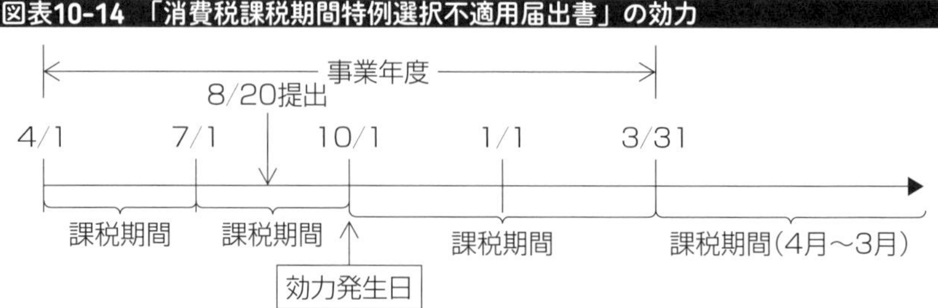

③ 公益法人等の特例

消費税法別表第3に掲げる法人（公益法人等、前述**9-1**参照）のうち法人税法の規定（法法13、14）の適用を受けない法人については、法令または定款等で会計年度等が定められているときはその期間、会計年度等を定めて所轄税務署長に届け出ているときはその届け出た会計年度等、いずれでもない場合には所轄税務署長が指定した会計年度等となる（消令3）。

なお、上記期間が1年を超える場合には、開始の日以後1年ごとに区分した各期間とし、最後に1年未満の期間が生じたときは、その1年未満の期間となる（消令3①）。

④ 届出書の記載例

「消費税課税期間特例選択・変更届出書」および「消費税課税期間特例選択不適用届出書」の記載例は次々頁のとおりである。

10-3 税率

消費税の税率（標準税率）は7.8%である（消法29）。また、そのほかに地方消費税が2.2%（国税の$\frac{22}{78}$、地法72の83）課されるため、合計で10%である。また、軽減税率の税率は、国税分が6.24%、地方消費税分が1.76%（国税の$\frac{22}{78}$）の合計8%である（消法29二、地法72の83）。

2019（令和元）年10月以降の消費税の税率の内訳を示すと以下の表の通りとなる。

○　消費税の税率の内訳（2019年10月以降）

	標準税率	軽減税率
消費税率（国税）	7.8%	6.24%
地方消費税率	2.2%	1.76%
合計	10.0%	8.0%

第13号様式

消費税課税期間特例 選択／変更 届出書

（収受印）

令和 5年 3月 24日	届出者	（フリガナ）	トシマクニシイケブクロ
		納税地	（〒170 − 0001） 豊島区西池袋１—２—３ （電話番号 03 − 6111 − 9999）
		（フリガナ）	イリョウホウジンシャダンニシカイイケブクロビョウインリジチョウサトウサブロウ
		氏名又は名称及び代表者氏名	医療法人社団西会池袋病院 理事長 佐藤三郎
豊島 税務署長殿		法人番号	※ 個人の方は個人番号の記載は不要です。 1 2 3 4 5 6 7 8 9 0 1 2 3

下記のとおり、消費税法第19条第１項第３号、第３号の２、第４号又は第４号の２に規定する課税期間に短縮又は変更したいので、届出します。

事業年度	自 4月 1日 至 3月 31日	
適用開始日又は変更日	令和 5年 4月 1日	
適用又は変更後の課税期間	三月ごとの期間に短縮する場合	一月ごとの期間に短縮する場合
	4月 1日 から 6月 30日 まで	月 日 から 月 日 まで 月 日 から 月 日 まで 月 日 から 月 日 まで
	7月 1日 から 9月 30日 まで	月 日 から 月 日 まで 月 日 から 月 日 まで 月 日 から 月 日 まで
	10月 1日 から 12月 31日 まで	月 日 から 月 日 まで 月 日 から 月 日 まで 月 日 から 月 日 まで
	1月 1日 から 3月 31日 まで	月 日 から 月 日 まで 月 日 から 月 日 まで 月 日 から 月 日 まで
変更前の課税期間特例選択・変更届出書の提出日	平成／令和 年 月 日	
変更前の課税期間特例の適用開始日	平成／令和 年 月 日	
参考事項		
税理士署名	（電話番号 − − ）	

※税務署処理欄	整理番号		部門番号		番号確認	
	届出年月日	年 月 日	入力処理	年 月 日	台帳整理	年 月 日
	通信日付印	年 月 日	確認			

注意 1．裏面の記載要領等に留意の上、記載してください。
2．税務署処理欄は、記載しないでください。

第14号様式

消費税課税期間特例選択不適用届出書

収受印

令和 5年 3月25日 豊島 税務署長殿	届出者	（フリガナ）	トシマクイケブクロ
		納税地	（〒170 － 2221） 豊島区池袋５―１―１ （電話番号 － － ）
		（フリガナ）	イリョウホウジンシャダンナカカイイケブクロビョウインリジチョウヤマグチカズオ
		氏名又は名称及び代表者氏名	医療法人社団中会池袋病院 理事長 山口和夫
		法人番号	※ 個人の方は個人番号の記載は不要です。 9 8 7 6 5 4 3 2 1 0 9 8 7

下記のとおり、課税期間の短縮の適用をやめたいので、消費税法第19条第３項の規定により届出します。

事業年度	自 4月 1日 至 3月 31日	
特例選択不適用の開始日	令和 5年 4月 1日	
短縮の適用を受けていた課税期間	三月ごとの期間に短縮していた場合	一月ごとの期間に短縮していた場合
	4月 1日から 6月30日まで	月 日から 月 日まで 月 日から 月 日まで 月 日から 月 日まで
	7月 1日から 9月30日まで	月 日から 月 日まで 月 日から 月 日まで 月 日から 月 日まで
	10月 1日から 12月31日まで	月 日から 月 日まで 月 日から 月 日まで 月 日から 月 日まで
	1月 1日から 3月31日まで	月 日から 月 日まで 月 日から 月 日まで 月 日から 月 日まで
選択・変更届出書の提出日	(平成)令和 28年 3月 24日	
課税期間短縮・変更の適用開始日	(平成)令和 28年 4月 1日	
事業を廃止した場合の廃止した日	令和 年 月 日	
	個人番号 ※ 事業を廃止した場合には記載してください。	
参考事項		
税理士署名	（電話番号 － － ）	

※税務署処理欄	整理番号		部門番号				
	届出年月日	年 月 日	入力処理	年 月 日	台帳整理	年 月 日	
	通信日付印 年 月 日	確認	番号確認	身元確認 □ 済 □ 未済	確認書類	個人番号カード／通知カード・運転免許証 その他（ ）	

注意 1．裏面の記載要領等に留意の上、記載してください。
2．税務署処理欄は、記載しないでください。

10-4 申告と納期限

① 申告期限

消費税の確定申告であるが、個人事業者の場合は翌年の3月31日まで、法人の場合は課税期間末日の翌日から2か月以内が申告期限であり、納期限である（消法45、49）。

② 中間申告

課税期間が3か月を超える課税事業者は、課税期間の開始の日以後1か月ごと等に区分した各期間の末日の翌日から原則として2か月以内に税務署長に中間申告書を提出し、その申告に係る消費税等を納付しなければならない（消法42、48）。中間申告は以下の区分に基づき行う。

図表10-15 中間申告の区分

直前の課税期間の確定税額	中間申告
年税額が48万円（61万5,300円）以下	不要（確定申告のみ）
年税額が48万円（61万5,300円）超 400万円（512万8,200円）以下	中間申告1回（確定申告含め2回）
年税額が400万円（512万8,200円）超 4,800万円（6,153万8,400円）以下	中間申告3回（確定申告含め4回）
年税額が4,800万円（6,153万8,400円）超	中間申告11回（確定申告含め12回）

（注） カッコ内は地方消費税込の金額を示す。

また、中間申告書を提出すべき事業者は、上記の各中間申告対象期間を一課税期間とみなして、仮決算に基づく中間申告をすることができる（選択適用、消法43）。ただし、仮決算に基づく中間申告書を提出する場合には、控除不足額（還付額）が生じた場合であっても、その還付を受けることができない（消基通15－1－5）。

中間申告により納めるべき税額は、以下のとおりである。

図表10-16 中間申告により納めるべき税額（直前の課税期間の年税額が4,800万円超（国税のみ）の場合）

区　分	中間申告の計算	申告・納期限
個人事業者の1･2月分	［課税期間開始の日から3月を経過した日の前日までに確定した直前の課税期間の消費税額］ × 1／直前の課税期間の月数	課税期間開始の日以後3月を経過した日から2月以内
法人の最初の月	［課税期間開始の日から2月を経過した日の前日までに確定した直前の課税期間の消費税額］ × 1／直前の課税期間の月数	課税期間開始の日以後2月を経過した日から2月以内
上記以外	［課税期間開始の日以後1月ごとに区分した各中間申告対象期間の末日までに確定した直前の課税期間の消費税額］ × 1／直前の課税期間の月数	各中間申告対象期間の末日の翌日から2月以内

図表10-17 中間申告により納めるべき税額（直前の課税期間の年税額が400万円超4,800万円以下（国税のみ）の場合）

区　分	中間申告の計算	申告・納期限
各四半期	［課税期間開始の日以後3月ごとに区分した各中間申告対象期間の前日までに確定した直前の課税期間の消費税額］ × 3／直前の課税期間の月数	各中間申告対象期間の末日の翌日から2月以内

図表10-18 中間申告により納めるべき税額（直前の課税期間の年税額が48万円超400万円以下（国税のみ）の場合）

区　分	中間申告の計算	申告・納期限
半期	［課税期間開始の日以後6月の期間の末日までに確定した直前の課税期間の消費税額］ × 6／直前の課税期間の月数	課税期間開始の日以後6月の期間の末日の翌日から2月以内

③ 還付申告

課税事業者であっても、その課税期間において、国内における課税資産の譲渡等がない場合や課税資産の譲渡等のすべてが（輸出）免税取引となる場合で、かつ、納付すべき消費税額がないときは確定申告を行う必要がない（確定申告義務の免除)。

しかし、このような事業者であっても、仕入税額控除の結果控除不足額があり還付税額が生じる場合には、還付申告書を提出することで還付が受けられる(消法46、52)。なお、還付申告書を提出する事業者に対して、従来は「仕入税額控除に関する明細書」は任意提出であったが、平成23年度の税制改正で当該明細書に代わり、新たに「消費税の還付申告に関する明細書」の添付が義務付けられた(消規22③)。

「消費税の還付申告に関する明細書(法人用)」の記載例は次頁のとおりである。

10-5 申告と納期限の特例

消費税法別表第3に掲げる法人(公益法人等、前述**9-1**参照)については、法令によりその決算が会計年度の末日以後2か月以上経過した日と定められているケースがあるため、法令を遵守すると**10-4**の申告期限までに申告することが困難な場合がある。そこで、法令によりその決算を完結する日が会計年度の末日以後2か月以上経過した日と定められている等一定の要件を満たす場合には、所轄税務署長の承認を受けることにより、消費税の申告期限および納期限は課税期間の末日の翌日から6か月以内で税務署長が承認する期間内となる特例規定がある(消法60⑧、消令76②四)。

なお、確定申告書の提出期限の特例の適用を受ける事業者については、確定申告書の区分に応じ、中間申告書についても特例が設けられている(消令76③)。

10-6 資産の譲渡等の時期の特例

消費税に係る資産の譲渡等の時期の原則は、所得税および法人税と同様に発生主義によっている(消費税の期間帰属)。すなわち、資産の譲渡等の対価の期間帰属については、「対価として収受し、又は収受すべき一切の金銭」と規定

第28－(9)号様式

消費税の還付申告に関する明細書（法人用）

課税期間	5・4・1～6・3・31

所在地	豊島区池袋1－2－3
名　称	医療法人社団茜会池袋病院

1　還付申告となった主な理由（該当する事項に○印を付してください。）

	輸出等の免税取引の割合が高い		その他
○	設備投資（高額な固定資産の購入等）		

2　課税売上げ等に係る事項

(1)　主な課税資産の譲渡等（取引金額が100万円以上の取引を上位10番目まで記載してください。）　単位：千円

資産の種類等	譲渡年月日等	取引金額等（税込・税抜）	取引先の氏名（名称）	取引先の住所（所在地）
	・　・			
	・　・			
	・　・			
	・　・			
	・　・			
	・　・			
	・　・			
	・　・			
	・　・			
	・　・			

※　継続的に課税資産の譲渡等を行っている取引先のものについては、当課税期間分をまとめて記載してください。その場合、譲渡年月日等欄に「継続」と記載してください。輸出取引等は(2)に記載してください。

(2)　主な輸出取引等の明細（取引金額総額の上位10番目まで記載してください。）　単位：千円

取引先の氏名（名称）	取引先の住所（所在地）	取引金額	主な取引商品等	所轄税関（支署）名

輸出取引等に利用する			
主な金融機関	銀行・金庫・組合・農協・漁協		本店・支店・出張所・本所・支所
	預金	口座番号	
主な通関業者	氏名（名称）		
	住所（所在地）		

（1／2）

3 課税仕入れに係る事項

(1) 仕入金額等の明細

単位：千円

区分			㋑ 決算額（税込・㊗税抜）	㋺ ㋑のうち課税仕入れにならないもの	(㋑−㋺) 課税仕入高
損益科目	商品仕入高等	①	100,000		100,000
	販売費・一般管理費	②	120,000	90,000	30,000
	営業外費用	③			
	その他	④			
	小計	⑤	220,000		130,000
区分			㋑ 資産の取得価額（税込・税抜〔○囲み〕）	㋺ ㋑のうち課税仕入れにならないもの	(㋑−㋺) 課税仕入高
資産科目	固定資産	⑥	80,000		80,000
	繰延資産	⑦			
	その他	⑧			
	小計	⑨	80,000		80,000
課税仕入れ等の税額の合計額		⑩	⑤＋⑨の金額に対する消費税額		16,380

(2) 主な棚卸資産・原材料等の取得（取引金額が100万円以上の取引を上位5番目まで記載してください。）

単位：千円

資産の種類等	取得年月日等	取引金額等（税込・税抜）	取引先の氏名（名称）	取引先の住所（所在地）
	・ ・			
	・ ・			
	・ ・			
	・ ・			
	・ ・			

※ 継続的に課税資産の取得を行っている取引先のものについては、当課税期間分をまとめて記載してください。その場合取得年月日等欄に「継続」と記載してください。

(3) 主な固定資産等の取得（1件当たりの取引金額が100万円以上の取引を上位10番目まで記載してください。）

単位：千円

資産の種類等	取得年月日等	取引金額等（税込・税抜〔○囲み〕）	取引先の氏名（名称）	取引先の住所（所在地）
医療機器	5・9・27	30,000	○○メディカル(株)	千代田区九段1—2—3
〃	5・10・30	50,000	××医療販売(株)	新宿区新宿3—4—5
	・ ・			
	・ ・			
	・ ・			
	・ ・			
	・ ・			
	・ ・			
	・ ・			
	・ ・			

4 当課税期間中の特殊事情（顕著な増減事項等及びその理由を記載してください。）

設備投資（医療機器の購入）を行った。

（2／2）

されているように、原則として資産の譲渡等が行われた課税期間に対価が発生したと解される（権利確定主義、消法28①）。なお、所得税について現金主義の利用が認められている小規模事業者については、消費税についても現金主義が認められている（消法18）。

これに対し、消費税法別表第3に掲げる法人（公益法人等、前述**9-1**参照）について、発生主義による会計処理を強制するとなると、公益法人等の会計処理の実態と著しくかけ離れたものとなり、膨大な事務負担を強いることとなり妥当ではない。そこで、公益法人等については、所轄税務署長の承認を受けることにより、資産の譲渡等および課税仕入れ等の行われた時期を課税期間の末日とすることができる（消法60③、消令74①②）。

すなわち、公益法人等の法令、定款、寄附行為、規則、規約等で定める会計処理に関する規定が国または地方公共団体の会計処理の方法に準ずるもので、所轄税務署長の承認を受けたものについては、その課税資産の譲渡等の収納すべき課税期間および課税仕入れ等の費用の支払いをすべき課税期間の末日において行われたものとすることができる。

ただし、発生主義により経理することが義務付けられている社団法人・財団法人、社会医療法人等については、この特例は適用されない（消基通16－1－2の2（注））。

なお、この特例を受けようとする法人は、法令等の定める会計処理の方法その他所定の事項を記載した申請書（平7・12・25課消2－26ほか「消費税法別表第三に掲げる法人に係る資産の譲渡等の時期の特例の承認申請書（29号様式）」）を所轄税務署長に提出する必要がある（消令74③、消規28①）。

当該申請書の記載例は次頁のとおりである。

第29号様式

消費税法別表第三に掲げる法人に係る資産の譲渡等の時期の特例の承認申請書

収受印

<table>
<tr><td rowspan="7">令和 5年 4月10日

豊島 税務署長殿</td><td rowspan="7">申
請
者</td><td>(フリガナ)</td><td>トシマクイケブクロ</td></tr>
<tr><td>納税地</td><td>(〒170 − 0001)
豊島区池袋1—1—1
(電話番号 03 −6222−9999)</td></tr>
<tr><td>(フリガナ)</td><td>コウリツダイガクホウジン</td></tr>
<tr><td>名称及び
代表者氏名</td><td>公立大学法人○○○○</td></tr>
<tr><td>法人番号</td><td>1 2 3 4 5 6 7 8 9 0 1 2 3</td></tr>
<tr><td>根拠法律</td><td>地方独立行政法人法</td></tr>
</table>

下記のとおり、消費税法第60条第３項並びに消費税法施行令第74条第１項及び第２項に規定する資産の譲渡等の時期の特例の承認を受けたいので申請します。

申請の理由	地方独立行政法人会計基準に準拠するため
会計処理の方法並びに根拠となる法令又は定款、寄附行為、規則若しくは規約	地方独立行政法人会計基準
特例の適用を受けようとする最初の課税期間	自 平成 (令和) 5年 4月 1日　至 平成 (令和) 6年 3月 31日
事業内容	大学教育等
参考事項	税理士署名 (電話番号 - -)

※ 上記の申請について、消費税法第60条第３項並びに消費税法施行令第74条第１項及び第２項の規定により、貴法人の行う資産の譲渡等、課税仕入れ及び課税貨物の引取りについては、法令又は定款等の定めるところにより資産の譲渡等の対価を収納すべき課税期間並びに課税仕入れ及び課税貨物の保税地域からの引取りの費用の支払いをすべき課税期間の末日に行われたものとすることを承認します。

＿＿第＿＿号
令和　年　月　日　　　税務署長　　　印

※税務署処理欄						
	整理番号		部門番号		番号確認	
	申請年月日	年　月　日	台帳整理	年　月　日		

注意　1．この申請書は、２通提出してください。
2．定款等の写しを添付してください。
3．※印欄は記載しないでください。
4．申請内容に異動が生じた場合には、速やかに異動の内容を届け出てください。

11 申告書の記載例

11-1 原則課税の場合

下記の設例に基づき、原則課税の場合の消費税の計算方法および申告書の記載方法について以下でみていくこととする。

【設 例】（課税期間：令和5年4月1日～令和6年3月31日（すべて税率10％で課税）

＊試算表の数値＊

（単位：円）

勘定科目	借方	貸方
1．医業収益		
入院・外来収益（保険診療）		5,000,000,000
自由診療収益（保険外診療）		3,000,000,000
2．医業費用		
職員給与	3,500,000,000	
医療材料費	2,700,000,000	
減価償却費	200,000,000	
研究研修費	10,000,000	
課税分	4,000,000	
非課税分	6,000,000	
その他経費	1,800,000,000	
課税分	1,200,000,000	
非課税分	600,000,000	
3．医業外収益		
課税分		100,000,000
非課税分		20,000,000
4．医業外費用		
課税分	10,000,000	
非課税分	60,000,000	

<その他の条件>

1．期中取得固定資産　医療機器　120,000,000（税抜）

2．経理処理の方法　税抜経理方式

3．仕入税額控除　一括比例配分方式

4．基準期間の課税売上高　2,876,592,000

5．仮受消費税の額　（3,000,000,000＋100,000,000）×10%
＝310,000,000

6．仮払消費税の額　（2,700,000,000＋4,000,000＋1,200,000,000
＋10,000,000＋120,000,000）×10%
＝403,400,000

7．売上対価の返還等および貸倒処理に係る税額はない

8．中間納付税額　78,000,000

①　課税売上割合の計算

課税売上高＝3,000,000,000+100,000,000=3,100,000,000

総売上高＝3,100,000,000+5,000,000,000+20,000,000=8,120,000,000

課税売上割合＝$\frac{3,100,000,000}{8,120,000,000}$＝38.17%＜95%（全額控除不可）

②　課税標準額

3,100,000,000（税抜の課税売上高、千円未満端数切捨て）

③　課税標準額に対する消費税額

3,100,000,000×7.8%＝241,800,000

④　課税仕入金額

2,700,000,000＋4,000,000＋1,200,000,000＋10,000,000＋120,000,000
＝4,034,000,000

⑤　課税仕入金額に対する税額

（4,034,000,000＋403,400,000（仮払消費税の額））×$\frac{7.8}{110}$＝314,652,000

⑥　控除対象仕入税額の計算（一括比例配分方式による）

314,652,000×$\frac{3,100,000,000}{8,120,000,000}$（課税売上割合）＝120,125,763（1円未満切捨て）

⑦　差引税額の計算

241,800,000－120,125,763＝121,674,237⇒121,674,200（百円未満切捨て）

⑧　納付税額の計算

121,674,200－78,000,000＝43,674,200

⑨　地方消費税の税額の計算

ア．納税額（譲渡割額）の計算

$121{,}674{,}200 \times \frac{22}{78} = 34{,}318{,}364$⇒34,318,300（百円未満切捨て）

イ．納付譲渡割額の計算

34,318,300－22,000,000（中間納付譲渡割額）＝12,318,300

⑩　消費税および地方消費税の合計税額

43,674,200＋12,318,300＝55,992,500

⑪　控除対象外消費税の計算

ア．仮払消費税のうち控除対象仕入税額

$403{,}400{,}000 \times \frac{3{,}100{,}000{,}000}{8{,}120{,}000{,}000} = 154{,}007{,}389$

イ．仮払消費税のうち控除対象外仕入税額

403,400,000－154,007,389＝249,392,611

ウ．繰延消費税額の計算

$120{,}000{,}000$（期中取得医療機器）$\times 10\% \times \left(1 - \frac{3{,}100{,}000{,}000}{8{,}120{,}000{,}000}\right.$（課税売上割合））

＝7,418,719

エ．損金算入される控除対象外消費税額の計算

249,392,611－7,418,719＝241,973,892

オ．繰延消費税額の償却

$7{,}418{,}719 \times \frac{12}{60} \times \frac{1}{2}$（初年度は2分の1）＝741,871

カ．決算修正仕訳

仮受消費税	310,000,000	仮払消費税	403,400,000
控除対象外消費税	241,973,892	仮払消費税	100,000,000（中間分）
繰延消費税	7,418,719	未払消費税	55,992,500
繰延消費税償却	741,871	繰延消費税	741,871
		雑収入	111（端数処理）

⑫　申告書の記載例

上記計算を反映した消費税申告書および法人税別表十六（十）（資産に係る控除対象外消費税額等の損金算入に関する明細書[79]）の記載例は次頁の通りとなる。

11-2　簡易課税の場合

次に、基準期間の課税売上高が5,000万円以下である場合、146頁の設例に基づき、簡易課税の消費税の計算方法および申告書の記載方法について146頁以下でみていくこととする。

79　別表番号は頻繁に変更されるので最新のものを使用するように留意する。

資産に係る控除対象外消費税額等の損金算入に関する明細書

事業年度又は連結事業年度	5・4・1 6・3・31	法人名	医療法人社団中会池袋病院 (　　)

別表十六(十) 令四・四・一以後終了事業年度又は連結事業年度分

繰延消費税額等 (発生した事業年度又は連結事業年度)	1	円 ・・	円 ・・	円 ・・	円 ・・	円 ・・	7,418,719 円 当期分
当期の損金算入限度額 (1)×当期の月数/60 [当期発生分については (1)×当期の月数/60×1/2]	2						741,871
当期損金経理額	3						741,871
差引 損金算入不足額 (2)－(3)	4						0
差引 損金算入限度超過額 (3)－(2)	5						
損金算入限度超過額 前期からの繰越額	6						
同上のうち当期損金認容額 ((4)と(6)のうち少ない金額)	7						
翌期への繰越額 (5)＋(6)－(7)	8						

当期に生じた資産に係る控除対象外消費税額等の損金算入額等の明細

課税標準額に対する消費税額等(税抜経理分)	9	円 310,000,000	(12)のうち当期損金算入額	14	円 0
課税仕入れ等の税額等(税抜経理分)	10	403,400,000	同上のうち (13)の割合が80%以上である場合の資産に係る控除対象外消費税額等の合計額	15	0
			同上のうち 資産に係る控除対象外消費税額等で棚卸資産に係るものの合計額	16	0
同上の額のうち課税標準額に対する消費税額等から控除されない部分の金額	11	241,973,892	同上のうち 資産に係る控除対象外消費税額等で特定課税仕入れに係るものの合計額	17	0
同上の額のうち資産に係るものの金額(資産に係る控除対象外消費税額等の合計額)	12	7,418,719	同上のうち 資産に係る控除対象外消費税額等で20万円未満のものの合計額	18	0
当期の消費税の課税売上割合	13	38.17%	当期の繰延消費税額等 ((12)－(15))又は((12)－(16)－(17)－(18))	19	7,418,719

GK0304

第3－(1)号様式

OCR入力用（この用紙は機械で読み取ります。折ったり汚したりしないでください。）

令和 5年 5月 28日　豊島 税務署長殿
収受印

納税地	豊島区東池袋1−2−3（電話番号 03 − 6333 − 1111）
（フリガナ）	イリョウホウジンシャダンヒガシカイイケブクロビョウイン
名称又は屋号	医療法人社団東会池袋病院
個人番号又は法人番号	↓個人番号の記載に当たっては、左端を空欄とし、ここから記載してください。 0123456789012
（フリガナ）	サトウ　タロウ
代表者氏名又は氏名	佐藤　太郎

※税務署処理欄

一連番号				
所管	要否	整理番号		
申告年月日	令和　年　月　日			
申告区分	指導等	庁指定	局指定	
通信日付印	確認	確認書類	個人番号カード 通知カード・運転免許証 その他（　）	身元確認
年　月　日				
指導年月日	令和	相談	区分1 区分2 区分3	

第一表

令和元年十月一日以後終了課税期間分（一般用）

自 平成/令和 05年04月01日
至 令和 06年03月31日

課税期間分の消費税及び地方消費税の（　確定　）申告書

（中間申告の場合の対象期間　自 平成/令和　年　月　日　至 令和　年　月　日）

この申告書による消費税の税額の計算

項目		番号	金額（十兆千百十億千百十万千百十一円）	
課税標準額		①	310000000000	03
消費税額		②	24180000000	06
控除過大調整税額		③		07
控除税額	控除対象仕入税額	④	12012576300	08
	返還等対価に係る税額	⑤		09
	貸倒れに係る税額	⑥		10
	控除税額小計（④+⑤+⑥）	⑦	12012576300	
控除不足還付税額（⑦−②−③）		⑧		13
差引税額（②+③−⑦）		⑨	1216742000	15
中間納付税額		⑩	780000000	16
納付税額（⑨−⑩）		⑪	436742000	17
中間納付還付税額（⑩−⑨）		⑫	00	18
この申告書が修正申告である場合	既確定税額	⑬		19
	差引納付税額	⑭	00	20
課税売上割合	課税資産の譲渡等の対価の額	⑮	310000000000	21
	資産の譲渡等の対価の額	⑯	812000000000	22

この申告書による地方消費税の税額の計算

地方消費税の課税標準となる消費税額	控除不足還付税額	⑰		51
	差引税額	⑱	1216740000	52
譲渡割額	還付額	⑲		53
	納税額	⑳	343183000	54
中間納付譲渡割額		㉑	220000000	55
納付譲渡割額（⑳−㉑）		㉒	123183000	56
中間納付還付譲渡割額（㉑−⑳）		㉓	00	57
この申告書が修正申告である場合	既確定譲渡割額	㉔		58
	差引納付譲渡割額	㉕	00	59
消費税及び地方消費税の合計（納付又は還付）税額		㉖	559925000	60

㉖＝（⑪＋㉒）−（⑧＋⑫＋⑲＋㉓）・修正申告の場合㉖＝⑭＋㉕
㉖が還付税額となる場合はマイナス「−」を付してください。

⑪・㉒又は⑫・㉓の記入をお忘れなく。

付記事項		有	無	
割賦基準の適用	○	有	◯ 無	31
延払基準等の適用	○	有	◯ 無	32
工事進行基準の適用	○	有	◯ 無	33
現金主義会計の適用	○	有	◯ 無	34

参考事項			
課税標準額に対する消費税額の計算の特例の適用	○ 有	◯ 無	35
控除税額の計算方法：課税売上高5億円超又は課税売上割合95％未満	○ 個別対応方式 / ◯ 一括比例配分方式		41
控除税額の計算方法：上記以外	○ 全額控除		
基準期間の課税売上高	2,876,592 千円		

還付を受けようとする金融機関等：銀行・金庫・組合・農協・漁協　本店・支店・出張所・本所・支所
預金　口座番号
ゆうちょ銀行の貯金記号番号　−
郵便局名等

※税務署整理欄

税理士署名
（電話番号　−　−　）

○ 税理士法第30条の書面提出有
○ 税理士法第33条の2の書面提出有

第4-(10)号様式

付表2－3　課税売上割合・控除対象仕入税額等の計算表

一般

課税期間	05・04・01～06・03・31	氏名又は名称	医療法人社団東会池袋病院

項目		税率6.24％適用分 A	税率7.8％適用分 B	合計 C (A+B)
課税売上額（税抜き）	①	円	円 3,100,000,000	円 3,100,000,000
免税売上額	②			0
非課税資産の輸出等の金額、海外支店等へ移送した資産の価額	③			0
課税資産の譲渡等の対価の額（①＋②＋③）	④			※第一表の⑮欄へ 3,100,000,000
課税資産の譲渡等の対価の額（④の金額）	⑤			3,100,000,000
非課税売上額	⑥			5,020,000,000
資産の譲渡等の対価の額（⑤＋⑥）	⑦			※第一表の⑯欄へ 8,120,000,000
課税売上割合（④／⑦）	⑧			[38.1%] ※端数切捨て
課税仕入れに係る支払対価の額（税込み）	⑨		4,437,400,000	4,437,400,000
課税仕入れに係る消費税額	⑩	(⑨A欄×6.24/108)	(⑨B欄×7.8/110) 314,652,000	314,652,000
特定課税仕入れに係る支払対価の額	⑪	※⑪及び⑫欄は、課税売上割合が95%未満、かつ、特定課税仕入れがある事業者のみ記載する。		
特定課税仕入れに係る消費税額	⑫		(⑪B欄×7.8/100)	
課税貨物に係る消費税額	⑬			
納税義務の免除を受けない（受ける）こととなった場合における消費税額の調整（加算又は減算）額	⑭			
課税仕入れ等の税額の合計額（⑩＋⑫＋⑬±⑭）	⑮		314,652,000	314,652,000
課税売上高が5億円以下、かつ、課税売上割合が95%以上の場合（⑮の金額）	⑯			
課税売上高が5億円超又は課税売上割合が95%未満の場合 個別対応方式 ⑮のうち、課税売上げにのみ要するもの	⑰			
課税売上高が5億円超又は課税売上割合が95%未満の場合 個別対応方式 ⑮のうち、課税売上げと非課税売上げに共通して要するもの	⑱			
課税売上高が5億円超又は課税売上割合が95%未満の場合 個別対応方式 個別対応方式により控除する課税仕入れ等の税額〔⑰＋(⑱×④／⑦)〕	⑲			
課税売上高が5億円超又は課税売上割合が95%未満の場合 一括比例配分方式により控除する課税仕入れ等の税額（⑮×④／⑦）	⑳		120,125,763	120,125,763
控除税額の調整 課税売上割合変動時の調整対象固定資産に係る消費税額の調整（加算又は減算）額	㉑			
控除税額の調整 調整対象固定資産を課税業務用（非課税業務用）に転用した場合の調整（加算又は減算）額	㉒			
控除税額の調整 居住用賃貸建物を課税賃貸用に供した（譲渡した）場合の加算額	㉓			
差引 控除対象仕入税額〔(⑯、⑲又は⑳の金額)±㉑±㉒＋㉓〕がプラスの時	㉔	※付表1-3の④A欄へ	※付表1-3の④B欄へ 120,125,763	120,125,763
差引 控除過大調整税額〔(⑯、⑲又は⑳の金額)±㉑±㉒＋㉓〕がマイナスの時	㉕	※付表1-3の③A欄へ	※付表1-3の③B欄へ	
貸倒回収に係る消費税額	㉖	※付表1-3の③A欄へ	※付表1-3の③B欄へ	

注意　1　金額の計算においては、1円未満の端数を切り捨てる。
　　　2　⑨及び⑪欄には、値引き、割戻し、割引きなど仕入対価の返還等の金額がある場合（仕入対価の返還等の金額を仕入金額から直接減額している場合を除く。）には、その金額を控除した後の金額を記載する。

（R2.4.1以後終了課税期間用）

＊試算表の数値＊（課税期間：令和5年4月1日～令和6年3月31日（すべて税率10%で課税）

（単位：円）

勘 定 科 目	借　方	貸　方
1．医業収益		
入院・外来収益（保険診療）		620,000,000
自由診療収益（保険外診療）		37,000,000
2．医業費用		
職員給与	310,000,000	
医療材料費	160,000,000	
減価償却費	20,000,000	
研究研修費	3,000,000	
課税分	1,000,000	
非課税分	2,000,000	
その他経費	120,000,000	
課税分	80,000,000	
非課税分	40,000,000	
3．医業外収益		
課税分		10,000,000
非課税分		2,000,000
4．医業外費用		
課税分	8,000,000	
非課税分	20,000,000	

＜その他の条件＞

1．期中取得固定資産　なし

2．経理処理の方法　税抜経理方式

3．基準期間の課税売上高　44,772,000

4．仮受消費税の額　(37,000,000＋10,000,000)×10%=4,700,000

5．仮払消費税の額

（160,000,000＋1,000,000＋80,000,000＋8,000,000）×10％＝24,900,000

6．売上対価の返還等および貸倒処理に係る税額はない

7．中間納付税額　　1,000,000

8．簡易課税の事業区分　第5種事業（医療・福祉）のみとする

①　課税標準額

37,000,000＋10,000,000＝47,000,000（税抜の課税売上高、千円未満端数切捨て）

②　課税標準額に対する消費税額

47,000,000×7.8％＝3,666,000

③　控除対象仕入税額の計算

3,666,000×50％（第5種事業）＝1,833,000（1円未満切捨て）

④　差引税額の計算

3,666,000－1,833,000＝1,833,000（百円未満切捨て）

⑤　納付税額の計算

1,833,000－1,000,000＝833,000

⑥　地方消費税の税額の計算

ア．納税額（譲渡割額）の計算

1,833,000×22/78＝517,000（百円未満切捨て）

イ．納付譲渡割額の計算

517,000－282,000（中間納付譲渡割額・百円未満切捨て）＝235,000

⑦　消費税および地方消費税の合計税額

833,000＋235,000＝1,068,000

⑧　控除対象外消費税の計算

ア．仮払消費税のうち控除対象仕入税額

$1{,}833{,}000\times(1+\frac{22}{78})=2{,}350{,}000$

イ．仮払消費税のうち控除対象外仕入税額

24,900,000－2,350,000＝22,550,000

ウ．繰延消費税額の計算

該当なし

エ．損金算入される控除対象外消費税額の計算

22,550,000－0＝22,550,000

オ．繰延消費税額の償却

該当なし

カ．決算修正仕訳

仮受消費税	4,700,000	仮払消費税	24,900,000	
控除対象外消費税	22,550,000	仮払消費税	1,282,000	（中間分）
		未払消費税	1,068,000	

⑫　申告書の記載例

上記計算を反映した消費税申告書の記載例は次頁のとおりとなる。

GK0405

第3－(3)号様式

簡

第一表

令和元年十月一日以後終了課税期間分（簡易課税用）

OCR入力用（この用紙は機械で読み取ります。折ったり汚したりしないでください。）

令和 5年 5月 30日　豊島　税務署長殿

収受印

納税地	豊島区東池袋4－3－2（電話番号 03 － 3777 － 0001）
（フリガナ）	イリョウホウジンシャダンミヤシタカイイアマグチイイン
名称又は屋号	医療法人社団宮下会山口医院
個人番号又は法人番号	↓個人番号の記載に当たっては、左端を空欄とし、ここから記載してください。 1234567890123
（フリガナ）	ヤマグチ　サブロウ
代表者氏名又は氏名	山口　三郎

※税務署処理欄：一連番号／所管／要否／整理番号／申告年月日 令和 年 月 日／申告区分／指導等／庁指定／局指定／通信日付印／確認／確認書類 個人番号カード 通知カード・運転免許証 その他（　）／身元確認／年 月 日／指導 年 月 日 令和／相談／区分1／区分2／区分3

自 平成・令和 04年04月01日
至 令和 05年03月31日

課税期間分の消費税及び地方消費税の（　確定　）申告書

（中間申告の場合の対象期間　自 平成・令和　年　月　日　至 令和　年　月　日）

この申告書による消費税の税額の計算

項目		金額（円）	
課税標準額	①	47,000,000	03
消費税額	②	3,666,000	06
貸倒回収に係る消費税額	③		07
控除税額 控除対象仕入税額	④	1,833,000	08
控除税額 返還等対価に係る税額	⑤		09
控除税額 貸倒れに係る税額	⑥		10
控除税額 控除税額小計（④+⑤+⑥）	⑦	1,833,000	
控除不足還付税額（⑦－②－③）	⑧		13
差引税額（②+③－⑦）	⑨	1,833,000	15
中間納付税額	⑩	1,000,000	16
納付税額（⑨－⑩）	⑪	833,000	17
中間納付還付税額（⑩－⑨）	⑫	00	18
この申告書が修正申告である場合 既確定税額	⑬		19
この申告書が修正申告である場合 差引納付税額	⑭	00	20
この課税期間の課税売上高	⑮	47,000,000	21
基準期間の課税売上高	⑯	44,772,000	

この申告書による地方消費税の税額の計算

項目		金額（円）	
地方消費税の課税標準となる消費税額 控除不足還付税額	⑰		51
地方消費税の課税標準となる消費税額 差引税額	⑱	1,833,000	52
譲渡割額 還付額	⑲		53
譲渡割額 納税額	⑳	517,000	54
中間納付譲渡割額	㉑	282,000	55
納付譲渡割額（⑳－㉑）	㉒	235,000	56
中間納付還付譲渡割額（㉑－⑳）	㉓	00	57
この申告書が修正申告である場合 既確定譲渡割額	㉔		58
この申告書が修正申告である場合 差引納付譲渡割額	㉕	00	59
消費税及び地方消費税の合計（納付又は還付）税額	㉖	1,068,000	60

⑪・㉒又は⑫・㉓の記入をお忘れなく。

㉖＝（⑪+㉒）－（⑧+⑫+⑲+㉓）・修正申告の場合㉖＝⑭+㉕
㉖が還付税額となる場合はマイナス「－」を付してください。

付記事項

割賦基準の適用	○有	○無	31
延払基準等の適用	○有	○無	32
工事進行基準の適用	○有	○無	33
現金主義会計の適用	○有	○無	34
課税標準額に対する消費税額の計算の特例の適用	○有	○無	35

参考事項

事業区分	課税売上高（免税売上高を除く）千円	売上割合％	
第1種			36
第2種			37
第3種			38
第4種			39
第5種			42
第6種			43

特例計算適用（令57③）　○有　○無　40

還付を受けようとする金融機関等：銀行・金庫・組合・農協・漁協　本店・支店・出張所・本所・支所　預金　口座番号
ゆうちょ銀行の貯金記号番号　－
郵便局名等

※税務署整理欄

税理士署名
（電話番号　－　－　）

○ 税理士法第30条の書面提出有
○ 税理士法第33条の2の書面提出有

第4-(12)号様式

付表5－3　控除対象仕入税額等の計算表

簡易

課税期間	04·04·01～05·03·31	氏名又は名称	医療法人社団宮下会山口医院

Ⅰ　控除対象仕入税額の計算の基礎となる消費税額

項目		税率6.24%適用分 A	税率7.8%適用分 B	合計C (A+B)
課税標準額に対する消費税額	①	(付表4-3の②A欄の金額) 円	(付表4-3の②B欄の金額) 円 3,666,000	(付表4-3の②C欄の金額) 円 3,666,000
貸倒回収に係る消費税額	②	(付表4-3の③A欄の金額)	(付表4-3の③B欄の金額)	(付表4-3の③C欄の金額)
売上対価の返還等に係る消費税額	③	(付表4-3の⑤A欄の金額)	(付表4-3の⑤B欄の金額)	(付表4-3の⑤C欄の金額)
控除対象仕入税額の計算の基礎となる消費税額 (①＋②－③)	④		3,666,000	3,666,000

Ⅱ　1種類の事業の専業者の場合の控除対象仕入税額

項目		税率6.24%適用分 A	税率7.8%適用分 B	合計C (A+B)
④ × みなし仕入率 (90%・80%・70%・60%・(50%)・40%)	⑤	※付表4-3の④A欄へ 円	※付表4-3の④B欄へ 円 1,833,000	※付表4-3の④C欄へ 円 1,833,000

Ⅲ　2種類以上の事業を営む事業者の場合の控除対象仕入税額

(1)　事業区分別の課税売上高(税抜き)の明細

項目		税率6.24%適用分 A	税率7.8%適用分 B	合計C (A+B)	売上割合
事業区分別の合計額	⑥	円	円	円	
第一種事業 (卸売業)	⑦			※第一表「事業区分」欄へ	%
第二種事業 (小売業等)	⑧			※ 〃	
第三種事業 (製造業等)	⑨			※ 〃	
第四種事業 (その他)	⑩			※ 〃	
第五種事業 (サービス業等)	⑪			※ 〃	
第六種事業 (不動産業)	⑫			※ 〃	

(2)　(1)の事業区分別の課税売上高に係る消費税額の明細

項目		税率6.24%適用分 A	税率7.8%適用分 B	合計C (A+B)
事業区分別の合計額	⑬	円	円	円
第一種事業 (卸売業)	⑭			
第二種事業 (小売業等)	⑮			
第三種事業 (製造業等)	⑯			
第四種事業 (その他)	⑰			
第五種事業 (サービス業等)	⑱			
第六種事業 (不動産業)	⑲			

注意　1　金額の計算においては、1円未満の端数を切り捨てる。
　　　2　課税売上げにつき返品を受け又は値引き・割戻しをした金額(売上対価の返還等の金額)があり、売上(収入)金額から減算しない方法で経理して経費に含めている場合には、⑥から⑫欄には売上対価の返還等の金額(税抜き)を控除した後の金額を記載する。

(1／2)

(R1.10.1以後終了課税期間用)

(3) 控除対象仕入税額の計算式区分の明細

イ 原則計算を適用する場合

控除対象仕入税額の計算式区分		税率6.24%適用分 A	税率7.8%適用分 B	合計 C (A+B)
④ × みなし仕入率 (⑭×90%+⑮×80%+⑯×70%+⑰×60%+⑱×50%+⑲×40% / ⑬)	⑳	円	円 1,833,000	円 1,833,000

ロ 特例計算を適用する場合

(イ) 1種類の事業で75%以上

控除対象仕入税額の計算式区分		税率6.24%適用分 A	税率7.8%適用分 B	合計 C (A+B)
(⑦C／⑥C・⑧C／⑥C・⑨C／⑥C・⑩C／⑥C・⑪C／⑥C・⑫C／⑥C) ≧ 75% ④×みなし仕入率(90%・80%・70%・60%・50%・40%)	㉑	円	円	円

(ロ) 2種類の事業で75%以上

控除対象仕入税額の計算式区分			税率6.24%適用分 A	税率7.8%適用分 B	合計 C (A+B)
第一種事業及び第二種事業 (⑦C+⑧C)/⑥C ≧ 75%	④× (⑭×90%+(⑬−⑭)×80%) / ⑬	㉒	円	円	円
第一種事業及び第三種事業 (⑦C+⑨C)/⑥C ≧ 75%	④× (⑭×90%+(⑬−⑭)×70%) / ⑬	㉓			
第一種事業及び第四種事業 (⑦C+⑩C)/⑥C ≧ 75%	④× (⑭×90%+(⑬−⑭)×60%) / ⑬	㉔			
第一種事業及び第五種事業 (⑦C+⑪C)/⑥C ≧ 75%	④× (⑭×90%+(⑬−⑭)×50%) / ⑬	㉕			
第一種事業及び第六種事業 (⑦C+⑫C)/⑥C ≧ 75%	④× (⑭×90%+(⑬−⑭)×40%) / ⑬	㉖			
第二種事業及び第三種事業 (⑧C+⑨C)/⑥C ≧ 75%	④× (⑮×80%+(⑬−⑮)×70%) / ⑬	㉗			
第二種事業及び第四種事業 (⑧C+⑩C)/⑥C ≧ 75%	④× (⑮×80%+(⑬−⑮)×60%) / ⑬	㉘			
第二種事業及び第五種事業 (⑧C+⑪C)/⑥C ≧ 75%	④× (⑮×80%+(⑬−⑮)×50%) / ⑬	㉙			
第二種事業及び第六種事業 (⑧C+⑫C)/⑥C ≧ 75%	④× (⑮×80%+(⑬−⑮)×40%) / ⑬	㉚			
第三種事業及び第四種事業 (⑨C+⑩C)/⑥C ≧ 75%	④× (⑯×70%+(⑬−⑯)×60%) / ⑬	㉛			
第三種事業及び第五種事業 (⑨C+⑪C)/⑥C ≧ 75%	④× (⑯×70%+(⑬−⑯)×50%) / ⑬	㉜			
第三種事業及び第六種事業 (⑨C+⑫C)/⑥C ≧ 75%	④× (⑯×70%+(⑬−⑯)×40%) / ⑬	㉝			
第四種事業及び第五種事業 (⑩C+⑪C)/⑥C ≧ 75%	④× (⑰×60%+(⑬−⑰)×50%) / ⑬	㉞			
第四種事業及び第六種事業 (⑩C+⑫C)/⑥C ≧ 75%	④× (⑰×60%+(⑬−⑰)×40%) / ⑬	㉟			
第五種事業及び第六種事業 (⑪C+⑫C)/⑥C ≧ 75%	④× (⑱×50%+(⑬−⑱)×40%) / ⑬	㊱			

ハ 上記の計算式区分から選択した控除対象仕入税額

項目		税率6.24%適用分 A	税率7.8%適用分 B	合計 C (A+B)
選択可能な計算式区分(⑳～㊱)の内から選択した金額	㊲	※付表4-3の④A欄へ 円	※付表4-3の④B欄へ 円 1,833,000	※付表4-3の④C欄へ 円 1,833,000

注意　金額の計算においては、1円未満の端数を切り捨てる。

(2／2)

(R1.10.1以後終了課税期間用)

12 軽減税率とインボイス制度

12-1 軽減税率の導入

令和元年10月から消費税率が10%に引き上げられたが、その際同時に導入されたのが軽減税率である。軽減税率[80]とは、消費税の標準税率（令和元年10月以降は10%、現行は8%）よりも低い税率を意味し、消費税率10%時における軽減税率は8%であり、平成28年度の税制改正で導入されている。

消費税は国税部分と地方税部分（地方消費税）とに分けられ、税率引き上げ前後におけるその内訳は以下の表のとおりである。

図表12-1 消費税率の内訳

区　分	現行（令和元年9月30日まで）	令和元年10月1日以降
消費税率	6.3%	7.8% 軽減税率：6.24%
地方消費税率	1.7%	2.2% 軽減税率：1.76%
合　計	8.0%	10.0% 軽減税率：8.0%

上記のような軽減税率が導入されたのは、一般に、消費税の逆進性を緩和し、低所得者に配慮する観点からであるとされている[81]。

80 軽減税率というのは「政治的な」用語で、実態は消費税の税率が複数あることから複数税率という用語法の方がふさわしいとする見解もあるが、消費税法では「軽減対象課税資産」の譲渡等に係る税率をいうので（新消法29二（令和5年10月1日以降施行））、本書では軽減税率という用語を用いる。

81 金子宏『租税法（第二十四版）』（弘文堂・2021年）834頁。

12-2 軽減税率の対象

消費税の軽減税率の対象となる課税資産の譲渡等（軽減対象課税資産の譲渡等）は、以下の項目である。

①　飲食料品の譲渡（平28改正法附則34①一）

軽減税率の対象となる課税資産のうち大部分を占めるものは、飲食料品の譲渡である。ここでいう「飲食料品」とは、食品表示法に規定する食品をいい、酒税法に規定する酒類（酒税法2）は除かれる。ちなみに、食品表示法に規定する「食品」とは、すべての飲食物をいう（食品表示法2①、ただし医薬品等は除く）。

したがって、生鮮食品はもちろんのこと、加工食品や酒類以外の飲料[82]も軽減税率の適用対象となる。

一方、食品衛生法上の飲食店営業や喫茶店営業等の形態で、食事の提供を行う事業を営む事業者が、一定の飲食設備のある場所等において行う食事の提供（いわゆる「外食サービス」）は、当該飲食料品の譲渡から除かれる。一方、コロナ禍で重要性が高まった出前やデリバリー、テイクアウトは軽減税率の対象となる飲食料品の譲渡に含まれる。

なお、軽減税率の対象となる飲食料品の範囲のイメージは、次頁の図のとおりとなる。

82　なお、水道水や保冷用の氷は対象外である。

図表12-2　軽減税率の対象となる飲食料品の範囲（イメージ）

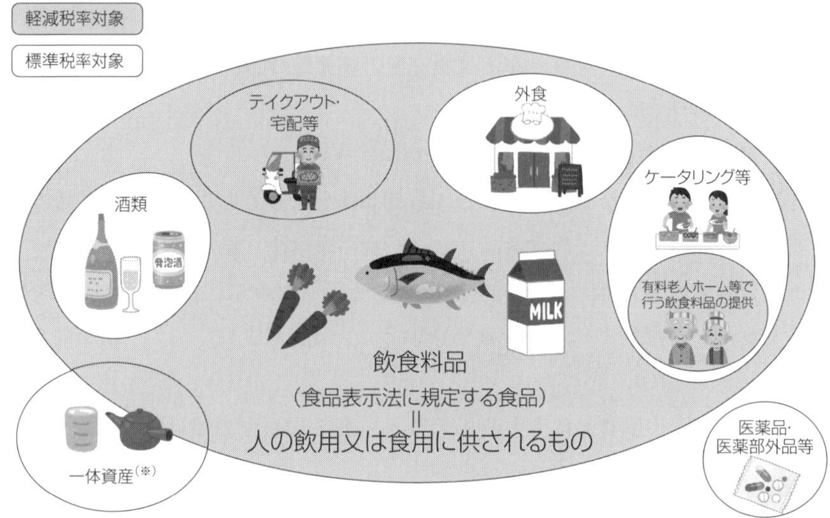

（出典）　国税庁「よくわかる消費税軽減税率制度（平成30年7月）」3頁
（注）「一体資産」とは、食品と食品以外の資産が予め一の資産を形成し、または構成しているもので、「一の資産」としての価格のみが提示されているものをいう。下掲②参照。

②　飲食料品と飲食料品以外の資産が一体となっている場合（平28改正法附則34①）

飲食料品と飲食料品以外の資産が一体となっている場合の取扱いであるが、原則として飲食料品に該当しないものとされている。しかし、以下のいずれにも該当する場合には、その全体を飲食料品として取り扱うこととなる。

（ア）　税抜価格が1万円以下の少額の資産であること

（イ）　資産の主たる部分（3分の2以上）が飲食料品から構成されていること

③　課税貨物のうち飲食料品（平28改正法附則34①）

保税地域から引き取られる課税貨物のうち、上記①に該当する飲食料品も軽減税率の適用対象となる。

④　定期購読契約が締結された新聞の譲渡（平28改正法附則34①二）

軽減税率の対象となる課税資産のうちのもう一つが、定期購読契約が締結された新聞の譲渡である。ここでいう「新聞」とは、一定の題号を用い、政治、経済、社会、文化等に関する一般社会的事実を掲載する週2回以上発行される新聞をいう。

12-3 社会保険診療に対する軽減税率の適用

それでは、本書のテーマの一つとなっている、医療機関における控除対象外消費税問題に対する解決方法として、病院団体等が以前から主張している[83]社会保険診療に対する軽減税率の適用という方策は、どのように評価されるのだろうか。

最大の問題点は、消費税の導入時、最終消費者（患者）に消費税を負担させない[84]という理念ないし名目で非課税とされた社会保険診療に関し、標準税率と比較すれば多少軽減されているとはいえ8%という税率による消費税額を負担させるということに、最終消費者（患者）の理解および納得を得られるのかという点であろうと思われる。要するに、社会保険診療に対する軽減税率の適用により、経済的実態は、それまで医療機関が負担していた消費税額がそのまま最終消費者（患者）に対して付け替えられる（押し付けられる）ということを意味するわけであるが、その「からくり」を知った場合、最終消費者（患者）の理解および納得を得られるのか、極めて懐疑的にならざるを得ないと思われる。

ただし、飲食料品や新聞に対する軽減税率の適用とは異なり、現状非課税である社会保険診療に対する軽減税率の適用の場合は、その適用税率にもよるが、税収はマイナスにはならず、むしろプラスになる可能性が高いという点は留意すべきであろう。

仮に上記の点について、最終消費者（患者）の理解および納得が得られないのであれば、社会保険診療に対する軽減税率の適用という選択肢は採り得ない

83 日本医師会の「令和5年度　医療に関する税制要望（項目）」でも「一定規模以上の医療機関においては軽減税率による課税取引に改めることを検討すること」としている。

84 消費税分は診療報酬にある程度反映（転嫁）しているため、実際には保険料の引き上げを通じて最終消費者・患者が一部負担しているという点は認識すべきであろう。

ものと考えられる。そうなると、現状どおり非課税を維持したまま、医療機関が負担する控除対象外消費税の一部を還付の対象とするといった方策を検討することとなるだろう[85]。

12-4 仕入税額控除要件の変更

軽減税率が導入される令和元年10月1日以降、現行の仕入税額控除の要件も以下のとおり変更されることとなる。

現行の消費税の仕入税額控除方式は、**5-2**で説明したとおり、原則として、事業者が保存する帳簿および請求書等の証憑により行うこととなる（消法30⑦）が、このように帳簿および請求書等の証憑により仕入税額控除を行う方式を帳簿（アカウント）方式または「請求書等保存方式」という。これは世界的に見て極めてユニークな制度[86]で、原理的には、売主が免税事業者であり売上に含まれる消費税額を実際には納付しなくとも、買主が当該税額に係る仕入税額控除を行うことが合法的に可能であることから、益税を生み出す問題であると批判されることが少なくない。

軽減税率（複数税率）が導入される場合、技術的にインボイス（適格請求書）が必要かどうかは議論が分かれるところであるが[87]、平成28年度の税制改正では、消費税における軽減税率の導入に伴い、将来的にインボイスが導入されることとなった。

しかし、インボイスの導入は小規模事業者が負うべき事務負担が小さくないため、経過措置として、まず現行制度とほぼ同じの、請求書等保存方式に微調整を加えた制度（区分記載請求書等保存方式）により対応することとされている。

---

85 この点については、拙著『消費税の税率構造と仕入税額控除』（白桃書房・2015年）211－222頁参照。

86 付加価値税の国際比較研究として有名な書籍では、日本の消費税の仕入税額控除制度を“Credit-Subtraction VAT Without Invoices”と呼んでいる。Alan Schenk, et al, *Value Added Tax, A Comparative Approach*, Second Edition, Cambridge University Press（2015）, at 54.

87 筆者はインボイスの導入は必須ではないと考えている。拙著『Q&Aでわかる消費税軽減税率のポイント』（清文社・2016年）29頁参照。

消費税の仕入税額控除制度に係る事業者の経理方式に係る今後のタイムスケジュールは、概ね以下のとおりとなる。

図表12-3　事業者の経理方式の変更（予定）

年　月	経 理 方 式
～令和元年9月	現行方式（請求書等保存方式）
令和元年10月～ 令和5年9月	区分記載請求書等保存方式（適格請求書は使用せず）
令和5年10月～ 令和11年9月	適格請求書等保存方式（免税事業者からの仕入れにつき経過措置あり）
令和11年10月～	適格請求書等保存方式

12-5　区分記載請求書等保存方式

消費税の仕入税額控除の方法は、令和元年10月に導入された軽減税率と同時に適格請求書（インボイス）を導入するのではなく、まず現行制度の微修正である「区分記載請求書」を導入し、制度の定着を待って、その4年後である令和5年10月から適格請求書等保存方式へ移行するというスケジュールとなっている。

それでは、現行制度から適格請求書等保存方式への「つなぎ」の役割を果たす、区分記載請求書とはどういうものなのだろうか。従来方式に新たに加わる、区分記載請求書独自の記載事項は以下のとおりである（平28改正法附則34②）。

①　軽減税率の対象品目である旨

②　税率ごとに合計した対価の額

財務省が公表している区分記載請求書のイメージ図は、次頁のとおりである。

図表12-4　区分記載請求書のイメージ図

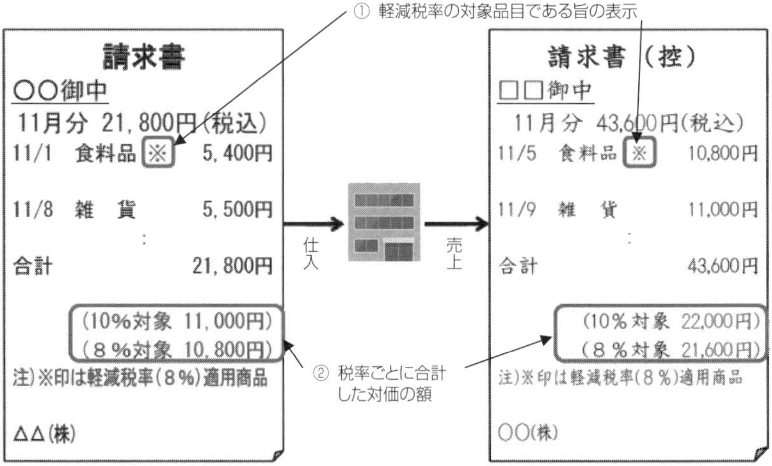

（出典）　財務省「参考資料②—1（軽減税率制度の導入）」（2015年12月17日）12頁を一部改変。

上記で示した要件を満たす請求書等を保存することにより仕入税額控除を行う方式を、「区分記載請求書等保存方式」という。当該方式に関する留意事項は以下のとおりである。

（ア）　請求書に「軽減税率の対象品目である旨」を示せば足り、品目ごとの税率や税額を記載する必要はない。なお、令和5年10月から導入される「適格請求書」については、品目ごとの税率や税額を記載する必要がある。

（イ）　請求書に「税率ごとに合計した対価の額」を記載する必要があるが、税率ごとに合計した税額は記載する必要はない。

（ウ）　免税事業者が発行・交付した区分記載請求書であっても仕入税額控除の対象となる。

（エ）　売手には区分記載請求書の交付・保存義務は課されていない。売手が区分記載請求書を交付しない場合には、買手は事実に基づき自ら保存する帳簿書類に必要事項を追記することで保存義務を満たすことができる。

（オ）　売上または仕入れを税率ごとに区分することが困難な事業者に、売上税額または仕入税額の計算に関する特例措置が設けられている。

（カ）　支払対価が3万円未満の場合や自動販売機から購入する場合、入場券など証拠書類が回収される場合、中古品販売業者が消費者から仕入れる場合など、取引の相手方から請求書等の交付を受けることが困難な場合は、現行どおり、帳簿への記載により仕入税額控除が可能とされており、請求書等の保存は不要である。

なお、従来の制度と区分記載請求書等保存方式とを表で比較すると、以下のとおりとなる。

図表12-5　従来の請求書等と区分記載請求書等の比較表

期　間	帳簿への記載事項	請求書等への記載事項
令和元年9月30日まで 【従来制度】	①　課税仕入れの相手方の氏名または名称 ②　取引年月日 ③　取引の内容 ④　対価の額	①　請求書発行者の氏名または名称 ②　取引年月日 ③　取引の内容 ④　対価の額 ⑤　請求書受領者の氏名または名称※ ※　小売業、飲食店業等不特定多数の者と取引する事業者が交付する請求書等には、⑤の記載は省略できます。
令和元年10月1白から令和5年9月30日まで 【区分記載請求書等保存方式】（注1）	（上記に加え） ⑤　**軽減税率の対象品目である旨**	（上記に加え）（注2） ⑥　**軽減税率の対象品自である旨** ⑦　**税率ごとに合計した税込対価の額**

（注1）　区分記載請求書等保存方式の下でも、3万円未満の少額な取引や自動販売機からの購入など請求書等の交付を受けなかったことにつきやむを得ない理由があるときは、現行どおり、必要な事項を記載した帳簿の保存のみで仕入税額控除の要件を満たすこととなる。

（注2）　仕入先から交付された請求書等に、「⑥軽減税率の対象品目である旨」や「⑦税率ごとに合計した税込対価」の額の記載がないときは、これらの項目に限り、交付を受けた事業者自らがその取引の事実に基づき追記することができる。

（出典）　国税庁「よくわかる消費税軽減税率制度（平成30年7月）」5頁を基に一部改変。

12-6　適格請求書等保存方式

12-6-1　インボイス（適格請求書）とは

インボイス（適格請求書）とは、一般に、事業者が商品等の販売の都度発行することとなる、商品ごとの消費税率と消費税額とを細かく記載した請求書のことを指す。

前述のとおり、現在のわが国の消費税においては、仕入税額控除方式として請求書等保存方式を採用している。この制度は、事業者に対して、帳簿の保存に加え、取引の相手方（第三者）が発行した請求書等という客観的な証拠書類の保存を仕入税額控除の要件としているが、実質的に単一税率[88]であるため、請求書等に適用税率・税額を記載することは義務付けられていない。そのため、軽減税率の導入により税率が複数となる場合、税率ごとに分けた請求書がないと、事業者が正確な仕入税額控除の計算および納税額の計算を行えないという問題が起こることとなる。

そこで、軽減税率の採用に伴い、商品等ごとの消費税率と消費税額とを細かく記載した請求書であるインボイス（適格請求書）が導入されることとなった。インボイス制度の導入により、免税事業者からの仕入税額が仕入税額控除の対象から外れるため、いわゆる「益税」が縮小する効果があることが期待されている[89]。

また、適格請求書に基づき仕入税額控除を行う制度のことを「適格請求書等保存方式」という。

適格請求書の記載要件は以下のとおりとなる（新消法57の4①）。

（ア）　発行者の氏名または名称
（イ）　発行者の登録番号
（ウ）　取引年月日
（エ）　取引の内容
（オ）　税率ごとに合計した対価の額（税込または税抜）および適用税率
（カ）　消費税額

88　単一税率であっても、税率の引き上げ時においては、一つの請求書等に複数の税率が適用されることもある。

89　これにより新たに生じ得る問題点については、拙著『改訂　消費税インボイス制度導入の実務』（清文社・2023年）44－46頁参照

（キ） 交付を受ける事業者の氏名または名称

なお、事業者等が偽りの請求書を発行した場合には、罰則の適用がある（1年以下の懲役または50万円以下の罰金、新消法65四）。

12-6-2 適格簡易請求書

また、軽減税率採用に伴う仕入税額控除の適正化のため導入される適格請求書（インボイス）制度であるが、現行制度と比較すると格段に事業者の事務負担が増加する。しかも、事業者等が偽りの請求書を発行した場合には、罰則が適用される点でも、現行制度と比較するとより厳格な制度であるといえる。

ところが、不特定多数の者に対して商品の販売等を行う小売業、飲食業、タクシー業等については、取引の相手方（買手）の情報を得ることが容易でないケースも多く、適格請求書の要件をすべて満たすことが困難である事態も想定される。

そこで、不特定多数の者に対して商品の販売等を行う小売業、飲食店業、旅行業、タクシー業または駐車場業等については、適格請求書の記載事項を比較的簡易なものとした「適格簡易請求書」によることもできることとされた。

適格簡易請求書の記載事項は以下のとおりである（新消法57の4②）。

（ア） 発行者の氏名または名称

（イ） 発行者の登録番号

（ウ） 取引年月日

（エ） 取引の内容

（オ） 税率ごとに合計した対価の額（税込または税抜）

（カ） 消費税額または適用税率

なお、適格請求書と適格簡易請求書とを比較すると、以下の表のとおりとなる。

図表12-6　適格請求書と適格簡易請求書との比較表

	適格請求書	適格簡易請求書
発行可能な事業者	課税事業者 （適格請求書発行事業者）	不特定多数の者に対して商品の販売等を行う小売業、飲食店業、タクシー業等を営む課税事業者
発行者の登録番号の記載	要	要
「適用税率」および「適用税率ごとの消費税額」の記載	いずれも記載	いずれか記載
交付を受ける事業者（相手方）の氏名または名称の記載	要	不要
免税事業者の発行	不可	不可

12-6-3　適格請求書および適格簡易請求書の記載例

適格請求書および適格簡易請求書の記載例は以下のとおりとなる。

図表12-7　適格請求書および適格簡易請求書の記載例

適格請求書

① 適格請求書発行事業者の氏名又は名称及び登録番号
② 取引年月日
③ 取引内容（軽減税率の対象品目である旨）
④ 税率ごとに合計した対価の額（税抜き又は税込み）及び適用税率
⑤ 消費税額等（端数処理は一請求書当たり、税率ごとに１回ずつ）
⑥ 書類の交付を受ける事業者の氏名又は名称

適格簡易請求書※

① 適格請求書発行事業者の氏名又は名称及び登録番号
② 取引年月日
③ 取引内容（軽減税率の対象品目である旨）
④ 税率ごとに合計した対価の額（税抜き又は税込み）
⑤ 消費税額等（端数処理は一請求書当たり、税率ごとに１回ずつ）又は適用税率

※ 不特定多数の者に対して販売等を行う小売業、飲食店業、タクシー業等が交付することができます。

（出典）　国税庁「よくわかる消費税軽減税率制度（平成30年7月）」10頁。

12-6-4 適格請求書発行事業者の登録

令和5年10月から課税事業者は、適格請求書（適格簡易請求書）に基づく仕入税額控除を行うことが義務付けられるが、適格請求書や適格簡易請求書を発行するためには、納税地を所轄する税務署長に申請書を提出し、適格請求書を交付することのできる事業者として登録を受ける必要がある。このような登録制度を「適格請求書発行事業者登録制度」という。

また、上記で説明した適格請求書発行事業者登録制度に基づき登録した事業者を、「適格請求書発行事業者」という。

ここで重要なのは、免税事業者は適格請求書発行事業者になれないということである。そのため、適格請求書等保存方式の下での仕入税額控除の要件は、適格請求書（適格簡易請求書）に基づき行うことであるから、適格請求書を発行できない免税事業者からの課税仕入れは、原則として仕入税額控除の対象外となる。

適格請求書等保存方式が採用されるのは令和5年10月からであるが、適格請求書発行事業者の登録は、その2年前である令和3年10月1日からその申請が受け付けられている（平28改正法附則1八、44①）。

適格請求書発行事業者の氏名または名称および登録番号等については、インターネットを通じて登録後速やかに公表される（新消法57の2④、消令70の5）。

なお、適格請求書発行事業者は、その登録を受けた日の属する課税期間の翌課税期間以後の課税期間については、登録の取消しを求める届出書の提出が行われない限り、事業者免税点制度が適用されない。

上記登録の流れを図で示すと次頁のとおりとなる。

図表12-8 適格請求書発行事業者の登録の流れ

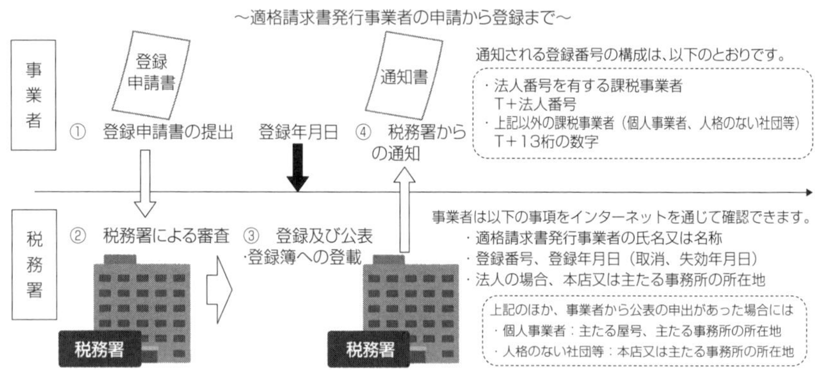
～適格請求書発行事業者の申請から登録まで～
事業者
登録申請書
① 登録申請書の提出
登録年月日
通知書
④ 税務署からの通知
通知される登録番号の構成は、以下のとおりです。
・法人番号を有する課税事業者
T+法人番号
・上記以外の課税事業者（個人事業者、人格のない社団等）
T+13桁の数字
税務署
② 税務署による審査
③ 登録及び公表
・登録簿への登載
事業者は以下の事項をインターネットを通じて確認できます。
・適格請求書発行事業者の氏名又は名称
・登録番号、登録年月日（取消、失効年月日）
・法人の場合、本店又は主たる事務所の所在地
上記のほか、事業者から公表の申出があった場合には
・個人事業者：主たる屋号、主たる事務所の所在地
・人格のない社団等：本店又は主たる事務所の所在地
税務署
税務署

（出典） 国税庁「よくわかる消費税軽減税率制度（平成30年7月）」9頁。

12-6-5　免税事業者からの課税仕入れに係る経過措置

上記**12-6-4**で触れたとおり、適格請求書を発行できない免税事業者からの課税仕入れは、原則として仕入税額控除の対象外となる。しかし、そうなると事業者の混乱といった事態が現実に想定されることから、適格請求書等保存方式導入後6年間については、免税事業者からの課税仕入れについても、一定金額が仕入税額控除の対象となる経過措置が採られている。その内容は以下のとおりである。

①　令和5年10月1日～令和8年9月30日までの期間における免税事業者からの課税仕入れ

免税事業者からの課税仕入れに係る支払対価の額に係る消費税相当額の80%

②　令和8年10月1日～令和11年9月30日までの期間における免税事業者からの課税仕入れ

免税事業者からの課税仕入れに係る支払対価の額に係る消費税相当額の50%

12-6-6　医療・福祉施設における軽減税率の留意点

最後に、医療・福祉施設における軽減税率の留意点を挙げると以下のとお

りとなるだろう。

①　飲食料品の提供に係る軽減税率の適用の可否

有料老人ホーム（老人福祉法29①）で行う入居者[90]への飲食料品の提供や、サービス付き高齢者向け住宅（サ高住）において入居者に対して行う飲食料品の提供については、軽減税率の適用がある。ただし、施設の設置者等が同一の日に同一の者に対して行う飲食料品の提供の対価の額（税抜き）が一食につき640円以下であるもののうち、その累計額が1,920円に達するまでの飲食料品の提供であることとされている。

一方で、有料老人ホームの設置者から入居者へ提供する給食の調理業務を提供している場合の、調理受託業務は飲食料品の提供に該当せず、軽減税率は適用されない。

図表12-9

②　新聞の譲渡に係る軽減税率の適用の可否

有料老人ホームの入居者が購読する日刊新聞の購読料には、軽減税率が適用される。

一方で、病院の売店やコンビニで販売される日刊新聞については、それが定期購読契約に基づく譲渡には該当しないため、軽減税率が適用されないこととなる（同様にインターネット等で配信される電子版の新聞等も軽減税率の対象外である）。

90　60歳以上の者、要介護認定・要支援認定を受けている60歳未満の者またはそれらの者と同居している配偶者（事実上婚姻関係と同様の事情にある者を含む）に限られる（平28改正規附則6）。

12-7 消費税に係る令和5年度税制改正の内容

① 改正の背景

令和5年10月1日からの開始が予定されている消費税のインボイス制度であるが、その導入1年ほど前になって、すでに存する措置（**12-6-5**参照）に加え、突如新たな激変緩和措置の話が降ってわいてきた。その理由は、専ら、その大半が中小零細事業者である免税事業者がインボイス制度に対応できないためである。実際、総務省の経済センサスの企業数を基にした東京商工リサーチの調査では、2022年10月末日現在におけるインボイス制度の登録（適格請求書発行事業者の登録）割合は、企業全体では37.1%に過ぎず、個人企業（フリーランスの免税事業者）に限ると14.9%にとどまっている、ということである[91]。この理由については、現在、国税庁による懸命の広報活動にもかかわらず、免税事業者である中小零細企業の間でインボイス制度の認知が進んでいないということもあるだろうが、それ以上に、当該事業者がインボイスを発行できる適格請求書発行事業者の登録を行うメリットを感じないことから、模様眺めとなっているのではないかと考えられる。

インボイス制度の本質は、免税事業者がインボイスを発行できないことから、免税事業者からの仕入れに係る消費税額は仕入税額控除の対象とはならないという点である。そのため、インボイス制度が導入されれば、課税事業者（適格請求書発行事業者）は、インボイスを発行できず仕入税額控除の対象とはならない免税事業者からの仕入れを躊躇するため、結果として免税事業者が取引から排除されることが懸念されるのである。このような事態を回避するため、免税事業者の多くはインボイスを発行できる課税事業者（適格請求書発行事業者）に転換すべきとなるわけであるが、そもそも消費税の納税義務者ではなかった免税事業者にとって、納税義務者としてインボイスの発行を含む消費税の実務

---

91 2022年12月1日付 Yahoo！ニュース「天下の不評『インボイス制度』、登録〆切の半年前でも個人企業登録数は2割以下【東京商工リサーチ調べ】」

を新たに担うことは、少なからぬ負担となる。特に、零細な事業主であるフリーのイラストレーターやアニメーター、文筆家、ウェブデザイナー等にその負担を課すことは、それらの事業主の事業の存続さえ脅かしかねない重大な事態ともいえる。そのような事業者からの切実な批判の声にたじろいだ政府・与党が、今回のような激変緩和措置と称する「弥縫策」を採ったものと推測される。

なお、医療・福祉施設は消費税の非課税売上げの割合が高いため、現状、基準期間の課税売上高が1,000万円以下の免税事業者も少なくないと思われる。したがって、令和5年度の消費税に関する以下の税制改正の内容は、重要性が高いものと考えられる。

② インボイス制度導入に係る激変緩和措置の内容

それでは、上記を背景に令和5年度税制改正大綱で導入が決まった、インボイス制度導入に係る追加的な激変緩和措置の内容はどういうものなのか、以下で確認しておきたい。

（ア） 免税事業者から転換した適格請求書発行事業者の納税額は売上の2割に

免税事業者が適格請求書発行事業者に転換した場合において、当初3年間（令和5年10月1日から令和8年9月30日までの日の属する各課税期間）につき、確定申告書にその旨を附記することにより、その納税額を売上税額の一律「2割」とする措置が導入された。

なお、当該措置の適用を受けた適格請求書発行事業者が、当該措置の適用を受けた課税期間の翌課税期間中に、簡易課税制度の適用を受ける旨の届出書を納税地を所轄する税務署長に提出したときは、その提出した日の属する課税期間から簡易課税制度の適用が認められることとなる。

（イ） 一定規模以下の事業者が行う1万円以下の取引は帳簿のみで仕入税額控除が可能に

令和5年10月1日から令和11年9月30日までの間の6年間に国内において行う課税仕入れにつき、基準期間の課税売上高が1億円以下又は特定期間における課税売上高が5,000万円以下の事業者が行う1万円以下の少額の取引について、インボイスの保存がなくとも帳簿のみで仕入税額控除を可能とする事務負担軽減策が講じられた。

なお、ここでいう「1万円以下の少額の取引」とは、一回の取引の課税仕入れに係る税込みの金額が1万円以下であるどうかにより判定することとなる(消基通11－6－2参照)。

(ウ) 1万円以下の少額適格返還請求書の交付義務が免除に

税込価額1万円以下の少額の適格返還請求書について、その交付義務が免除されることとなった。これは、振込手数料相当額を値引きとして処理する場合等の事務負担を軽減する観点から導入された措置である。

図表12-10 少額な返還インボイスの交付義務の免除

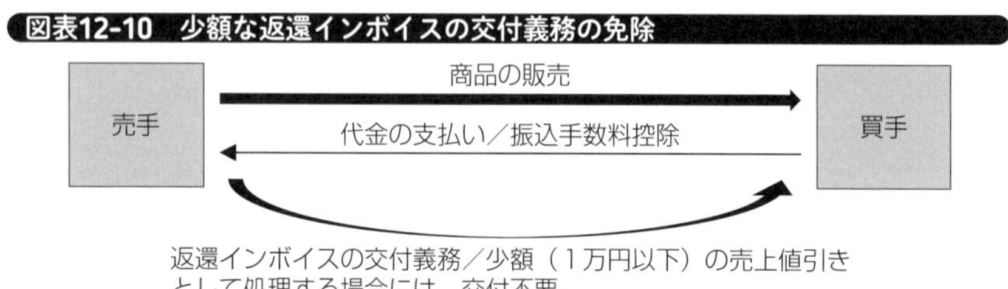

③ 適格請求書発行事業者登録制度の見直し

また、令和5年度税制改正大綱では、適格請求書発行事業者登録制度につき、以下の見直しがなされた。

(ア) 課税期間の初日から登録を受けようとする免税事業者の登録申請書の提出期限

免税事業者が適格請求書発行事業者の登録申請書を提出し、課税期間の初日から登録を受けようとする場合には、当該課税期間の初日から起算して15日前の日（現行：当該課税期間の初日の前日から起算して1月前の日）までに登録申請書を提出する必要がある。

例えば、3月決算法人であれば、前課税期間の3月17日までに申請書を提出すれば、翌課税期間の4月1日から適格請求書発行事業者となる。

(イ) 翌課税期間の初日から登録を取り消そうとする事業者に係る届出書の提出期限

適格請求書発行事業者が登録の取消しを求める届出書を提出し、その提出があった課税期間の翌課税期間の初日から登録を取り消そうとする場合には、当該翌課税期間の初日から起算して15日前の日（現行：その提出があった課税期間の末日から起算して30日前の日の前日）までに届出書を提出する必要がある。

（ウ）　適格請求書発行事業者の登録希望日の記載

適格請求書発行事業者の登録等に関する経過措置の適用により、令和5年10月1日後に適格請求書発行事業者の登録を受けようとする免税事業者は、その登録申請書に、提出する日から15日を経過する日以後の登録希望日として記載するものとする。この場合において、当該登録希望日後に登録がされたときは、当該登録希望日に登録を受けたものとみなされる。

（エ）　申請期限後に提出する場合に記載する「困難な事情」

今回の改正の趣旨を踏まえ、令和5年10月1日から適格請求書発行事業者の登録を受けようとする事業者が、その申請期限後に提出する登録申請書に記載する「困難な事情」については、運用上、記載がなくとも改めて求められないものとされている。

④　激変緩和措置導入に伴う対応策

それでは、消費税のインボイス制度導入に係る追加的な激変緩和措置の導入により、現在免税事業者である場合には、何か対応を変えるべきなのであろうか。確実に言えることは、免税事業者については、仮に取引先からの要請で適格請求書発行事業者へと転換しなければならない場合であっても、合わせて簡易課税制度の適用を受ける旨の届出書を提出することは、少なくとも当初3年間は不利になる可能性が高いという点である。

すなわち、前記②（ア）の導入により、適格請求書発行事業者へと転換する免税事業者は、当初3年間（令和5年10月1日から令和8年9月30日までの日の属する各課税期間）につき、確定申告書にその旨を附記することにより、その納税額を売上税額の一律2割とする措置（2割課税）が導入されたのであるが、これはいわば、簡易課税制度の第2種事業（小売業）のみなし仕入率（80%）が適用されるのと同じことを意味する（第1章6－2の図表6－2参照）。したがって、適格請求書発行事業者へと転換する免税事業者は、当初3年間については、簡易課税制度の第1種事業（卸売業）に該当する事業者でない限り、簡易課税制度の適用を受けることは不利となるわけである。

医療・福祉施設の場合、その大部分は簡易課税制度の第5種事業（サービス業）に該当しみなし仕入れ率は50%となる。そのため、現在免税事業者で適格請求書発行事業者への転換を検討する医療・福祉施設の場合、少なくとも当初3年間については、簡易課税制度の適用を受けるべきではないということになる。

なお、適格請求書発行事業者へと転換した免税事業者は、上記3年間を経過したのちは、当該措置が継続されない限り、事務負担軽減の観点から、原則として簡易課税制度の適用を検討すべきであろう。

医療・福祉施設における消費税の課非判定一覧表

1 医療における消費税の課非判定一覧表

収入の内容	課非判定[1]			備考
	課	非	外	
健康保険（協会けんぽ、船員、日雇、組合管掌、共済組合など）の医療[2]		○		消法6①・別表第1[3]六イ
国民健康保険（市町村、組合）の医療		○		消法6①・別表第1六イ
国民健康保険被保険者資格証明書による医療（国民健康保険法の規定に基づく診療）		○		消法6①・別表第1六イ
高齢者の医療の確保に関する法律に基づく医療		○		消法6①・別表第1六ロ
精神保健及び精神障害者福祉に関する法律の規定に基づく医療		○		消法6①・別表第1六ハ
生活保護法の規定に基づく医療		○		消法6①・別表第1六ハ
原子爆弾被爆者に対する援護に関する法律及び障害者自立支援法の規定に基づく医療		○		消法6①・別表第1六ハ
公害健康被害の補償等に関する法律の規定に基づく医療		○		消法6①・別表第1六ニ
労働者災害補償保険（労災保険）法の規定に基づく医療		○		消法6①・別表第1六ホ
自動車損害賠償保障法の規定に基づく医療（医療機関が認めた松葉杖代等を含む）		○		消法6①・別表第1六ヘ
自損事故（健康保険扱いの場合）		○		消法6①・別表第1六イ
戦傷病者特別援護法の規定に基づく医療		○		消法6①・消法別表第1六ト・消令14①一
中国残留邦人等の円滑な帰国の促進及び永住帰国後の自立の支援に関する法律		○		消法6①・消法別表第1六ト・消令14①二

1 課：課税、非：非課税、外：課税対象外を示す。
2 療養の給付（現物給付）及び被保険者の一部負担金（原則3割）を含む（以下同じ）
3 令和5年10月1日以降は「別表第2」となる（以下同じ）。

収入の内容	課非判定[1]			備考
	課	非	外	
予防接種	○			自由診療
予防接種健康被害救済制度の規定に基づく医療		○		消法6①・消法別表第1六ト・消令14①三、予防接種法11～13
新型インフルエンザ予防接種による健康被害の救済に関する特別措置法の規定に基づく医療		○		消法6①・消法別表第1六ト・消令14①三
麻薬及び向精神薬取締法又は感染症の予防及び感染症の患者に対する医療に関する法律の規定に基づく医療		○		消法6①・消法別表第1六ト・消令14①四
検疫法の規定に基づく医療		○		消法6①・消法別表第1六ト・消令14①五
沖縄の復帰に伴う厚生省関係法令の適用の特別措置等に関する政令の規定に基づく医療		○		消法6①・消法別表第1六ト・消令14①六
難病の患者に対する医療等に関する法律の規定に基づく特定医療費の支給に係る医療		○		消法6①・消法別表第1六ト・消令14①七
学校保健安全法の規定に基づく医療		○		消法6①・消法別表第1六ト・消令14①八
児童福祉法の規定に基づく医療及び助産		○		消法6①・消法別表第1六ト・消令14①九
身体障害者福祉法の規定に基づく医療		○		消法6①・消法別表第1六ト・消令14①十
心神喪失等の状態で重大な他害行為行った者の医療及び観察等に関する法律の規定に基づく医療		○		消法6①・消法別表第1六ト・消令14①十一
母子保健法の規定に基づく医療		○		消法6①・消法別表第1六ト・消令14①十二
行旅病人及び行旅死亡人取扱法の規定に基づく医療		○		消法6①・消法別表第1六ト・消令14①十三
刑事収容施設及び被収容者等の処遇に関する法律、少年院法及び婦人補導院法の規定に基づく医療		○		消法6①・消法別表第1六ト・消令14①十四
更生保護法の規定に基づく医療		○		消法6①・消法別表第1六ト・消令14①十五
公立学校の学校医、学校歯科医及び学校薬剤師の公務災害補償に関する法律の規定に基づく医療		○		消法6①・消法別表第1六ト・消令14①十六
国家公務員災害補償法の規定に基づく医療		○		消法6①・消法別表第1六ト・消令14①十七

収入の内容	課非判定[1]			備考
	課	非	外	
国会議員の歳費、旅費及び手当等に関する法律、国会議員の秘書の給与等に関する法律及び国会職員法の規定に基づく医療		○		消法6①・消法別表第1六ト・消令14①十八
地方公務員災害補償法の規定に基づく医療		○		消法6①・消法別表第1六ト・消令14①十九
消防組織法、水防法、消防法、災害対策基本法、武力攻撃事態等における国民の保護のための措置に関する法律の規定に基づく医療		○		消法6①・消法別表第1六ト・消令14①二十
警察官の職務に協力援助した者の災害給付に関する法律、海上保安官に協力援助した者等の災害給付に関する法律又は証人等の被害についての給付に関する法律の規定に基づく医療		○		消法6①・消法別表第1六ト・消令14①二十一
石綿による健康被害の救済に関する法律の規定に基づく医療		○		消法6①・消法別表第1六ト・消令14①二十二
水俣病被害者の救済及び水俣病問題の解決に関する特別措置法の規定に基づく医療		○		消法6①・消法別表第1六ト・消令14①二十三
処方薬の販売		○		保険適用
医薬品の販売	○			保険外・消基通6－6－2
差額ベッド代	○			保険外併用療養費制度の保険外室料差額
助産に係る産婦人科の差額ベッド代		○		消基通6－8－3
診断書他文書料	○			健康診断書作成料も課税
労災保険、公務員災害補償等の文書料		○		消法6①・別表第1六二、ホ
被保険者証未持参の場合	○			自由診療扱い
健康診断及び人間ドック	○			自由診療
がん検診	○			自由診療
乳幼児健診	○			1歳6か月児、3歳児健診、一般健康診査など
健康診断等の結果行う精密検査		○		保険適用、乳幼児健診も同じ
医療相談料	○			自由診療
美容整形	○			自由診療
インプラント、歯列矯正、ホワイトニング（審美歯科）	○			自由診療
保険外併用療養費の保険算定部分		○		保険適用分

収入の内容	課非判定[1]			備考
	課	非	外	
保険外併用療養費の評価療養・選定療養部分（先進医療の自己負担分、差額ベッド代、予約診療、治験に係る診療、180日を超える入院、特別食など）	○			保険外
学校医、産業医等嘱託医収入（給与所得にならない場合）	○			給与所得の場合は課税対象外
生命保険会社からの審査料	○			保険外
助産（産婦人科及び助産師）		○		消法6①・別表第1八
異常分娩		○		保険適用
妊娠検査、妊娠判明以降の検診・入院、分娩の介助、母体回復検診（出産後2か月以内）、新生児の検診・入院（出産後1か月以内）		○		消法6①・別表第1八・消基通6−8−1
妊娠中の他の疾病による入院のうち産婦人科医が共同して管理するもの、出産後の入院のうち産婦人科医が必要と認めたもの及び他の疾病による入院で産婦人科医が共同して管理するもの（出産後1か月以内）		○		消法6①・別表第1八・消基通6−8−2
不妊治療、人工妊娠中絶	○			自由診療（助産に該当せず）
死産、流産		○		保険適用、保険適用外も非課税
柔道整復師、鍼灸師、マッサージ師の行う施術		○		保険適用
柔道整復師、鍼灸師、マッサージ師の行う施術（保険適用外）	○			

2 介護・福祉事業における消費税の課非判定一覧表

収入の内容	課非判定			備考
	課	非	外	
居宅介護サービス費の支給に係る居宅サービス		○		消法6①・別表第1[4]七イ
施設介護サービス費の支給に係る施設サービス		○		消法6①・別表第1七イ
介護保険法の規定に基づく特例居宅介護サービス費の支給に係る訪問介護等		○		消法6①・別表第1七イ・消令14の2③一
介護保険法の規定に基づく地域密着型介護サービス費の支給に係る地域密着型サービス		○		消法6①・別表第1七イ・消令14の2③二
介護保険法の規定に基づく特例地域密着型介護サービス費の支給に係る定期巡回・随時対応型訪問介護看護等		○		消法6①・別表第1七イ・消令14の2③三
介護保険法の規定に基づく特例施設介護サービス費の支給に係る施設サービス		○		消法6①・別表第1七イ・消令14の2③四
介護保険法の規定に基づく介護予防サービス費の支給に係る介護予防訪問介護等		○		消法6①・別表第1七イ・消令14の2③五
介護保険法の規定に基づく特例介護予防サービス費の支給に係る介護予防訪問介護等		○		消法6①・別表第1七イ・消令14の2③六
介護保険法の規定に基づく地域密着型介護予防サービス費の支給に係る介護予防認知症対応型通所介護等		○		消法6①・別表第1七イ・消令14の2③七
介護保険法の規定に基づく特例地域密着型介護予防サービス費の支給に係る介護予防認知症対応型通所介護等		○		消法6①・別表第1七イ・消令14の2③八
介護保険法の規定に基づく特例居宅介護サービス計画費の支給に係る居宅介護支援及び同法の規定に基づく介護サービス計画費の支給に係る介護予防支援		○		消法6①・別表第1七イ・消令14の2③九

4　令和5年10月1日以降は「別表第2」となる（以下同じ）。

収入の内容	課非判定			備考
	課	非	外	
介護保険法の規定に基づく特例居宅介護サービス計画費の支給に係る居宅介護支援等及び同法の規定に基づく特例介護サービス計画費の支給に係る介護予防支援等		○		消法6①・別表第1七イ・消令14の2③十
介護保険法の規定に基づく市町村特別給付として要介護者又は居宅要支援者に対して行う食事の提供		○		消法6①・別表第1七イ・消令14の2③十一
介護保険法の規定に基づく地域支援事業として居宅要支援被保険者等に対して行われる介護予防・日常生活支援総合事業に係る資産の譲渡等		○		消法6①・別表第1七イ・消令14の2③十二
生活保護法又は中国残留邦人等の円滑な帰国の促進及び永住帰国後の自立の支援に関する法律に基づく介護扶助又は介護支援給付のための居宅介護、施設介護、介護予防など		○		消法6①・別表第1七イ・消令14の2③十三
生活保護法に規定する救護施設、更生施設等の経営事業や生活困難者に対して行う助葬事業		○		消法6①・別表第1七ロ・消基通6−7−5(1)イ（第一種社会福祉事業）
児童福祉法に規定する乳児院、母子生活支援施設、児童養護施設等を経営する事業		○		消法6①・別表第1七ロ・消基通6−7−5(1)ロ
老人福祉法に規定する特別養護老人ホーム等を経営する事業		○		消法6①・別表第1七ロ・消基通6−7−5(1)ハ
障害者自立支援法に規定する障害者支援施設、身体障害者更生援護施設、知的障害者援護施設を経営する事業		○		消法6①・別表第1七ロ・消基通6−7−5(1)ニ
売春防止法に規定する婦人保護施設を経営する事業		○		消法6①・別表第1七ロ・消基通6−7−5(1)ホ
授産施設を経営する事業及び生計困難者に対して無利子又は低利で資金を融通する事業		○		消法6①・別表第1七ロ・消基通6−7−5(1)ヘ
生活困難者に対して、その住居で衣食その他日常の生活必需品もしくはこれに要する金銭を与え、又は生活に関する相談に応ずる事業		○		消法6①・別表第1七ロ・消基通6−7−5(2)イ（第二種社会福祉事業）
生活困窮者自立支援法に規定する認定生活困窮者就労訓練事業（認定生活困窮者就労訓練事業において生産活動としての作業に基づき行われる資産の譲渡等を除く。）		○		消法6①・別表第1七ロ・消基通6−7−5(2)ロ
児童福祉法に規定する児童自立生活援助事業、助産施設を経営する事業、児童の福祉の増進について相談する事業等		○		消法6①・別表第1七ロ・消基通6−7−5(2)ハ

収入の内容	課非判定			備考
	課	非	外	
就学前の子どもに関する教育、保育等の総合的な提供の推進に関する法律に規定する幼保連携型認定子ども園を経営する事業		○		消法6①・別表第1七ロ・消基通6－7－5(2)ニ
母子及び寡婦福祉法に規定する母子家庭等日常生活支援事業又は寡婦日常支援事業及び母子福祉施設を経営する事業		○		消法6①・別表第1七ロ・消基通6－7－5(2)ホ
老人福祉法に規定する老人居宅介護等事業、老人デイサービスセンター等を経営する事業		○		消法6①・別表第1七ロ・消基通6－7－5(2)へ
障害者自立支援法に規定する障害福祉サービス事業、地域活動支援センター等を経営する事業		○		消法6①・別表第1七ロ・消基通6－7－5(2)ト
身体障害者福祉法に規定する身体障害者生活訓練等事業、身体障害者福祉センター等を経営する事業		○		消法6①・別表第1七ロ・消基通6－7－5(2)チ
知的障害者福祉法に規定する知的障害者の更生相談に応ずる事業		○		消法6①・別表第1七ロ・消基通6－7－5(2)リ
生活困難者のために、無料又は低額な料金で、簡易住宅を貸付け、又は宿泊所その他の施設を利用させる事業		○		消法6①・別表第1七ロ・消基通6－7－5(2)ヌ
生活困難者のために、無料又は低額な料金で診療を行う事業		○		消法6①・別表第1七ロ・消基通6－7－5(2)ル
生活困難者のために、無料又は低額な費用で介護保険法に規定する介護老人保健施設を利用させる事業		○		消法6①・別表第1七ロ・消基通6－7－5(2)ヲ
隣保事業、福祉サービス利用援助事業、第一種社会福祉事業及び第二種社会福祉事業に関する連絡又は助成を行う事業		○		消法6①・別表第1七ロ・消基通6－7－5(2)ワ、カ
更生保護事業法に規定する継続保護事業、一時保護事業及び連絡助成事業		○		消法6①・別表第1七ロ・消基通6－7－5(3)
児童福祉法に規定する児童福祉施設を経営する事業等及び保育所を経営する事業等		○		消法6①・別表第1七ロ・消令14の3一
児童福祉法に規定する治療等及び一時保護		○		消法6①・別表第1七ロ・消令14の3二、三
障害者自立支援法の規定に基づき独立行政法人国立重度知的障害者総合施設のぞみの園がその設置する施設で行う事業等		○		消法6①・別表第1七ロ・消令14の3四
介護保険法に規定する包括的支援事業として行われる資産の譲渡等		○		消法6①・別表第1七ロ・消令14の3五

収入の内容	課非判定			備考
	課	非	外	
子ども・子育て支援法の規定に基づく施設型給付費、特例施設型給付費、地域型保育給付費又は特例地域型保育給付費の支給に係る事業として行われる資産の譲渡等		○		消法6①・別表第1七ロ・消令14の3六
母子保健法に規定する産後ケア事業として行われる資産の譲渡等		○		消法6①・別表第1七ロ・消令14の3七
老人福祉法に規定する老人居住生活支援事業、障害者自立支援法に規定する障害福祉サービス事業等		○		消法6①・別表第1七ロ・消令14の3八
身体障害者が使用する特殊な性状、構造又は機能を有する物品等の譲渡及び貸付		○		消法6①・別表第1十・消令14の4
身体障害者雇用調整金、雇用開発援助均等			○	
利用者の選定により特別な居室の利用に係る差額費用や特別な食費に係る差額費用	○			消基通6−7−1
利用者の選定により通常の事業の実施地域外に居住する利用者に対して行う送迎費用・交通費	○			消基通6−7−1

3 医療・福祉施設におけるその他の消費税の課非判定一覧表

収入の内容	課非判定			備考
	課	非	外	
医師の講演料、原稿料（給与所得又は雑所得）			○	事業に該当しない
固定資産取得のための国庫補助金等			○	
国・地方公共団体からの利子補給金・緊急医療機関助成資金等			○	
自動販売機による販売収入	○			
歯ブラシ・歯磨き等の販売収入	○			
従業員用の寮・借り上げ社宅		○		消法6①・別表第1[5]十三
国税・地方税の還付金・還付加算金			○	
受取利子		○		消法6①・別表第1三
受取配当			○	
保険代理店の手数料	○			消基通6−3−2
病院内駐車場代金	○			
固定資産（病棟、医療機器、車両等）の売却代金	○			土地を除く（下記参照）
土地の売却代金		○		消法6①・別表第1一
ゴルフ会員権（出資又は預託形態）の譲渡	○			消法6①・別表第1二・消令9②・消基通6−2−2

5　令和5年10月1日以降は「別表第2」となる（以下同じ）。

第 3 章

医療・福祉施設における消費税の実務 Q&A

1 医療機関の控除対象外消費税問題

Q 1-1 消費税の「損税」とは？

最近マスコミ等で医療機関における消費税の問題がクローズアップされています。医療機関は社会保険診療報酬に係る消費税が非課税であるため、消費税は問題にならないと考えていましたが、非課税であるためむしろ損する、「損税」が生じるのだと顧問の税理士から聞かされました。これはどういうことなのでしょうか、教えてください。

A 社会保険診療報酬のように消費税が非課税の場合、それに対応する仕入税額も控除できませんが、医療機関の場合、当該控除できない仕入税額（控除対象外消費税額）が多額に上り負担が重いことから、いわゆる「益税」の逆であるとして、「損税」が問題となっています。

解 説

（1） 医療機関における消費税の取扱い

医療機関において提供する医療行為のうち、公的な医療保障制度に基づく療養・医療等や社会福祉・更生保護事業、助産については、特別な政策的配慮に基づき、消費税は非課税とされている（消法6①、別表第1六・七・八[1]）。助産は自由診療であり、消費税導入時には課税取引であったが、平成3年度の税制改

1 令和5年10月1日以降は「別表第2」となる（以下第3章において同じ）。

正により非課税とされた。なお、平成3年度の税制改正では同時に、第二種社会福祉事業および社会福祉事業等に類する資産の譲渡等として一定のものが非課税とされている。

(2) 消費税の「損税」とは

課税売上割合が95%以上で進行年度の課税売上高が5億円超の事業者および課税売上割合が95%未満の事業者は、原則として課税売上割合に対応する消費税額のみ控除することができる。そのため、課税仕入れ等に係る消費税額(仮払消費税額)のうち、控除することができない税額が生じるが、これを「控除対象外消費税(額)」という(法令139の4、所令182の2)。

このような控除対象外消費税額を、消費者から預かりながら納税義務が免除されるため事業者が合法的に利得を得ることができるいわゆる「益税」の逆であるとして、「損税」と呼ぶことがある。

(3) 消費税の「損税」はなぜ問題か

医療機関における控除対象外消費税発生のメカニズムは、第1章**7-2**の図表**7-2**を参照のこと。

さて、控除対象外消費税の発生は、収入のうち大きな割合が非課税売上となっている医療機関や福祉施設にとって深刻な問題となり得る。なぜなら、当該消費税額は医療機関や福祉施設が負担すべきコストとなるからで、利益水準が低いとこれにより赤字に転落し、その結果施設の経営に深刻な影響を及ぼすこともあり得るからである。

特に、今後消費税率が10%を超えて引き上げられれば、一施設当たりの控除対象外消費税額も跳ね上がり、その負担に耐えかねて経営続行を断念する医療機関や福祉施設が次々に現れ、地域医療や福祉が崩壊することさえ懸念されるところである。

1-2　消費税の「損税」への対応策は？

前問で、医療機関における控除対象外消費税の問題、いわゆる「損税」が深刻であることが分かりました。それでは、「損税」を解決するためにはどうすればよいのでしょうか？

A　控除対象外消費税を医療機関や福祉施設が負担している問題（「損税」問題）は、根が深くその解決は容易ではありません。医療や福祉というインフラ維持のためには、当該インフラの受益者である国民が一定の負担をすべきということになるのでしょうが、問題は、どのような形で、どれだけ負担するのかということになります。負担の形と水準について、理論的に明快な正答や解答があるわけではないので、広い国民的な議論の中で、何らかのコンセンサスを得ていくよりほかないでしょう。

解　説

(1)　消費税の「損税」問題の本質

前問で見たとおり、医療・福祉施設が控除対象外消費税を現状のまま負担し続けることが不合理であるのは、おそらく大方の理解を得ることができるだろう。しかし、この負担は手品のように消すことはできない。医療・福祉施設が負担できない部分については、患者なり国民全体なりが代わって負担するしか道がないのである。すなわち、この問題の本質は、医療・福祉サービスに係る消費税を当事者がどのように負担するのか（分かち合うのか）、ということになる。議論の仕方を誤ると、負担の押し付け合いになりかねないため、慎重に進める必要があるだろう。

(2)　消費税の「損税」への対応策

第1章**8-3**で見たとおり、この問題への対応策は以下のようなものが考えられる。各選択肢の特徴については第1章**8-3**を参照されたい。

①　ゼロ税率化

② 軽減税率の導入
③ 特定の設備投資につき非課税売上に対応する仕入税額控除を認める
④ 医療・福祉の課税化
⑤ 消費税課税と医療保険補助との組み合わせ
⑥ 診療報酬改定による消費税分の上乗せ

本件の主要な利害関係者は、(ア) 医療・福祉施設、(イ) 患者 (国民)、(ウ) 財務省と考えられるが、(ア) ～ (ウ) の三者をすべて満足させるような解決策は、残念ながら上記の選択肢にはない。おそらく、消費税改正法案第7条第1号へで「医療機関等における高額の投資に係る消費税の負担に関し、新たに一定の基準に該当するものに対し区分して措置を講ずることを検討し」とあるため、従来、消費税法の改正については、今後上記③を軸に議論が進められていくことが想定されたところであるが、その後の議論は迷走しており、コンセンサスを得るのは未だ時間がかかりそうである。

いずれにせよこの問題の解決に向けて重要なのは、メリット・デメリットを包み隠さず開示して、関係者が知恵を出し合って公開の場で議論することであろう。また、医療・福祉施設と国民との間で徒に対立するのではなく (マスコミ等がそれを煽るのではなく)、互助の精神で負担を分かち合うということが了解されれば、自ずと解決策がみえてくるのではないだろうか。

Q 1-3 医療機関が損税で苦しんでいるのに、大企業は輸出免税の適用により多額の還付を受けているのは不公平ではないか？

私はある地方の医療法人の理事長ですが、当病院においてもご多分に漏れず消費税の損税問題が経営を直撃しているところです。聞くところによると、わが国の大企業は海外へ製品を輸出する際、消費税に関し免税措置を受け、多額の消費税の還付を受けているとのことです。これは不公平税制の最たるものと考えますが、いかがでしょうか。

A　輸出免税は付加価値税に関する国際的な共通ルールであり、仮に輸出に関して消費税を課税するとその分の転嫁により輸出価格が上昇することとなるため、中立性の観点から不合理なことになります。医療機関における控除対象外消費税の問題と輸出免税とを比較することに、何ら理論的な意味があるわけでもないことから、両者は別個に議論すべきでしょう。

解　説

(1)　輸出免税の意義

資産の譲渡や役務の提供が国内取引に該当する場合であっても、その資産が輸出され、またはその役務の提供が国外で行われる場合には、当該取引に対する消費税は免除される（消法7）。これを輸出免税（ゼロ税率）という。

わが国の消費税において輸出免税が採用される理由は、一般に以下のように説明される[2]。輸出される資産の譲渡や役務の提供に対する消費税の課税主体については、大きく分けて、①源泉地国（資産の生産や役務の提供元の国）に課税権があるとする源泉地主義（origin principle）と、②仕向地国（資産の消費や役務の提供先の国）に課税権があるとする仕向地主義（destination principle）の2つの考え方がある。

このうち①の源泉地主義を採用すると、輸出品は源泉地国で課税され、輸入品は課税が免除される。そのため、源泉地主義を採用すると一般に、輸入超過国から輸出超過国へ税の移転がみられるだけでなく、税負担水準の低い国の製品が国際競争力を持つこととなり、消費税制（付加価値税制）が貿易取引を大きく歪めることとなる（第1章**3-4**の「事例」参照）。

一方、②の仕向地主義を採用した場合、輸出品は源泉地国の消費税を免除され、仕向地国の消費税を課されるので、仕向地国のみならず他の国々の製品と税負担に関し同じ条件で競争することとなるので、税制の国際的競争の中立性が確保されることとなる。さらに、仕向地主義の下では、各国は、自国品・輸

2　金子前掲第1章注6書822－823頁。

入品の区別なく自国内で消費される製品から税収を確保することができる。仕向地主義のこのような機能は、わが国も加盟するWTOが求めている自由貿易体制に合致したシステムであるといえる。

(2) 輸出免税は不公平税制か

ただ、輸出免税の場合、輸出の時点で前段階の税額が還付されるという方法で付加価値税の調整（国境税調整）が行われるため、そのことをとらえて「輸出企業に対する不当な優遇税制である」とする向きもあるが、本当にそうなのであろうか。以下の事例で考えてみる。

図表1-1 輸出に係る消費税・付加価値税の取扱い

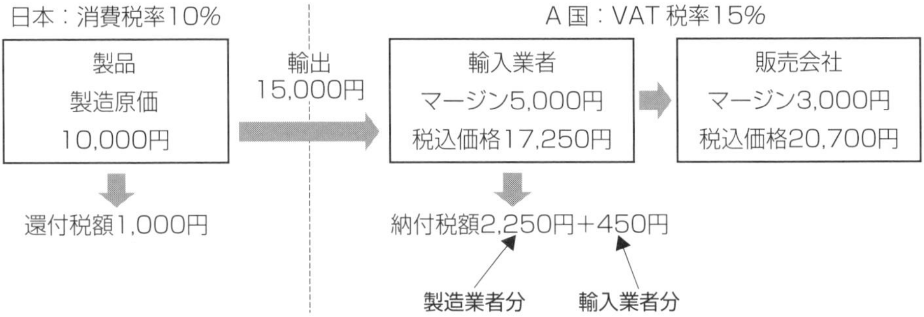

上記の図で、日本の製造業者が製造原価10,000円（全額課税仕入れとする）の製品をA国に輸出した場合、税率を10%とすると輸出時に仕入税額1,000円が還付される。A国において当該製造業者が5,000円のマージンを乗せて輸入業者に販売した場合、輸入時に15%の課税（2,250円）がなされる。その後A国において当該製品を3,000円のマージンを乗せて販売会社に販売した場合も15%の課税（2,700円）がなされるが、仕入税額2,250円が控除されるため、納付税額は450円となる（輸入業者が納付することとなる）。

このように、当然のことであるが、輸出先国に日本の消費税と同様の付加価値税が存在する場合、輸出先国で輸出された製品に関し付加価値税が課税されるのである。

仮に輸出に関して消費税を課税すると、この事例の場合、製造業者が輸出時に500円（15,000×10%−10,000×10%）納税することとなり、この分を転嫁することにより輸出価格が上昇することとなる。その結果、一時的にはわが国の税収が上昇する可能性があるが、輸出産業の価格競争力が殺がれるため、税収減のみならずわが国経済に深刻な影響を及ぼすことが懸念される。

また、輸出に関して消費税を課税すると、アメリカのように（連邦レベルの）付加価値税制を有しない国に対する輸出であっても、付加価値税に関して輸出免税を採用する他国（例えば韓国）からの製品輸出に関する競争力の点から、わが国からの製品が不利に立たされることには変わりがない。

さらに、競争力確保の観点から当該金額を転嫁しない場合、製造業者が負担を強いられることとなり、新たな「損税」問題が生じるのである。

以上のように、輸出免税を輸出企業に対する不当な優遇税制ととらえる考え方には、理論的な正当性は見いだせないと考えられる。

2 医療機関の消費税の実務

Q 2-1 医療機関の収入は消費税が課税されるのか？

医療機関の収入には社会保険診療収入のほか自由診療収入、治験収入、売店の売上等がありますが、これらの収入の消費税の取扱いはどうなりますか、教えてください。

A 社会保険診療収入や自由診療の一部（助産等）、自賠責保険や労災保険による診療収入等が消費税非課税となり、差額ベッド代や人間ドック等の自由診療収入の大部分や文書作成料、売店収入等には消費税が課税されます。

解　説

(1) 非課税となる医業収入

医療機関の本来の業務からもたらされる収入（医業収入）の多くは、消費税が非課税となっている。すなわち、社会保険診療等についても、医療機関が治療行為というサービスの提供を行っているので、本来であれば消費税は課税されるのであるが、社会政策的配慮から以下に該当するものの消費税を非課税としているのである（消法6①、別表第1六・八）。

① 社会保険診療収入（健康保険法等の規定に基づく療養の給付や入院時食事療養費、保険外併用療養費（保険対象部分）、訪問看護療養費等）

② 公害健康被害や労災保険に基づく療養

③ 自賠責保険に基づく療養

④ 助産に係る資産の譲渡等

(2) 課税となる医業収入

一方、社会保険診療収入以外の収入、すなわち自由診療に係る収入は、助産に係るものを除き原則として消費税が課税される。消費税が課税される主たる収入を挙げると以下のようになる。

① 差額ベッド代

② 予約または時間外診察料

③ 健康診断および人間ドック

④ 人工妊娠中絶

⑤ 美容外科

⑥ インプラント、審美歯科、歯列矯正等

⑦ 治験収入

⑧ 売店の収入

Q 2-2 差額ベッド代に消費税は課されるのか？

私は病床数100床の医療法人の理事長です。私の病院では1室あたり2床または個室のベッドに関し室料差額をいただいております。この場合、消費税の取扱いはどうなるのでしょうか。

A 保険外併用療養費制度における室料差額（いわゆる「差額ベッド代」）については、消費税の課税対象となります。ただし、産婦人科の差額ベッド代のうち助産に係る資産の譲渡等に該当するものについては、消費税は非課税となります。

解　説

(1)　保険外併用療養費制度の概要

わが国ではいわゆる「混合診療」が禁止されているため、保険外診療を受けると保険が適用される診療分も含めて全額患者自己負担となる。しかし、保険外診療を受ける場合であっても、厚生労働大臣の定める「評価療養」と「選定療養」については、例外的に保険診療との併用が認められている。これを「保険外併用療養費制度」という。

保険外併用療養費制度は基礎的医療と評価療養・選定療養とに分けられる。このうち基礎的医療は、保険から支給される保険外併用療養費と患者の一部負担分（原則3割）とで構成され、当該部分については消費税が非課税となる（消基通6－6－1、6－6－3）。

一方、評価療養および選定療養については、保険適用外で全額患者負担の「特別の料金」とされ、消費税が課税される。

(2)　差額ベッド代の取扱い

差額ベッド代を徴収することが可能な病室のことを特別療養環境室というが、特別療養環境室の提供は上記（1）で説明した保険外併用療養費制度における選定療養に該当する。したがって、差額ベッド代については原則として消費税は課税される。

ただし、妊娠中の入院および出産後の入院における差額ベッド代については、助産に係る資産の譲渡等に該当するため、保険の適用いかんにかかわらず原則として消費税は非課税となる（消基通6－8－2、6－8－3）。

Q 2-3　資格証明書による受診の場合、消費税はどうなる？

わが病院においても、昨今の厳しい経済情勢を反映して、国民健康保険料を滞納しているため、被保険者証の交付を受けられず、代わりにいわゆる「資格証明書」により受診される患者さんが増えています。この場合、保険診療に該当する治療についても、かかった医療費を窓口で全額患者さんからいただいておりますが、消費税は非課税ということでよろしいでしょうか？

資格証明書による診療で全額患者負担であっても、国民健康保険法に基づく診療（保険診療）であれば消費税は非課税となります。

解　説

(1)　資格証明書による診療の意義

資格証明書とは、「国民健康保険被保険者資格証明書」のことを指す。資格証明書は、市町村が保険者となっている国民健康保険に関し、市町村がその保険税（保険料）を原則として納期限から1年間滞納している被保険者から保険証の返還を受け、その代わりに交付するものである。資格証明書は、その所有者が国民健康保険の被保険者であることを証明するために発行されるものである。

医療機関において資格証明書で受診した場合、受診者は窓口で一旦医療費を全額支払うことになる。その場合、通常、後日市町村に申請すると保険で給付される分の払い戻しが受けられる。

(2)　資格証明書による診療の場合の消費税の取扱い

保険料の滞納等により保険証の交付を受けられない者が資格証明書により全額自己負担で受ける診療であっても、当該診療は国民健康保険法の規定に基づく診療であるので、消費税は非課税となる（消法6①、別表第1六イ、国税庁質疑応答事例「自己の負担で行う保険診療」）。

Q 2-4　患者が被保険者証を持参しなかった場合、消費税はどうなる？

私の勤務する病院は山岳地帯の麓に立地するため、登山シーズンになると遠方より訪れる登山客が保険証を持参せず受診するケースが少なくありません。この場合、治療行為が保険診療に該当する場合には、消費税も非課税ということでよろしいのでしょうか。

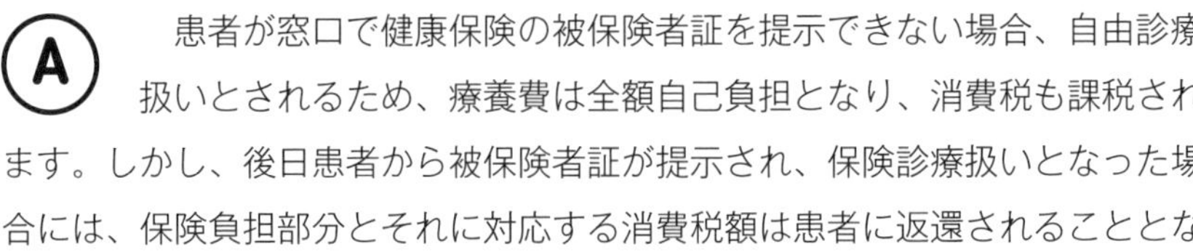

A　患者が窓口で健康保険の被保険者証を提示できない場合、自由診療扱いとされるため、療養費は全額自己負担となり、消費税も課税されます。しかし、後日患者から被保険者証が提示され、保険診療扱いとなった場合には、保険負担部分とそれに対応する消費税額は患者に返還されることとなります。

解　説

(1)　被保険者証を持参しない場合の健康保険の取扱い

日本の健康保険は、国民皆保険制度の下で、いわゆる「フリーアクセス」の原則により、保険証を持っていれば原則として日本国内のどこの医療機関を受診することも可能である。しかし、出張や旅行、帰省等で住まいを離れているときに、急病や怪我のため病院で治療を受けたが、保険証を持参していないため窓口で健康保険の被保険者証を提示できない場合には、自由診療扱いとされることから、療養費は全額患者の自己負担となる。

(2)　被保険者証を持参しない場合の消費税の取扱い

上記のとおり、被保険者証を持参していないため窓口で提示できない場合には、自由診療扱いとされるため、療養費は全額患者の自己負担となる。この場合、自由診療扱いの療養費について消費税は課税されることとなる。したがって、本件のように遠方より訪れる登山客が保険証を持参せず受診するケースについては、治療行為が保険診療に該当する場合であっても自由診療扱いとなるため、消費税は課税されることとなる。

なお、後日患者から被保険者証が提示され、当該診療行為が保険診療扱いとなった場合には、保険負担部分（原則7割）とそれに対応する消費税額は患者に返還されることとなる。

Q 2-5　交通事故による治療費につき自賠責保険で賄われる場合の消費税の取扱いは？

私の勤務する病院には救命救急を担う診療科がありますが、幹線道路が交差する地点からほど近い場所にあるため、交通事故による負傷者が数多く搬送されてきます。この場合、被害者の治療費は自賠責保険で賄われることが多いのですが、消費税の取扱いはどうなるのでしょうか、教えてください。

A　自賠責保険から支給される療養の給付に係る診療報酬はもちろんのこと、治療のため必要な松葉杖の賃借料やおむつ代等、自賠責保険切れの車両による事故で加害者が全額負担するもの、車両の保有者が不明である場合についても、消費税は非課税となります。

解　説

(1)　自賠責保険による療養費の給付

自賠責保険（自動車損害賠償責任保険）は、自動車損害賠償保障法に基づき、自動車等を使用する者に加入が義務付けられている保険であり、交通事故により生じる被害者等への治療に係る療養費の給付は、まず当該自賠責保険から支給されることとなっている。

(2)　自賠責保険による療養費の給付に係る消費税の取扱い

消費税法上、自動車損害賠償保障法に基づいて損害賠償額の支払いを受けるべき被害者に対する支払いに係る療養は、非課税とされている（消法6、別表第1六へ）。非課税とされる療養の範囲は、いわゆる保険診療の範囲にとどまらず、自由診療に該当するものであっても医療機関が必要と認めた療養については、松葉杖の賃借料やおむつ代等もすべて含まれることとされている。

また、自賠責保険切れの車両による事故で加害者が全額負担するもの（自費扱い）であっても消費税は非課税とされる。

さらに、自動車損害賠償保障法第72条第1項の規定により、ひき逃げ事故等で車両の保有者が不明である場合についても、被害者の請求により損害を填補することとされており、この場合についても消費税は非課税とされる（消法6、別表第1六へカッコ書）。

(3) 課税となる自動車事故の療養費

ただし、自動車事故によるときであっても、以下の療養費等については消費税が課税される。

① 療養を受ける者の希望により特別病室の提供を行った場合の差額ベッド代

② 自らの運転による自動車事故（自損事故）の受傷者に対する自由診療として行われる療養（ただしその事故の同乗者で、運転者等から損害賠償額の支払いを受けるべき立場にある者に対する療養は非課税となる）

③ 診断書および医師の意見書等の作成料

Q 2-6 インフルエンザ等の予防接種の窓口負担金および委託料に係る消費税の取扱いは？

私は東京都内で個人立の診療所を開業している内科医ですが、毎年秋から冬にかけてインフルエンザの予防接種を行っております。この場合、健康保険の対象とならず全額窓口で患者さんに負担してもらっていますが、消費税の取扱いはどうなりますでしょうか。また、区の委託で予防接種を行う場合もありますが、この場合の委託料はどうでしょうか、教えてください。

A インフルエンザ等の予防接種に係る患者の窓口負担金については、消費税が課税されます。また、区からの予防接種の委託料については、区との雇用契約に準ずる等の契約に基づく場合には給与所得に該当するため消費税は課税対象外となりますが、それ以外の場合（委任契約ないし請負契約の場合）には消費税が課税されます。

解　説

(1)　予防接種の概要

予防接種には予防接種法によるものとそれ以外のものがあり、予防接種法によるものにはジフテリア、百日せき、急性灰白髄炎（ポリオ）、麻しん（麻疹）、風しん（風疹）、日本脳炎、破傷風といった一類疾病と、インフルエンザの二類疾病とがある（予防接種法2②③）。予防接種法によらない予防接種には、流行性耳下腺炎（おたふくかぜ）、水痘（みずぼうそう）、狂犬病等がある。

予防接種法による予防接種の実施主体は市町村であり、医師は市町村から国の機関委任事務として委託を受けてそれを行っている。

(2)　予防接種に係る消費税の取扱い

インフルエンザ等の予防接種に係る患者の窓口負担金については、自由診療であるため消費税が課税される。ただし、予防接種のうち以下に掲げるものは保険適用となっており、その場合の窓口負担金については消費税が非課税となる。

図表2-1　保険が適用される予防接種

疾患等	条　件
麻しんおよび百日せき	麻しんまたは百日せき患者に接触した場合のガンマグロブリン注射
破傷風	破傷風感染の危険性がある場合、発病前の破傷風トキソイド（TT）および抗毒素血清（TIG）の注射
B 型肝炎	HBs 抗原陽性妊婦から生まれた乳児に対する抗 HBs 人免疫グロブリン注射、沈降 B 型肝炎ワクチン注射、HBs 抗原抗体検査、HBs 抗原陽性妊婦に対する HBe 抗原検査
手術時の感染予防	抗生物質等
輸血後の血清肝炎予防	輸血後10日以内に成人1,000ml、15歳未満600ml、6歳未満400ml、1歳未満200ml 以上の輸血を必要とした場合のガンマグロブリン注射

また、区からの予防接種の委託料については、医師と区との契約が雇用契約またはそれに準ずる契約に基づく場合や、区が医師会に委託し医師会から医師

に報酬が支払われる場合には、給与所得に該当するため、消費税は課税対象外となる（消法2①十二）。それ以外の場合には委任契約ないし請負契約に該当し、消費税が課税されることとなる。

なお、新型コロナワクチンの接種に係る消費税の課税関係については、**Q2-43**参照。

Q 2-7 所得税の医療費控除の対象外である特定健康診査の自己負担分に係る消費税の取扱いは？

私の勤務する病院では、近年注目されているメタボリックシンドロームに関する健康診断である特定健康診査（特定健診）に力を入れております。この特定健診に係る費用で受診者の自己負担分は、所得税法上、医療費控除の対象とはならないようですが、消費税の取扱いはどうなるのでしょうか？

特定健診に係る費用は、受診者の自己負担分を含め消費税が課税されます。

解　説

（1）　特定健診の意義

特定健康診査（特定健診）とは、高齢者の医療の確保に関する法律（高齢者医療確保法）に基づき平成22年4月より始まった、40歳から74歳までの国民健康保険等公的医療保険加入者全員を対象とした健康診査制度である。特定健診は、いわゆるメタボリックシンドロームが糖尿病、高血圧症、脂質異常症等の生活習慣病の主要な要因となっているという学説等に基づき、内臓脂肪を減らすことで生活習慣病対策ひいては国民医療費削減につなげていこうという政策意図により、メタボリックシンドロームの発見等を目的として行われているものである。

特定健診によりメタボリックシンドロームと診断された場合、特定保健指導により、生活習慣の改善による生活習慣病の予防を図ることとされている。

(2) 特定健診に係る所得税の取扱い

特定健診に係る患者の自己負担額については、疾病の治療に該当するものではないため、所得税法上、医療費控除の対象とはならない。しかし、その特定健診の結果が所得税法施行規則第40条の3第1項第2号に掲げる状態（高血圧症、脂質異常症または糖尿病と同等の状態にあると認められる基準にある者）と診断され、かつ、引き続き特定健診を行った医師の指示に基づき特定保健指導が行われた場合には、当該特定健診のための費用（自己負担額）は医療費控除の対象となる医療費に該当する（所規40の3、平成20年5月12日付国税庁文書回答事例「特定健康診査及び特定保健指導に係る自己負担額の医療費控除の取扱いについて」)。

(3) 特定健診の消費税の取扱い

特定健診の根拠法である高齢者医療確保法の規定に基づく療養の給付等については、消費税は非課税になるものとされている（消法6、別表第1六、消基通6－6－1（2))。しかし、特定健診および特定保健指導は高齢者医療確保法の規定に基づく療養の給付等には該当しないため、消費税は課税されることとなる。

Q 2-8 産業医や学校医の報酬は消費税が課税されるのか？

私は病床数40床の医療法人の理事長です。私の病院では地域のあるメーカーと契約し、勤務医を産業医として派遣しております。この場合、メーカーから受領する報酬に対して消費税は課税されるのでしょうか。また、近隣の小学校および中学校にも学校医を派遣していますが、この場合はどうでしょうか。

A 産業医の場合、派遣先の企業との契約にもよりますが、仮に医師個人と企業との契約の場合、給与所得となりますので消費税の課税対象外となります。法人間の契約の場合、報酬（委託料）は病院の収入となるため、消費税は課税されます。一方学校医の場合、医師個人との契約となりますので、受けた報酬は給与所得となり、消費税は課税対象外となります。

解　説

(1)　産業医の概要

産業医とは、労働安全衛生法第13条に基づき、一定規模以上の企業等において選任が義務付けられている、労働者の健康管理を行う医師である。

(2)　産業医の報酬に係る消費税の取扱い

産業医に関して企業と派遣元の病院（医療法人等）が締結する契約により、消費税の取扱いも変わってくる。まず、産業医に係る契約が医師個人との契約の場合、企業から支払われる報酬は所得税法上個人の給与所得となるので、消費税は課税対象外となる（消法2①十二）。一方、法人間（企業および医療法人間）の契約である場合、報酬（委託料）は医療法人の収入となるため、消費税は課税されることとなる。

(3)　学校医の概要

学校医とは、学校保健安全法第23条により、学校教育法に規定する学校（幼稚園、小学校、中学校等）においてその学校の衛生事務や児童・生徒の健康管理上の検査等を取り扱う医師をいい、単に「校医」という場合もある。

(4)　学校医の報酬に係る消費税の取扱い

学校医は医師個人が委嘱を受けて任務にあたるものであり、その報酬は、公立の小中学校等については市町村の条例で定められている。そのため、学校医の場合、医師個人との契約となることから受けた報酬は所得税法上給与所得となり、消費税は課税対象外となる（消法2①十二）。

Q 2-9　外国人の旅行者に対して提供する診療に係る消費税の取扱いは？

私の勤務する診療所は、外国人が免税店での買い物のために訪れる繁華街にほど近いため、体調不良を訴えて受診する外国人旅行者も少なくありません。このような場合、非居住者である外国人に対して行った治療であるため、消費税に関し輸出免税の適用があると考えますが、いかがでしょうか。

外国人旅行者に対する医療サービスの提供は国内において便益を提供することとなるため、輸出免税の要件に該当せず、消費税は課税されることとなります。

解　説

（1）　輸出免税の意義

資産の譲渡や役務の提供が国内取引に該当する場合であっても、その資産が輸出され、またはその役務の提供が国外で行われる場合には、当該取引に対する消費税は免除される（消法7）。これを一般に輸出免税というが、ゼロ税率による課税と考えた方が実態に即しているといえる。

（2）　非居住者に対して行われる役務の提供に係る消費税の取扱い

消費税法上、外国人旅行者のように国内に住所を有さない者は非居住者に該当する（消令1②二）。非居住者に対する役務の提供は上記（1）の輸出免税に該当するが、以下のものは輸出免税の対象から除かれる（消法7①三、消令17②七）。

①　国内に所在する資産に係る運送または保管

②　国内における飲食または宿泊

③　①または②に準ずるもので、国内において直接便益を享受するもの

本件のように、外国人旅行者に対して行う医療行為は非居住者に対する役務の提供にあたるが、上記③の国内において直接便益を享受するものに該当するため、輸出免税の適用対象から除外される（消基通7－2－16（7））。

また、外国人旅行者はわが国における公的な医療保険（国民健康保険等）に加入しているわけではないため、治療行為は非課税にもならないことから、原則どおり消費税の課税取引となる。

Q 2-10 製薬会社から受ける治験の委託手数料に係る消費税の取扱いは？

私の勤務する病院（医療法人）はアレルギー性疾患の治療に力を入れており、それに関連して製薬会社からのいくつもの治験を請け負っております。当該治験に関しわが病院は当然委託料を受領しておりますが、当該委託料に関する消費税の取扱いはどうなるのでしょうか。

A 製薬会社が医薬品の臨床試験である治験を医療法人等に委託した場合、その対価として医療法人等が受ける委託料（委託手数料）は、役務の対価と考えられることから、消費税は課税されることとなります。

解　説

（1）　治験の意義

人に用いられる医薬品や医療機器等は最終的に人において有効性と安全性が立証されなければならない。これらのデータを収集し承認申請を行うことを目的とする臨床試験は、一般に治験と呼ばれる[3]。治験は安全性と有効性を確かめながら段階的に進められるが、その進行に合わせて以下の四つの相（第Ⅰ相～第Ⅳ相）に分類される。

①　第Ⅰ相（フェーズⅠ）

動物実験の結果を受けて行う、健常人（ボランティア）による安全性や体内動態を中心に調べる臨床薬理試験

②　第Ⅱ相（フェーズⅡ）

少数の比較的軽度な患者により安全性を確認しつつ有効性を検討する、探索的臨床試験

③　第Ⅲ相（フェーズⅢ）

第Ⅱ相までに得られた医薬品等の有効性・安全性を、多数の患者によって

3　公益社団法人日本薬学会ホームページ「薬学用語解説」より。

確認する検証的試験

④ 第Ⅳ相（フェーズⅣ）

市販後に行う市販後臨床試験。承認された適応、用法・用量の範囲内で行うことから治療的使用に分類され、有効性と安全性にかかわるさらなる情報の収集を目的として行われる。

(2) 治験に係る委託手数料に関する消費税の取扱い

製薬会社が上記（1）で説明した治験を医療法人等に委託した場合、その対価として医療法人等に委託手数料が支払われることとなる。その場合、当該委託手数料は、治験という役務提供の対価であると考えられることから、消費税は課税されることとなる。

Q 2-11 自由診療に係る報酬でも消費税が非課税となるものがある？

私はこの度、30以上の診療科を擁する地域中核病院の経理課長へと転職いたしました。それまでは会計事務所に勤務しており、通常の営利企業の会計業務や税務については一通りこなしてきましたが、医療関係の経理や税務を担当するのは初めての経験となります。そのため、現在医療関係の経理や税務を勉強中なのですが、医療機関の社会保険診療報酬に係る消費税は非課税で、自由診療に係る消費税は課税ということでよろしいのでしょうか？

A 基本的に自由診療に係る消費税は課税ということになりますが、例外的に、助産に係る診療や自賠責や労災保険に基づく医療、公害補償に係る療養は、自由診療であっても消費税は非課税となりますので、ご注意ください。

解 説

(1) 医療の給付に係る消費税の取扱い

消費税法上、健康保険法等の公的医療保険に基づく療養、医療等としての資産の譲渡等は、非課税とされている（消法6①、別表第1六、消令14）。この場合、社会保険診療となる医療はもちろんのこと、保険外併用療養費等の支給に係る医療（保険外の「特別の料金」は除く）、医薬品医療機器等法に規定する治験、公費負担医療、療養費の（現金）支給に係る療養も非課税となることを意味する（消基通6－6－1、6－6－3）。

（2） 自由診療となる医療のうち非課税となるもの

自賠責や労災保険に基づく医療、公害補償に係る療養は自由診療に該当するが、消費税法上は非課税とされている（消法6①、別表第1六ニ・ホ・ヘ、消基通6－6－1）。

また、医師、助産師、その他医療に係る施設の開設者による助産は自由診療に該当するが、当該助産に係る資産の譲渡等は一般に非課税となる（消法6①、別表第1八）。

助産については昭和63年の消費税導入時、社会政策的配慮から、健康保険法等の公的な医療保障制度に係る療養や医療のみが非課税とされ、自由診療であった正常分娩等の助産については、原則課税とされていた。しかし、その後国民からの要望が高まり、「逆進性緩和の一環として[4]」、平成3年度の税制改正で、学校教育に係る入学金等とともに、助産に係る資産の譲渡等が非課税とされたのである。

Q 2-12 産婦人科における助産はすべて非課税となる？

私はある大学病院の勤務医ですが、近く退職し産婦人科の診療所を開業しようと現在準備をしているところです。さて、前問（**Q2-11**）によれば、産婦人科における助産は消費税が原則非課税であるということが分かりました。それでは、助産であっても消費税が課税とされるものがないのか、教えてください。

4　大蔵省編『平成3年度改正税法のすべて』375頁。

助産に係る非課税の範囲は広く、妊娠検査や妊娠中および出産後の入院、差額ベッド代や特別給食費、大学病院等の初診料まで非課税とされます。一方、人工妊娠中絶は健康保険が適用される部分を除き、消費税が課税とされております。

解　説

(1)　非課税となる助産の範囲

医師、助産師、その他医療に係る施設の開設者による助産は自由診療に該当するが、当該助産に係る資産の譲渡等は一般に非課税となる（消法6①、別表第1八）。ここでいう「助産」の範囲であるが、具体的には、以下のものが該当する（消基通6－8－1）。

①　妊娠しているかの検査（薬局で購入する妊娠検査薬は課税）

②　妊娠していることが判明した後の検診、入院

③　分娩の介助

④　出産の日以後2か月以内に行われる母体の回復検診

⑤　新生児に係る検診および入院

また、妊娠中の入院については、産婦人科医が必要と認めた妊娠中毒症、切迫流産等による入院はもちろんのこと、骨折等による入院のうち産婦人科医が共同して管理する間の入院も助産に該当し、消費税が非課税となる（消基通6－8－2（1））。さらに、出産後の入院については、産婦人科医が必要と認めた入院はもちろんのこと、他の疾病による入院のうち産婦人科医が共同して管理する間についても、出産の日から1か月を限度として助産に該当し、消費税が非課税となる（消基通6－8－2（2））。

加えて、上記に該当する妊娠中の入院および出産後の入院に関しては、異常分娩に伴う入院も含め、差額ベッド料、特別給食費および大学病院等の初診料が全額非課税となる（消基通6－8－3）。

このように、消費税が非課税とされる助産の範囲はかなり広いということが分かる。

(2) 課税とされる人工妊娠中絶

一方、人工妊娠中絶については、母体保護法の規定により人工妊娠中絶手術を受けた場合には、単なる経済的理由である場合を除き、保険適用となる。その場合、消費税は非課税となる。一方、人工妊娠中絶手術で健康保険の適用対象外となるものについては、消費税は課税されることとなる。

Q 2-13 死産・流産の場合や胎盤処理費は非課税となる?

私は産婦人科医に嫁いだ開業医の妻で、自宅に開設した診療所で経理全般を担当しております。税務については税理士のアドバイスを受けながら記帳しておりますが、消費税については不慣れで分からないことだらけです。特に産婦人科は消費税の取扱いが独特であると感じていますが、例えば、死産・流産の場合や胎盤処理費については、お産の場合と同様に消費税は非課税となると考えてもよろしいのでしょうか、教えてください。

A 死産・流産の場合は、健康保険の適用を受けるものはもちろんのこと、適用外のものも消費税は非課税となります。また、胎盤処理費は助産の一環と考えられるため、通常消費税は非課税となります。

解　説

(1) 死産および流産の意義

死産とは一般に、胎児が子宮外での生活能力を獲得する時期に達してから、死んだ胎児が娩出されることをいう。分娩直前あるいは分娩中において胎児が死亡した場合も死産に含まれる。通常、妊娠22週以降の妊娠中絶による死亡胎児の出産を死産といい、それ以前のものは流産に分類される。

一方流産とは、妊娠したにもかかわらず、妊娠の早い時期に胎児が死んでしまうことをいう。定義としては、22週(胎児が子宮外での生活能力を獲得する週数)より前に妊娠が終わることをすべて「流産」という。原因の多くは胎児の染色体等の異常である。妊娠12週未満の早い時期での流産が多く、流産全体の約80%を占めている[5]。

(2)　死産および流産の取扱い

死産および流産の場合、その中絶は疾患とみなされるため、手術について健康保険が適用される。そのため、消費税は非課税となる（消法6①、別表第1六)。また、死産および流産のうち保険適用外のものについては、助産に係る資産の譲渡等に該当するため、消費税は非課税となる（消法6①、別表第1八)。

(3)　胎盤処理費の取扱い

胎盤は、子宮内で胎児を育てるため臨時に製造される代用臓器で、胎児は胎盤から臍帯を通じて運ばれる栄養物などを吸収して成長する。出産後不要となった胎盤は廃棄処置されるが、当該処理は助産の一環として行われるため、医師が産褥婦に対して請求する胎盤処理費は、助産に係る資産の譲渡等に該当することとなり、消費税が非課税となる（消法6①、別表第1八)。

Q 2-14　病院の敷地と建物とを一括で譲渡したときの消費税の取扱いは？

私は病床数100床の医療法人の理事長です。私の経営する病院は近年周辺の病院との競合が激しくなり、病床稼働率が低迷していたため、やむを得ず病棟を一つ閉鎖し、建物とその敷地を売却いたしました。その際土地に関して売却益が生じましたが、消費税の取扱いはどうなるのでしょうか、教えてください。

A　病院の土地と建物を一括で売却した場合で、契約書においてその内訳が明記されていないケースがありますが、その場合、譲渡代金に関し、消費税が課税となる建物部分と非課税となる土地（敷地）部分とを合理的に按分して、消費税の計算を行う必要があります。

5　公益社団法人日本産科婦人科学会ホームページより

解　説

(1)　土地および建物の譲渡に関する消費税の取扱い

病院の建物は消費税法上課税資産に該当するが、当該課税資産を譲渡した場合、消費税が課税される。なお、その場合の課税標準は、課税資産の譲渡等の対価であり、譲渡益部分ではない（消法28①）。

一方病院の敷地（土地）は、消費税の性格上課税することがなじまない資産に該当するものとされているため、その譲渡について消費税は非課税となっている（消法6、別表第1一）。

(2)　病院の土地と建物を一括で売却した場合

病院の土地と建物を一括で売却した場合は、消費税の計算上、課税となる建物部分と非課税となる土地（敷地）部分とを分ける必要が生じてくる。契約書においてその内訳が明記されている場合はいいが、明記されていない場合には、譲渡代金に関し、建物部分と土地（敷地）部分とを合理的に按分して、消費税の計算を行う必要がある。

なお、土地および建物の対価について、所得税または法人税の土地の譲渡等に係る課税の特例計算における取扱いにより区分している場合には、それによって計算することも認められている（消令45③、消基通10－1－5）。

仮に、その区分が合理的ではない場合には、土地および建物の通常の取引価額（時価に相当するものと考えられる）を基礎として区分することとなる（消基通10－1－5（注））。

Q 2-15　看護師養成のために貸与した奨学金の消費税の取扱いは？

私の勤務する病院では、昨今の看護師不足を克服するため、病院スタッフの中から希望者に対し看護師養成学校への通学のための奨学金を支給する奨学金制度を設けています。この制度の下では、支給を受けた者が学校卒業後当病院に継続して3年以上勤務した場合、奨学金の返済を免除しております。また、

3年以内に離職した者からは、奨学金の元金部分に加え、利子相当額の返済も受ける取り決めとなっております。このような場合、奨学金に関する消費税の取扱いはどうなるのでしょうか、教えてください。

A 看護師養成に関する奨学金の貸与については、非課税取引となります。また、返済を免除した奨学金については、課税対象外取引となります。さらに、利子については非課税取引となります。

解　説

(1) 奨学金の意義

質の高い医療サービスを提供するためには、医師の充実もさることながら、看護師が医師に勝るとも劣らぬ重要な役割を果たしていることは今や常識となっている。診療報酬についても7対1看護に係る入院基本料の加算等が導入されたことから、急性期の病院にとっては看護基準を満たすため看護師の確保が喫緊の課題となっている。そのため、各病院においては看護師確保のための様々な方策を講じているが、その一つが看護師養成学校に通う学生への奨学金制度である。これは、現在病院に勤務するスタッフで看護師資格を取るため学校に通うことを検討している者に対し、奨学金を提供して資格取得を支援するとともに、資格取得後看護師として引き続き勤務した場合には奨学金の返済を免除することにより、看護師の確保を図ろうという制度である。

(2) 看護師養成に関する奨学金の取扱い

それでは、病院が提供する看護師向けの奨学金に関する消費税の取扱いはどうなるのであろうか。まず、奨学金の貸付であるが、これは通常の金銭の貸付（利子を対価とする貸付金）と同じであるため、消費税は非課税となる（消法6、別表第1三）。

次に、奨学金の返済免除要件に該当したため免除した奨学金は、債務免除に該当し、対価性のない（反対給付のない）取引となるため、消費税の課税対象外取引となる（消法2①八、消基通5－1－2）。

また、返済すべき奨学金につき利子を付す（有利子の）場合には、当該利子収入も消費税が非課税となる（消法6、別表第1三）。

Q 2-16 社会福祉法人立の病院が低所得者向けに行っている無償の診療行為に係る消費税の取扱いは？

私の勤務する病院は、社会福祉法人が設立母体となっています。そのため、わが病院を受診される患者さんの中には、身寄りがないことや収入が少ない等といった理由により、治療費を支払えない方もいらっしゃいますが、そのような場合、診療費の減免や無料化といった措置を取っています。このような場合、消費税はどのように取り扱われるのでしょうか。

A 診療報酬を減免する場合、売上に係る対価の返還があったとみることとなります。そのため、収入が課税取引である自由診療については、その返還等に係る消費税額を控除することとなる一方、収入が非課税取引である社会保険診療については、その返還等に係る消費税額を控除することはできないこととなります。また、診療事業が無料の場合、上記と同様に取り扱うこともできる一方で、その他に、対価性がない無償取引とみて、消費税の課税対象外ととらえることも可能でしょう。

解　説

（1）　社会福祉法人による無料または低額な料金による診療事業

社会福祉法人は、医療費の支払いが困難な患者であっても、必要な治療等が受けられるようにするため、無料または低額な料金で診療を行うことが認められている。これは、社会福祉法人が、社会福祉法第69条第1項の規定により、同法第2条第3項第9号に掲げる「無料又は低額な料金で診療を行う事業」を行う旨の届出を行い、かつ厚生労働大臣の定める基準に沿って行う事業である。

この場合、社会福祉法人が提供する当該診療事業は、法人税法上、収益事業に該当しないこととされている（法令5①二十九ロ、法規6四）。

(2)　無料または低額な料金による診療事業の消費税の取扱い

それでは、社会福祉法人が行うこのような診療事業について、消費税の取扱いはどうなるのであろうか。まず減免前の診療収入は、社会保険診療（助産を含む）であれば非課税、自由診療であれば課税となる。ここから診療報酬を減免する場合、売上に係る対価の返還があったとみることとなる。

対価の返還を行った場合、それが課税売上に係るものである場合には売上に係る対価の返還等に該当し、その返還等に係る消費税額を控除することとなる（消法38）。したがって、収入が課税取引である自由診療については、売上に係る対価の返還等に該当し、その返還等に係る消費税額を控除することとなる。一方、収入が非課税取引である社会保険診療（助産を含む）については、売上に係る対価の返還等に該当せず、その返還等に係る消費税額を控除することはできない。

なお、低額な料金による診療事業の場合は上記のとおりであるが、診療事業が無料の場合、収入額と同額の対価の返還を行ったとみて上記と同様に取り扱うこともできる一方で、その他に、対価性がない無償取引[6]とみて、消費税の課税対象外ととらえることも可能である（消法2①八、消基通5－1－2）。診療の当初から無償で行うこととされている場合には、対価性がない無償取引とみて、消費税の課税対象外とするのが妥当であろう。

Q 2-17　消費税に関する税務調査の留意事項

私は病床数100床の病院を擁する医療法人に勤務しておりますが、この度人事異動で経理の責任者になることとなりました。一応病院内の事務は一通り経験しておりますが、経理はあまり得意な分野ではなく、ましてや税務は素人同然です。ところが間が悪いことに、来月からわが病院が税務署の税務調査を受

6　法人の場合、役員に対してその資産を贈与した場合は、みなし譲渡に該当し消費税の課税対象とされる（消法4⑤二）。

けることになりました。聞くところによると、最近税務署は医療法人については消費税を重点的に調査すると聞きます。そこで、医療法人に関する消費税の税務調査において特に留意すべき点があれば、教えてください。

A 税務調査において課税庁は消費税の「預り金」としての性格を重視し、特にその不正な還付事案につき厳正に対処する傾向にあります。また、消費税は所得税・法人税との同時調査が原則ですが、消費税単独調査も行われます。さらに、消費税の還付事案については原則として調査を受けることとなりますが、必要以上に恐れる必要はないでしょう。なお、帳簿の保存はあっても、請求書等の証憑書類の保存状況が悪く調査において提示できなかったため、問答無用で仕入税額控除が否認されるケースが未だに見られるので、ご注意ください。

解　説

(1)　消費税調査の実態

国税庁の統計によれば、個人および法人事業者別の消費税調査の実態は次のとおりである。

図表2-2　消費税調査の実態（個人事業者・令和3事務年度）

調査形態 / 追徴税額等		実地調査			簡易な接触	合計
		特別・一般	着眼	計		
調査件数		13,559件	3,349件	16,908件	68,291件	85,199件
申告漏れ等の非違件数		11,798件	2,583件	14,381件	40,900件	55,291件
追徴税額	本税	190億円	11億円	201億円	68億円	269億円
	加算税	38億円	3億円	41億円	3億円	43億円
	計	228億円	13億円	241億円	71億円	312億円
1件当たり追徴税額	本税	140万円	32万円	119万円	10万円	32万円
	加算税	28万円	8万円	24万円	0.4万円	5万円
	計	168万円	40万円	143万円	10万円	37万円

（出典）　国税庁ホームページ

コロナ禍の影響で、個人事業者に対する消費税実地調査は前事務年度に大幅に減少し、令和3事務年度はやや持ち直したものの未だコロナ禍以前の水準には戻っていない。実地調査に係る1件当たりの追徴税額は約140万円であり、こちらの方は増加傾向にある点が注目される。また、令和3事務年度における実地調査で申告内容の誤り（非違）が把握された割合は85.1%であった。

図表2-3 消費税調査の実態（法人事業者）

事務年度／内容	令和2事務年度		令和3事務年度	
	件数等	前年対比	件数等	前年対比
実地調査件数	25千件	33.2%	40千件	162.9%
非違件数	16千件	36.8%	24千件	150.9%
うち不正計算があった件数	5千件	42.1%	8千件	141.2%
調査による追徴税額	729億円	100.9%	869億円	119.1%
うち不正計算に係る追徴税額	178億円	88.4%	309億円	174.0%
調査1件当たりの追徴税額	2,972千円	303.6%	2,173千円	73.1%
不正1件当たりの追徴税額	3,313千円	210.1%	4,081千円	123.2%

（注）「調査による追徴税額」には加算税および地方消費税（譲渡割額）を含む。
（出典） 国税庁ホームページ

一方、法人事業者の消費税調査であるが、令和2事務年度はコロナ禍の影響で調査件数が前事務年度から大幅に減少しているものの、調査による追徴税額および不正計算による追徴税額が逆に増加している点が注目される。さらに、調査1件当たりの追徴税額や不正1件当たりの追徴税額も大幅に増加している。また、令和3事務年度における実地調査で申告内容の誤り（非違）が把握された割合は約60%であり、個人事業者よりも低い。

（2） 消費税に関する税務調査の特徴

消費税に関する税務調査の特徴を挙げれば、概ね以下のとおりとなるだろう。

① 所得税・法人税との同時調査

消費税調査の特徴は、個人については所得税との、法人については法人税との同時調査が行われるということである[7]。平成元年の消費税の導入までは、課税庁において、所得税、法人税、資産税、酒税といった税目別の調査体制がとられてきた。しかし、事業者の売上・仕入を基に課税標準が計算される消費税の導入により、（当時の）新税である消費税と所得課税である所得税（事業所得等）や法人税との関連が密になり、納税者ごとに所得税および消費税、法人税および消費税を同時に調査するのが効率的かつ納税者の便宜に適うようになった。そのため、国税庁は平成3年に機構改革を行い、税目別である所得税、法人税、消費税部門を納税者別の個人課税および法人課税部門に再編し、個人課税部門は所得税と消費税、法人課税部門は法人税と消費税の同時調査を行うようになった。現在ではそれがすっかり課税実務に定着しているといえる[8]。

② 消費税の単独調査

消費税については上記のとおり同時調査が原則であるが、消費税のみ単独で行うケースがある。それは主として、法人税の課税所得ないし個人の事業所得が赤字のケースである[9]。赤字法人や赤字の個人事業者の場合、課税庁が税務調査の結果、非違事項を指摘し増差所得を把握しても、当該年度の欠損金額または過年度の繰越欠損金額によりそれが相殺され、納付税額および加算税が生じないため、一般に調査対象として選定されにくいといわれている。しかし、法人の課税所得や事業所得が赤字であっても、免税事業者や仕入控除税額が課税売上に係る税額を上回るようなケースを除き、原則として消費税の納税義務が生じることとなるため、消費税の単独調査先として選定される可能性があるため注意を要する[10]。

③ 形式要件の具備の確認

消費税調査の具体的中身に関し、法人税や所得税と大きく異なる点は、法令に定められた要件や適用を受けるために必要な書類がきちんと提出されているかといった、形式面の確認に相当な時間が割かれるということであろう。形式

---

7 個人・法人とも、それらに加え、印紙税や源泉所得税についても同時調査がなされている。

8 なお、税務調査に臨場する調査官がどの税目を扱えるかについては、調査官が携帯・呈示する質問検査章を確認することで判明するので、調査の際には確実に行うようにすべきである。

9 そのほか、公益法人等で収益事業を行っていないものの、課税資産の譲渡等を行っている消費税の課税事業者も消費税の単独調査を受ける。

10 源泉所得税や印紙税の調査を併せて実施されることも考えられる。

要件とは具体的には以下のような事項を指す。

(ア) 「消費税課税事業者選択届出書」、「消費税簡易課税制度選択届出書」といった届出書の提出とその効力

(イ) 仕入税額控除適用のための帳簿および領収書等の保存・具備

(ウ) 法人税の確定申告書の提出期限の延長を受けている場合(法法75の2①)、消費税についても自動的に延長を受けているという誤解がないかの確認[11]

上記形式的要件を満たしていない場合、消費税の還付申告や簡易課税の適用、仕入税額控除が認められず、また、(ウ)については期限後申告となるため、多額の追徴課税を余儀なくされることも珍しいことではないことから、細心の注意を払う必要があるだろう[12]。

(3) 消費税の税務調査に関する留意点

① 還付事案への対処

課税庁は消費税の税務調査に関し、調査対象者である納税義務者にとって消費税はそれを負担する最終消費者からの「預り金」であるという性格を重視し[13]、当該納税義務者(事業者)が適切に納税することが制度の定着につながると考えていることから、特に不正な還付事案に対して厳正な態度で臨んでいるところである。これは次の統計資料からも窺い知ることができる。

---

11 従来、消費税には申告期限延長の特例はなかったが、令和2年度の税制改正で、法人税につき申告期限の延長を行っている法人については、法人税と同様の特例が導入された(消法45の2①)。この場合、消費税についても「消費税の確定申告書の提出期限を延長する旨の届出書(延長届出書)」を提出する必要があり、自動的に延長されるわけではない。

12 形式要件を充たさない事案は、現在でも税理士職業賠償責任保険事故事例の上位を占めている。なお、後述 **Q2-39**も参照。

13 ただし、事業者は消費税の納税に係る相当量の事務作業を分担し、また、病院のように非課税売上の割合が高い業種は多額の控除対象外消費税額を実質的に負担しているわけで、最終消費者からの「預り金」だから納税するのは当然、という課税庁の主張には「一方的」という側面があることも否めないであろう。

図表2-4　消費税還付法人に対する消費税の実地調査の状況

項目	事務年度	令和2	令和3	
				前年対比
調査件数	件	3,066	4,252	138.7%
非違があった件数	件	2,073	2,877	138.8%
うち不正計算のあった件数	件	510	791	155.1%
調査による追徴税額	億円	219	372	169.6%

（出典）国税庁ホームページ

令和2・3両事務年度とも、消費税の還付申告を行った法人に対する実地調査件数のうち、不正計算が把握されたのはともに10%強と、比較的高い割合であった。さらに、追徴税額も増加している。

消費税の不正還付事案の例を挙げれば、ある課税事業者が架空の無形資産（事業に関するノウハウ）を高額で買い受けたように装い、約100億円もの消費税の還付を受けようとしたケースがあり、当該ケースでは税務署長が不正に気付き還付を留保したということである。このような消費税の不正還付「未遂」事案に対しては、従来処罰規定がなかったが、課税庁が機転を利かせて不正還付を未然に防いだ場合には罰せられず、逆に課税庁のチェックを素通りして還付を受けた場合にのみ罰せられるというのでは、事業者の行為の悪質さに差がないにもかかわらず罰則に差がつくという不合理な結果を招く恐れがあった。そのため、平成23年度の税制改正で、当該消費税の不正還付「未遂」事案に対しても、10年以下の懲役もしくは1,000万円以下の罰金またはこれらの併科とされることとなった（消法64②）。

さて、この点に関連し、納税者や税理士の中には、消費税の還付申告（消法52）を行うと税務調査を誘発するので避けるべきだという意見もあるが、これは正しい認識であろうか。

事業者が消費税の還付申告書を提出した場合、税務署長は、控除不足額（還付金額）が過大であると認められる事由があるときは、還付の手続きを保留することができるとされており（消令64）、これが「調査」に該当するものと考えられる。そのため、消費税について還付申告書を提出すると調査を受ける可能性が高いといえるが、当該調査は還付申告の内容が適正であるかを確認するためのものであり、通常の実地調査と比較して一般にその範囲は限定されるものと考えられる[14]。したがって、適切な経理処理に基づき行う還付申告であれば、必要以上に調査を恐れることはないといえる。いわんや、調査を誘発することを恐れ、事業者がその正当な権利の行使である還付申告書の提出を躊躇し、また、税理士も調査を避けるため控えた方がいいとアドバイスするなどということがあるのだとすれば、本末転倒であるといえよう。

なお、還付申告にあたり、課税庁は従来「仕入税額控除に関する明細書」の提出を任意で求めていたが、平成23年度の税制改正で、平成24年4月1日以後に提出する還付申告書の提出の際、当該明細書の添付が義務付けられることとなった（消規22③三）[15]。この明細書を適切に記載して提出すれば、無用な税務調査を誘発することもないであろう。

② 仕入税額控除と帳簿等の保存

消費税の調査で一般に否認される確率が高いのは、仕入税額控除に関する事項である。事業者が仕入税額控除の規定の適用を受けるためには、確定申告期限から7年間にわたり、次の事項が記載された帳簿および請求書等[16]を保存することが義務付けられている（消法30⑦、⑨一）。

（ア）仕入先の氏名または名称
（イ）仕入年月日
（ウ）内容
（エ）仕入金額（税込）
（オ）事業者の氏名または名称

ただし、飲食店やタクシー業者等、不特定多数の顧客を相手にする業種の場合には、上記（オ）の記載は省略しても差し支えない（消令49④二）。さらに、

14 無論、申告内容に重大な疑義があったり、課税庁が把握している資料等から不正計算が疑われる場合には、通常の実地調査に切り替えられることもあるだろう。
15 「消費税の還付申告に関する明細書」の記載内容については、135－136頁参照。
16 請求書、納品書、領収書等の書類をいう。なお、令和5年10月以降は適格請求書等の保存が求められるが、これについては第1章12－6参照。

仕入金額が3万円未満の場合には、請求書等がなくとも帳簿[17]が保存してあれば仕入税額控除が認められる（消令49①一）。

帳簿の保存はなされていても、請求書等の証憑書類の保存状況が悪く、調査においてそれを提示できず問答無用で仕入税額控除が否認されるケースが未だに見られるので、今一度保存状況と記載内容とを確認するとよいであろう。

③　消費税の更正処分と理由附記

所得税または法人税と消費税の同時調査を受けた結果、両税目ともに否認事項があったときで、納税者が修正申告の慫慂（しょうよう）（勧奨）に応じない場合には、課税庁は更正処分を行うこととなる。納税者が青色申告書を提出している場合、更正通知書に当該更正処分の理由を附記しなければならない（所法155①②、法法130①②）。しかし、同一の調査に係る処分であっても、消費税に関しては法律上、課税庁が更正処分を行った際その理由を附記すべき規定がなかったため、理由附記が行われてこなかった。

この点についてはかねてから強い批判があり、ようやく平成23年度の税制改正大綱において、原則として平成24年1月よりすべての処分につき理由附記が実施されることとなった。しかし、平成23年初から国会運営が不正常なまま推移したため、当該理由附記を含む納税環境整備の項目の審議が先送りされ、結局更正決定処分等の場合には、調査内容の結果、税額およびその理由を説明する（口頭も可）こととなった（平成25年1月より実施、通法74の11②）。これは法人税や所得税の青色申告者に対する理由附記とは異なり、書面で理由を開示することを義務付けるものではないため、「更正の理由附記」とは似て非なるものである。

ただし、課税庁が今後、運用で書面により理由を開示する可能性も考えられることから、執行の推移を見守ってゆきたい。

17　ただし、帳簿に上記（ア）～（エ）の事項を記載してあることが必須である（消法30⑧一）。

2-18 減価償却資産に係る仕入税額控除のタイミングは？

私はある民間病院（社会医療法人）の理事長です。先日わが病院の顧問税理士から前期の決算報告を受けましたが、その中で、減価償却資産に関する法人税と消費税とで経理処理の方法が異なることに気づきました。これはなぜなのでしょうか、教えてください。

A 減価償却資産は、法人税に関しては、費用収益対応の原則ないし費用配分の原則に従い、減価償却という手続きにより耐用年数にわたって損金化していきますが、消費税の仕入税額については、即時全額控除の原則により、原則として取得時（課税仕入れを行った日）に仕入税額控除を行うこととなります。

解　説

(1)　減価償却資産に関する法人税の取扱い

固定資産のうち、その使用または時の経過により価値が減少していくものを減価償却資産という。減価償却資産は、取得の年度に取得価額を一括して全額費用化するのではなく、その使用または時の経過により価値が減少していくのに合わせて徐々に費用化すべきであるが、これは費用収益対応の原則ないし費用配分の原則に基づく考え方である。法人税法において、減価償却資産は、当該費用収益対応の原則に基づき、耐用年数にわたり徐々に費用化（損金化）することとなっている（法法31）。

なお、法人税法においては、実務の簡素化等の観点から、耐用年数や償却方法等について画一的な経理処理を求めている（減価償却資産の耐用年数等に関する省令）。

(2)　減価償却資産に関する消費税の取扱い

一方、減価償却資産に関し、消費税に係る仕入税額控除の考え方は上記と異なる。すなわち、仕入税額控除の場合、税負担の累積を排除するため、仕入れた資産とそれが生み出す収益との対応関係（費用収益対応の原則）を考えることなく、資産等の仕入れを行った課税期間においてそれに係る仕入税額を全額控除する、即時全額控除の原則を採っているのである（消法30）[18]。

図表2-5　減価償却資産をめぐる法人税と消費税の違い

法人税		消費税
費用収益対応の原則	減価償却資産	即時全額控除の原則
繰延措置		即時控除

ただし、高額の固定資産で長期にわたって使用されるものについては、事業形態や事業内容の変化による課税売上割合の変化により、消費税額が変動することがある。そのため、即時全額控除の原則の例外として、取得価額が100万円以上の調整対象固定資産の課税仕入れを行った場合、その年度の課税売上割合と比較した通算課税売上割合が著しく増加または減少した場合には、第3年度の消費税額について、加算または減算調整を行うこととされている（消法33）。

Q 2-19 新病棟の建設に係る仕入税額控除のタイミングは？

私は関東地方で産婦人科の診療所を開設する医師ですが、現在の診療所が老朽化し手狭になったことから、国道沿いの場所に不妊治療専門の診療所を新築することにしました。建設費のうち自己資金は半分くらいで、残りは借入で賄う予定ですが、借入のための資金計画書を作成していて気になったことがあります。それは、新しい診療所の建設にかなりの消費税が課されますが、当該消費税がいつ控除されるのか、ということです。新しい建物の建設については、自己資金分については着手金として支払済みで建設仮勘定として経理しており、来期の完成・引き渡し時に固定資産として計上する予定ですが、仕入税額控除のタイミングはどうなるのでしょうか、教えてください。なお新しい診療

18　金子前掲第1章注6書836頁。

所では、収入のかなりの部分が自由診療となる見込みです。

A　建物の引き渡しを受ける前に着手金等を支払った場合、その時点では建設費に係る仕入税額控除はできず、引き渡しを受けた翌期において行うことになります。

解　説

(1)　仕入税額控除のタイミング

仕入税額控除は、国内において課税仕入れを行った日の属する課税期間に行う（消法30①）。ここでいう「課税仕入れを行った日」とは、一般に、課税仕入れに係る資産を譲り受け、もしくは借り受け、または役務の提供を受けた日というとされており、原則として所得税法または法人税法における所得金額の計算上の資産の取得の時期または費用等の計上時期と同じと解されている（消基通11－3－1）。

(2)　建設費に係る経理処理

新しい診療所建物の建設工事は一般に長期間にわたるため、事業年度をまたぐことが多い。そのため、契約上、着手金等を支払ったまま工事が中途で期末を迎えた場合には、当該着手金等については建設仮勘定として経理し、翌期以降建物が完成し引き渡しを受けた時点で当該勘定を固定資産に振り替えるのが通常である。

(3)　建設費に係る仕入税額控除のタイミング

上記から、着手金等を支払った時点では建物が未だ完成せず引き渡しを受けていないことから、消費税法上「課税仕入れを行った日」には該当せず、仕入税額控除を行うことはできないこととなる。実際に仕入税額控除を行うのは、翌期以降建物が完成し引き渡しを受けた時点ということになる。

ところで、建設仮勘定の中には、設計料や資材の購入等、期末までにすでに役務の提供等を受け課税仕入れに該当するものも含まれている。その場合、原則では、すでに役務の提供等を受け課税仕入れに該当するものはその課税期間に仕入税額控除を行うこととなるのであるが、建設仮勘定の中からそれらをピックアップして経理処理を行うことは煩雑で困難な場合がある。そのため、通達では、建設仮勘定として経理した課税仕入れ等につき、目的物である診療所建物の完成・引き渡した日の属する課税期間における課税仕入れとすることも認めている（消基通11－3－6）。

図表2-6　建設仮勘定に係る仕入税額控除のタイミング

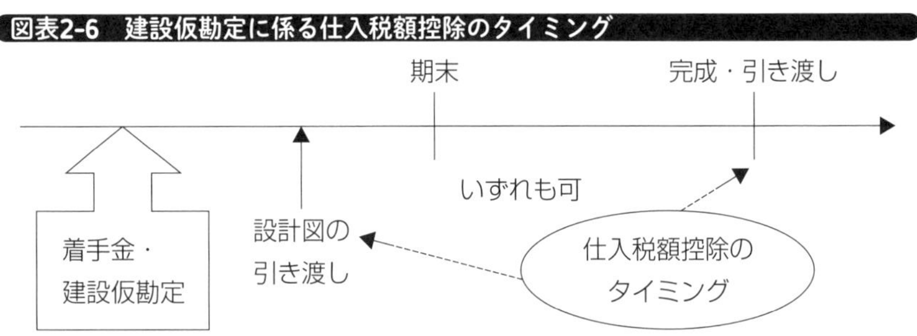

Q 2-20 輪番制による休日診療の手当に係る消費税の取扱いは？

私は無床診療所を経営する内科医です。私の所属する地域の医師会では、自治体からの要請で、輪番制により医師会加入の医師が休日診療にあたっています。当該診療の報酬は、患者数や診療回数にかかわらず、当番医師に対して定額が支給されております。このような休日診療の手当については、消費税は課税されるのでしょうか、教えてください。

A　休日診療の形態にもよりますが、担当医師が自治体の用意した施設に赴いて、備え付けの器具や医薬品等により診療が行われ、かつ、その報酬が定額である場合には、その手当は給与所得に該当し、消費税は課税対象外となるものと考えられます。

解　説

（1） 輪番制による休日診療

患者は平日休日を問わず医療を必要とするが、医師も人間であるため休息の日が必要であることから、通常開業医は、日曜日に加え、平日のいずれか一日を休診としているケースが多い。そのため、休日診療に対応するため、医師会や自治体が音頭を取って、地域の開業医が順番で休日や夜間救急の診療にあたる、輪番制を採用しているケースがある。

この場合、当番医師が自治体の用意した施設に赴いて、備え付けの器具や医薬品等により診療が行われるケースが多い。

（2） 輪番制による休日診療の手当に係る消費税の取扱い

このような輪番制による休日診療に関し、担当医師が自治体の用意した施設に赴いて、備え付けの器具や医薬品等により診療が行われ、かつ、その報酬が定額である場合には、その手当（委嘱料）は給与所得に該当することから（所基通28－9の2）、消費税は課税対象外となるものと考えられる（消法2①十二）。

ただし、仮に当該輪番制による休日診療の形態が、開業医自らが経営する診療所において自己の設備や医薬品等を使用して診療を行い、その報酬が定額である場合には、その手当（委嘱料）は事業に付随するものと考えられることから、給与所得ではなく事業所得に該当するものと考えられる（所基通27－5(5)）。その場合には、当該手当に対し消費税が課税されるものと考えられる。

Q 2-21 課税売上割合の算定を病院単位で行うことができるか？

私は医療法人の理事長ですが、私の経営する医療法人は社会保険診療がほとんどの病院と、比較的自由診療の割合が高い病院とに分かれます。そのため、病院ごとに算定される課税売上割合はかなり異なるのですが、病院ごとに異なる課税売上割合を適用して仕入控除税額を計算することは可能なのでしょうか？

 消費税の仕入控除税額を計算する際に用いる課税売上割合は、事業者が行った資産の譲渡等の対価の額の合計額に占める課税資産の譲渡等の対価の額の合計額の割合をいうので、当該割合の計算は法人全体で行うこととなり、原則として同一法人内の事業所、病院、病棟単位で行うことはできません。

解　説

(1)　課税売上割合の計算方法

消費税の仕入控除税額を計算する際に用いる「課税売上割合」とは、課税期間中の国内における資産の譲渡等の対価の額の合計額に占めるその課税期間中の国内における課税資産の譲渡等の対価の額の合計額の割合をいう（消法30⑥、消令48①）。これを算式で示すと以下のとおりとなる。

$$\text{課税売上割合}=\frac{\text{課税期間中の国内における課税資産の譲渡等の対価の額の合計額（売上に係る対価の返還等の金額控除後）}}{\text{課税期間中の国内における資産の譲渡等の対価の額の合計額（売上に係る対価の返還等の金額控除後）}}$$

「資産の譲渡等」から非課税取引を除いたものを「課税資産の譲渡等」（消法2①九）というから、上記算式中の分子・分母の違いは非課税取引の金額ということになる。そのため、非課税取引の割合が高い医療機関や福祉施設は、一般に課税売上割合が低い水準になる。

(2)　課税売上割合の計算単位

(1) の算式のとおり、消費税の仕入控除税額を計算する際に用いる課税売上割合は、事業者が行った資産の譲渡等の対価の額の合計額に占める課税資産の譲渡等の対価の額の合計額の割合をいうので、当該割合の計算は法人全体で行うこととなる。そのため、同一法人内の事業所、病院、病棟単位で課税売上割合の計算を行うことはできない（消基通11－5－1）。

ただし、課税売上割合に準ずる割合（消法30③）を使用するときは、法人全体で計算するという縛りがなく、事業所、病院、病棟単位で課税売上割合に準ずる割合の計算を行うことも可能である（**Q2-22**参照、消基通11－5－8）。

Q 2-22 医療機関においても「課税売上割合に準ずる割合」を使用できるのか？

私はある医療法人（特定医療法人）の理事長です。私の病院もご多分に漏れず消費税の「損税」問題に頭を悩ませており、その解消を政府が早期に実現してくれることを期待していますが、一方で、自分の病院だけでもできることはないかと考えていたところ、「課税売上割合に準ずる割合」を使用することで、仕入控除税額を増加させることも可能であることが分かりました。ただ、前問（**Q2-21**）で見たとおり、課税売上割合については、法人全体で同一の割合を使用することが義務付けられているようですが、「課税売上割合に準ずる割合」についてもそうなのでしょうか、教えてください。

A 仕入控除税額を計算する際に使用する課税売上割合とは異なり、「課税売上割合に準ずる割合」については、法人全体で計算するという縛りがなく、事業所、病院、病棟単位で課税売上割合に準ずる割合の計算を行うことも可能です。

解　説

（1）　課税売上割合に準ずる割合

個別対応方式により仕入控除税額を計算する場合には、原則として「課税売上および非課税売上両方に共通して要する課税仕入れ等」に課税売上割合を乗じることとなるが、所轄税務署長の承認を受けた場合には、当該課税売上割合に代えて、その他の合理的な割合（「課税売上割合に準ずる割合」）により計算することも可能である（消法30③）。

通達によれば、「合理的な割合」とは次のような基準をいう（消基通11－5－7）。

①　使用人の数または従事日数の割合

② 消費または使用する資産の価額

③ 使用数量

④ 使用面積の割合　等

課税売上割合に準ずる割合は、個別対応方式により課税仕入れ等に係る消費税額の計算を行っている事業者についてのみ適用され、一括比例配分方式により課税仕入れ等に係る消費税額の計算を行っている事業者には適用がないことに留意すべきである。

(2) 課税売上割合に準ずる割合の適用

課税売上割合に準ずる割合は、事業全体について同一の基準・割合を適用する必要はなく、それぞれについて税務署長の承認を受けている限り、事業の種類ごと、費用ごと、事業場ごとに別の基準・割合を適用することが可能である（消基通11－5－8）。したがって、例えば、病院における部門を入院部門、外来部門、管理部門に分け、それぞれ異なる基準の「課税売上割合に準ずる割合」を適用することも、そのすべてが合理的と税務署長が認める限り、可能である。

いくつかのクリニックを傘下に持つ医療法人における「課税売上割合に準ずる割合」の適用例は以下のとおりとなる。

〈産婦人科を標榜する医療法人の課税売上割合の適用〉

Aクリニック ⇒ 不妊治療専門で、当クリニックにおける資産の譲渡等の対価の額に占める課税資産の譲渡等の対価の額を消費税法第30条第3項の割合（「課税売上割合に準ずる割合」）として仕入控除税額を計算する。

Bクリニック ⇒ お産専門で、消費税法第30条第6項に定める原則どおりの課税売上割合を消費税法第30条第3項の割合（「課税売上割合に準ずる割合」）として仕入控除税額を計算する。

Cクリニック ⇒ 婦人科専門で、消費税法第30条第6項に定める原則どおりの課税売上割合を消費税法第30条第3項の割合（「課税売上割合に準ずる割合」）として仕入控除税額を計算する。

(3)　課税売上割合に準ずる割合の適用方法

課税売上割合に準ずる割合を適用する場合には、所轄税務署長に「消費税課税売上割合に準ずる割合の適用承認申請書」を提出する（消令47①）。当該申請書の審査後税務署長から承認を受けた日の属する課税期間から適用することができる。一方、当該適用をやめる場合には、所轄税務署長に「消費税課税売上割合に準ずる割合の不適用届出書」を提出すれば、その提出のあった日の属する課税期間から適用されないこととなる。

Q 2-23　診療所における医薬品の仕入れの取扱いは？

私の病院では院内処方を行っており、患者さんに出す医薬品も病院の収入となっております。社会保険診療に基づく治療に係る医薬品の提供は消費税の非課税取引となるため、当該収入については患者さんから消費税をいただいておりませんが、当該医薬品の仕入れについても消費税は非課税という認識でよろしいでしょうか。

A　社会保険診療に基づく治療に係る医薬品の提供は消費税の非課税取引となりますが、対応する仕入れについては非課税とはならず課税仕入れに該当します。

解　説

(1)　院内処方とは

医療機関で医師の診察および治療を受けた患者に対しては、診察に基づき医薬品が処方されるが、それが病院内で行われる場合と、病院外の調剤薬局で行われる場合とがある。このうち、患者が病院内で医薬品の受け取りができる形態を院内処方という。

院内処方・院外処方それぞれにメリット・デメリットがあり、いずれの形態が優れているともいい難いが、最近は厚生労働省の「医薬分業」の方針もあり、院外処方の割合が増加している[19]。

(2) 院内処方の場合の医薬品の提供に係る消費税の取扱い

院内処方の場合の医薬品の提供（売上）に係る消費税の取扱いであるが、健康保険法等の規定に基づく療養等（社会保険診療）に該当する医薬品の販売は、非課税となる（消法6、別表第1六、消基通6－6－2）。

(3) 院内処方の場合の医薬品の仕入れに係る消費税の取扱い

一方、院内処方の場合の医薬品の仕入れに係る消費税の取扱いであるが、それが社会保険診療であるか自由診療であるかにかかわらず、対応する仕入れについては非課税取引とはならず課税仕入れに該当する。

そのため、仕入税額控除の算定の際個別対応方式を選択している場合には、一般に、薬品問屋から仕入れた医薬品が課税売上（のみ）に対応するものか非課税売上（のみ）に対応するものか合理的に分類することは困難であると考えられるため、通常、当該仕入れについては「（課税売上と非課税売上の）両方に共通して要するもの」に区分して計算することとなる。

Q 2-24 新病棟建設に係る仕入税額の控除を受けるためにはどうしたらよいか？

私は関西で20以上の診療科を擁する病院を経営する社団医療法人の理事長です。この度医療設備の高度化に対応するため、隣接する敷地に新病棟を建設する予定で、現在金融機関と建設資金に関する融資の交渉を行っているところです。さて、それと並行して税務上の取扱いを顧問税理士と検討していたところ、建設費に係る多額の消費税が控除できないことが判明しました。その金額が無視できないほど巨額になるため、どうにかしないとわが法人の経営に深刻な影響を及ぼしかねないのですが、何かよい方法がないかご教示ください。

19 日本薬剤師会によれば、平成21年度の処方箋受取率（医薬分業率）は全国平均で60.7％となり、初めて年間で60％を超えたということである。また厚生労働省によれば、令和元年の医科の院外処方率は病院79.5％、診療所75.7％、全体で76.6％であるという。

A 控除する方法がないわけではありませんが、その方法が現行税法上全く問題ないと断言することはできませんので、仮に実行する場合には課税リスクを十分検討の上慎重に事を進めるべきと考えます。

解　説

(1) 建設費に係る仕入税額控除

新病棟の建設費に係る仕入税額控除のタイミングについては、すでに**Q2-19**で説明したとおり、国内において課税仕入れを行った日の属する課税期間に行うこととなる（消法30①）。

しかし、仕入税額控除の対象となる消費税額は課税売上に対応する仕入れに係る部分の金額に限定されるため、非課税売上の割合が高い医療機関においては、多額の控除対象外消費税額が生じることとなる。ことに新病棟を建設した次のケースのように、仕入税額が巨額になる場合には、当該病棟で行われる診療等の大部分が社会保険診療であると、その大半が控除対象外消費税額となってしまうこととなるのである。

【設例】新病棟の建設と控除対象外消費税（標準税率10%を前提）

- 売上10億円（全額社会保険診療）
- 経費9億円：内訳　人件費4億円、その他経費5億円（課税仕入れ）
- 利益1億円
- 新病棟：建設費30億円（30年償却・定額法）
- 仕入控除税額は一括比例配分方式で計算

売上に係る消費税：0円

仕入れに係る消費税＝その他経費5億円×10%＝5,000万円

新病棟建設に係る消費税＝30億円×10%＝3億円

控除対象仕入税額＝（5,000万円＋3億円）×0%（課税売上割合）＝0円

納付税額＝0円－0円＝0円

控除対象外仕入税額＝5,000万円＋3億円－0円＝3億5,000万円

上記で明らかなように、経常的な経費に係る消費税額よりも新病棟建設に係る消費税額の方が、控除できない場合の影響は大きい。

(2) 建設費に係る仕入税額の控除

それでは、新病棟建設に係る消費税額を控除することはできないのであろうか。仕入税額控除が可能であるか否かの分岐点は基本的に課税売上割合の高低であるため、建設費を負担した法人の課税売上割合を高めることが必要になる。そこから、以下のようなアイディアを検討してみる。

図表2-7 MS法人を利用した手法

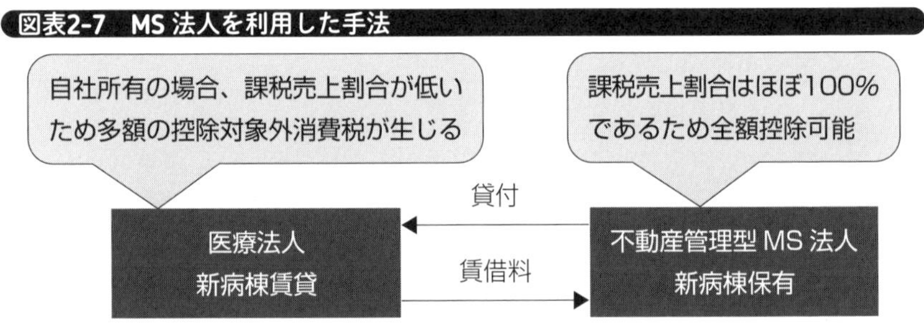

この手法のポイントは、新病棟の保有を診療活動を担う医療法人に行わせるのではなく、MS法人（メディカルサービス法人）に行わせるという点である。すなわち、不動産管理を主たる業務とするMS法人を設立（既存の法人でも可）し、そこが借入等を行って新病棟を建設し、医療法人は当該MS法人から病棟を賃貸するのである。もちろん、賃貸料は法人税法上適切な水準（いわゆる独立企業間価格）にする必要がある。これにより、新病棟建設に係る仕入税額控除はMS法人において行うこととなるが、MS法人の収入の大半は当該新病棟に係る賃借料（課税売上）となるため、課税売上割合はほぼ100%となり、課税売上が5億円以下であれば仕入税額が全額控除できることとなる（消法30①）。

(3) 租税回避の否認と立法政策

ただし、上記アイディアにも問題はある。すなわち、本来であれば、診療報酬が非課税売上であるため対応する仕入税額控除ができないにもかかわらず、MS法人を介在させることによりそれを可能とするのは、租税回避行為であり、課税庁が「課税上弊害がある」とみて否認するリスクがあるのである。

とはいえ、実際にこのアイディアを課税庁が「否認」するのは、現行税法上は意外に困難であると考えられる。なぜなら、現行消費税法において当該アイディアを規制する個別の否認規定がないからである。

仮に法人税や所得税、相続税に関しこのようなアイディアを実行した場合、課税庁が「課税上弊害がある」とみて否認するときは、医療法人やMS法人が同族会社に該当するものと考えられることから、おそらく同族会社の行為計算否認規定（所法157①一、法法132①一、相法64）により課税するものと考えられる。

しかし、消費税法には同族会社の行為計算否認規定は存在しないため、このようなアイディアを規制する明文上の規定は存在しないと考えられる[20]。租税法律主義の考え方からは、明文上の規定がない場合には租税回避行為の否認は認められないというのが通説である[21]。

それでは、消費税法に同族会社の行為計算否認規定を設けて規制すればよいとするのか[22]となると、筆者はそれには大きな違和感を覚えるところである。なぜなら、この問題の根本に立ち戻って考えると、そもそも医療機関は決して好き好んでこのようなアイディアを実行しようとしているわけではないからである。医療機関に多額の控除対象外消費税が生じるのは、非課税売上に対応する仕入税額控除が認められていないからであり、その負担が医療機関の存続にかかわるほどの水準であれば、なりふり構わずあらゆる措置を講ずるのは経営者として当然の行動であろう。医療機関の経営者をしてここまで追い込むのは、立法政策上問題（不作為）であるといわざるを得ない。控除対象外消費税問題を放置して、規制ばかり強化するなどということは、あってはならないことである。

控除対象外消費税問題（**Q1-1**、**Q1-2**参照）の一刻も早い解決の必要性が、

---

20 地方税法には同族会社の行為計算否認規定は存在するが（地法72の43①②）、適用税目が事業税であるため、地方消費税には及ばないこととなる。

21 金子前掲第1章注6書138－142頁参照。

22 仮に導入されたとしても、同族会社の行為計算否認規定に内在する問題であるが、そもそも本問のアイディアがその射程内に入るか否かは必ずしも明確ではない。

この点からもいえるであろう。

(4) その他の留意点

もっとも、非課税売上に対応する課税仕入れである賃貸料に係る消費税額は医療法人において大半が控除できないため、上記MS法人を利用した手法の純粋なメリットは、医療法人が負担する控除対象外消費税を賃貸期間にわたり分割、繰り延べできるということにあるだろう。したがって、病棟建設費が高額に上り控除対象外消費税の負担も大きくなり、金利が高いケースほど当該手法を採るメリットは大きいといえる。

Q 2-25 学会の諸活動に関する消費税の取扱いは？

私はある医学系の学会の事務局に勤務しております。この学会は数年前に公益財団法人に移行しましたが、活動は活発に行われており、その経費は学会に参加する医師の会費や参加費により賄われております。そこで質問なのですが、以下の収入に関する消費税の取扱いについて教えてください。

① 年会参加費：学会が毎年開催する年会への学会員の参加費である

② 懇親会費：年会の際に開催される、年会参加費とは別に徴収する費用である

③ 教育研修受講料：学会認定医の資格取得・継続のために必要な研修を受講する学会員から徴収する費用である

徴収する費用の性格により対価性があるかどうかを判定し、それに基づき消費税の取扱いを考えることとなりますので、ご注意ください。

解 説

(1) 年会参加費の取扱い

学会の年会は一般に、その会員が研究発表や討論等を通じ、その分野の研究発展や知識の吸収、会員間の交流などを図るために開催されるものである。年

会は特定の会員の個人的な利益のために行われるものではなく、組織的な活動の一環として行われるものであることから、年会参加費はその業務運営に係る費用の、その構成員（会員）に対する分担金と考えられるため、明白な対価関係があるとは認められない[23]。したがって、学会員の年会参加費収入は学会において消費税の課税対象外となる（消基通5－5－3）。

また、学会の年会に参加する会員のサイドでは、当該年会参加費は課税仕入れに該当しないこととなる。

(2) 懇親会費の取扱い

学会員が懇親会に参加するための費用であり、対価性が認められることから、消費税は課税される。

また、懇親会に参加する会員のサイドでは、当該懇親会費は課税仕入れに該当する。

(3) 教育研修受講料の取扱い

学会員が学会認定医の資格取得・継続のために必要な研修を受講する際に徴収する料金であり、対価性があることから消費税は課税される。

また、教育研修を受講する会員のサイドでは、当該受講料は課税仕入れに該当する。

Q 2-26 医療過誤に関する示談金に係る消費税の取扱いは？

私は医療法人の理事長ですが、先日私の病院において、ある医師が入院していた患者さんに行った静脈注射の際、誤って神経を損傷してしまったため、手や関節にしびれや痛みなどの後遺症が残る医療過誤を起こしてしまいました。これに対し患者さん側は損害賠償請求訴訟を提起しましたが、ほどなく裁判所から和解を勧められ、示談金を支払うことで決着しました。この場合、患者さ

23 学説では、会費が消費税の課税対象となるかどうかは、会費と役務提供との間に関連性が存在するか否かで実質的に判断されるべき、とされている。吉村典久「消費税の課税要件としての対価性についての一考察」金子宏編『租税法の発展』（有斐閣・2010年）396－409頁参照。

んに対して支払った示談金は消費税法上どのように取り扱われるのでしょうか、教えてください。

医療過誤に関し病院が患者に対して支払った示談金は、その性格からみて損害賠償金に該当する場合には、対価性のある取引であるとはいえないため、消費税は課税対象外となります。

解　説

（1）　示談金の性格

民法上、他人から損害が加えられた（不法行為）場合、たとえ損害賠償に関する取り決め（契約）がなくとも、一定の要件の下で金銭賠償を請求する債権（権利）が認められている[24]（民法709）。これが損害賠償の制度で、その範囲は喧嘩から交通事故、公害、薬害、医療過誤、名誉毀損に至るまで広がっており、社会的に重要な機能を果たしている。

医療過誤の場合の示談金は、通常、不法行為によって生じた損害を補償する目的で支払われるため、損害賠償金に該当するものと考えられる。

（2）　示談金に係る消費税の取扱い

医療過誤に係る示談金が、心身または資産に加えられた損害の発生に対して支払われる損害賠償金に該当する場合には、損害の回復に当たる支払いであることから対価性がないということになるので、消費税については課税対象外として取り扱われることとなる（消基通5－2－5）。

しかし、たとえ名目が示談金や損害賠償金とされていたとしても、例えば、病院の医師の借り上げ社宅につき、病院の都合で期日までに明け渡しできなかったため賃貸人に支払うこととなった「損害賠償金」は、明け渡し遅滞となった期間に係る「占有」という対価性があることから[25]、消費税は課税されるこ

24　内田貴『民法Ⅱ（第3版）』（東京大学出版会・2011年）323頁。
25　水野前掲第1章注1書936頁。

ととなる（消基通5－2－5（3））。

Q 2-27 医療法人で簡易課税の適用を受けている場合、業種区分はどうなる？

私はある地方都市で開業している歯科医です。数年前に医療法人化しておりますが、消費税の課税売上が5,000万円を下回っているため、簡易課税の適用を受けようかと考えています。歯科医の場合、簡易課税制度の適用に係る業種区分はどうなるのでしょうか？

A 簡易課税制度の適用に当たり、第五種事業に該当するサービス業等の範囲は基本的に日本標準産業分類の大分類に掲げる分類に従うこととされていますが、それによれば大分類「P－医療・福祉」はサービス業等に該当するため、歯科医業は原則として第五種事業に該当することとなります。

解説

(1) 簡易課税制度の意義

簡易課税制度は、中小企業者の事務負担を考慮して導入された制度である。すなわち、基準期間における課税売上高が5,000万円以下の課税期間について、所轄税務署長に「消費税簡易課税制度選択届出書」を提出した場合に、その課税期間の課税標準額に対する消費税額（課税売上に係る消費税額）から売上対価の返還等の金額に係る消費税額の合計額を控除した金額にみなし仕入率を乗じた金額を、控除する課税仕入れ等に係る消費税額の合計額（仕入れに係る消費税額）とみなすものである（消法37）。この「みなし仕入率」は、業種により90％～40％の6つに分類されている（消法37①、消令57①⑤⑥）。

(2) 簡易課税制度における業種区分

それでは歯科医などの医療・福祉業に適用されるみなし仕入率はどのくらいなのであろうか。これについては通達に定めがあり、簡易課税制度の適用に当たり、第五種事業に該当するサービス業等の範囲は基本的に総務省の定める「日本標準産業分類」の大分類に掲げる分類に従うこととされている（消基通13－2－4）。

当該通達によれば、第五種事業に該当するサービス業等とは、日本標準産業分類の大分類に掲げる産業のうち10種のものを指すが、その中の（8）に「医療、福祉」がある。大分類「P－医療、福祉」の中に中分類「医療業」小分類「歯科診療所」があるので、歯科医業は原則としてみなし仕入率50％の第五種事業に該当することとなる。

図表2-8　医療法人の業種区分

日本標準産業分類の事業区分（大分類「P－医療・福祉」）

中分類	小分類	
	No.	業種
医療業〔83〕	831	病院
	832	一般診療所
	833	歯科診療所
	834	助産・看護業
	835	療術業
	836	医療に附帯するサービス業

ただし、医療法人等において医療・福祉以外の事業を行っている場合には、以下のようにその業務内容に応じた事業に係るみなし仕入率が適用される。

① 売店での物品販売　第2種事業
② 事業用固定資産の売却　第4種事業
③ 歯科技工士の行う事業　第5種事業
④ 自動販売機の設置手数料　第5種事業

Q 2-28 医師会費に係る消費税の取扱いは？

私は開業している地区の医師会に所属していますが、その会費に係る消費税の取扱いはどうなるでしょうか。

A　医師会等の同業者団体に係る会費は、通常の業務運営に係る費用の分担金としての性格のものについては、対価性がないものとして消費税の課税対象外となりますが、例えば研修会の受講料に該当するものなど対価性があるものについては、その名目いかんにかかわらず、消費税が課税されることとなります。

解　説

（1）　医師会とは

日本医師会は、47都道府県医師会の会員（約17万3千人）をもって組織する学術専門団体（公益社団法人）である。その傘下には、都道府県医師会および郡市区医師会・大学医師会等の地元医師会がある。医師はまず地元医師会および都道府県医師会に入会し、その後日本医師会に入会するという手順になる。

（2）　医師会費に係る消費税の取扱い

医師会等の同業者団体に係る会費は、基本的にその同業者団体が会員に対して行う役務の提供との間の対価性の有無により、消費税の課税の対象となるかどうかを決めることとなる（消基通5－5－3）。医師会の会費の場合、その性格が通常の業務運営に係る費用の分担金であると認められるものについては、対価性がないものとして消費税の課税対象外となる。

一方、例えば研修会の受講料に該当するものなど明白な対価性があるものについては、その名目いかんにかかわらず、消費税が課税されることとなる（消基通5－5－3（注2））。

さらに、会費に関し、医師会がその会員に対して行う役務の提供との間の対価性があるかどうかの判定が困難なものについては、実務上、継続して医師会が消費税の課税対象外と取り扱い、かつ、会員がその会費を課税仕入れに該当しないこととしている場合には、そのように取り扱われる。この場合、医師会は会員にその旨を通知する必要がある（消基通5－5－3（注3））。

2-29　基金拠出型医療法人の設立と消費税

私は北陸地方で整形外科およびリハビリテーション科の診療所を開業している医師です。この度顧問税理士の勧めで個人立の診療所を医療法人化することにしました。医療法人の形態は基金拠出型の社団医療法人にする予定ですが、当該医療法人設立に係る基金拠出の際、消費税が課税されることはあるのでしょうか、教えてください。

A　診療所を基金拠出型医療法人化する際に、診療所の資産を現物出資することがありますが、当該出資は原則として資産の譲渡等に該当するため、拠出者である個人開業医においてその時価相当額について消費税が課税されるものと考えられます。

解　説

（1）　基金拠出型医療法人とは

基金拠出型医療法人は、持分の定めのない社団医療法人であり、第5次医療法改正により導入された新しい医療法人の形態である。基金拠出型医療法人の場合、基金の拠出者たる社員が法人を退社した場合、当初拠出した額を限度として基金が退社する拠出者に返還される。また、医療法人が解散した場合にも、同様に当初拠出した額を限度として基金が拠出者に返還される。いずれの場合も、留保利益である剰余金の部分は拠出者には返還されないこととなり、医療法人の非営利性が貫かれることとなる。このような性質から、基金拠出型医療法人の社員の地位は基金への出資者ではなく「拠出者」ととらえられる。

なお、既存の持分の定めのある社団医療法人は、当分の間存続することとされた（経過措置型医療法人、医療法改正法附則10②）。

第5次医療法改正により平成19年4月1日以降、持分の定めのある社団医療法人を設立することはできないので、今後医療法人を設立、個人立の診療所を法人化しようと考える医師・歯科医師の大部分は、この基金拠出型医療法人の設立を検討することになるだろう。厚生労働省の統計によれば、平成30年3月31日現在で、基金拠出型医療法人の数は11,445である。

(2) 現物財産の基金への拠出

基金拠出型医療法人の「基金」であるが、金銭のみでなく現物資産もその対象となる。すなわち、医療法人設立後も診療に必要な、個人立診療所時代に使用していた医療機器や備品を基金として現物出資することも可能である。この場合、現物拠出財産の価額が相当であることについて、弁護士、公認会計士、税理士等の証明を受けなければならない(「医療法人の基金について」医政発第0330051号)。また、出資財産に不動産が含まれる場合には不動産鑑定士の鑑定評価を受ける必要がある。なお、例外として、市場価格のある有価証券、医療法人に対する金銭債権、現物拠出財産の総額が500万円を超えない場合には、弁護士等の証明は不要である。

(3) 現物財産の基金への拠出に係る消費税の取扱い

上記のように、診療所を基金拠出型医療法人化する際に、診療所の資産である医療機器や備品を現物出資することがあるが、当該出資は原則として資産の譲渡等に該当するため、拠出者である個人開業医において消費税が課税されることとなる。

その場合、消費税の課税標準は課税資産の譲渡等の対価であるため、現物出資資産の時価相当額になるものと考えられる(消法28①)。

Q 2-30 医療機器の転用に係る消費税の調整計算とは？

私は社会医療法人で経理を担当しております。わが病院で健康診断や人間ドックのためだけに使用していた医療機器がありますが、この度当該医療機器を専ら保険診療を行う病棟に移動させて、そこでのみ使用することといたしました。この場合、消費税の調整計算が必要だと聞きましたが、どういうことなのか教えてください。

課税業務用の調整対象固定資産を非課税業務用に転用したことになる場合、課税仕入れの日から転用した日までの期間に応じ、課税仕入れ等の税額から調整税額を控除することとなります。

解　説

(1)　調整対象固定資産の転用

課税事業者が調整対象固定資産の課税仕入れを行い、個別対応方式により課税業務用にのみ供するものとして仕入れに係る消費税額の計算を行った場合で、これを取得した日から3年以内に非課税業務用にのみ供するものに転用したときや、逆に、非課税業務用にのみ供するものとしていたものを取得した日から3年以内に課税業務用にのみ供するものに転用したときは、その転用した課税期間に応じ、一定の調整税額をその転用した課税期間における仕入れに係る消費税額から控除（減算）または加算することとなっている（消法34①、35）。

これは、非課税事業用にのみ供する固定資産は仕入税額控除ができないが、課税業務用にのみ供するものは可能であるため、近い将来転用するものを取得時点において課税業務用にのみ供するものとしてその時点で全額控除すると、過剰に控除することになると考えられるため（その逆もいえる）、3年以内という短期間のうちに転用したもののみ控除額を調整しようという、一種の割り切り措置である。

したがって、本件のように、課税業務用にのみ使用していた調整対象固定資産を非課税業務用にのみ使用するものとして転用した場合、課税仕入れの日から転用した日までの期間に応じ、課税仕入れ等の税額から「調整税額」を控除することとなる。

なお、「調整対象固定資産」とは、建物や機械装置といった棚卸資産以外の固定資産で、一取引単位の税抜金額が100万円以上のものをいう（消法2①十六、消令5）。

(2)　調整税額の計算

(1)の「調整税額」の計算は以下のとおり行う。

転用のタイミング	調整税額
取得の日から1年以内に転用した場合	調整対象税額[26]の全額
取得の日から2年以内に転用した場合	調整対象税額の3分の2
取得の日から3年以内に転用した場合	調整対象税額の3分の1

転用の形態により以下のとおり控除または加算を行う。

課税用から非課税用に転用 ⇒ 課税仕入れ等に係る消費税額から控除
非課税用から課税用に転用 ⇒ 課税仕入れ等に係る消費税額に加算

なお、調整対象固定資産が転用前・転用後のいずれかにおいて課税非課税共通用に供される固定資産である場合には、当該調整を行う必要はない（消基通12－4－1、12－5－1）。

Q 2-31 指定管理者制度に基づく委託料の取扱いは？

私は東京都内にいくつかの病院を持つ医療法人の理事長です。先日近隣の県に所在するある自治体病院に関し、指定管理者として病院経営を引き継ぐよう依頼があり、正式にお引き受けすることとしました。自治体との契約では、わが医療法人が委託された病院経営に関し毎年一定額の委託料を受けると規定されていますが、このような委託料に関して消費税は課税されるのでしょうか。

A 指定管理者制度に基づいて自治体が委託先である医療法人に対して支払う委託料は、医療法人が提供する経営管理サービス等の対価に該当するものと考えられるため、資産の譲渡等に該当し、消費税は課税されることとなります。

26　調整対象固定資産に係る消費税額をいう。

解　説

(1)　指定管理者制度とは

総務省によれば、指定管理者制度は、住民の福祉を増進する目的をもってその利用に供するための施設である公の施設について、民間事業者等が有するノウハウを活用することにより、住民サービスの質の向上を図っていくことで、施設の設置の目的を効果的に達成するため、平成15年9月に設けられた制度である[27]。

都道府県立病院や市立病院といった自治体病院についても、民間の経営ノウハウを活用して効率的な病院運営を行うため、医療法人等の民間病院の経営主体が指定管理者となり病院運営の委託を受けているケースが増加している。

(2)　指定管理者制度に基づく委託料の取扱い

このような指定管理者制度に基づいて、自治体が委託先である医療法人に対して支払う委託料は、医療法人が提供する経営管理サービス等の対価であると考えられるため、資産の譲渡等に該当し、消費税は課税されることとなる（消法2①八、28①）。

Q 2-32　歯科医の収入と消費税の取扱いは？

私は首都圏にある中規模の市で開業している歯科医です。歯科医は一般に都市部において競争が激しく、保険診療だけではやっていけないというのが実情です。そこで、学会や専門機関の研修等を受けてインプラント等の自由診療の割合を増やしていきたいと考えております。このような場合、消費税に関し留意すべき点があれば教えてください。

27　平成22年12月28日付総務省自治行政局長「指定管理者制度の運用について」通達（総行経第38号）参照。

歯科医の場合も医業と同様に、消費税に関しては原則として、社会保険診療が非課税で自由診療が課税となります。また、保険外併用療養については、厚生労働大臣が認める選定療養に該当する部分について消費税が非課税となります。

解　説

(1)　歯科医業と社会保険診療

歯科医業の場合も医業と同様に、健康保険法等の規定に基づく療養の給付といった社会保険診療については、消費税は非課税と取り扱われる（消法6①、別表第1六）。

(2)　歯科医業と自由診療

また、歯科医業の場合も医業と同様に、保険が適用されないいわゆる自由診療については、消費税は課税されることとなる。歯科医業における自由診療は、具体的には、インプラント、歯列矯正、審美治療（ホワイトニングやセラミッククラウン等）が該当する。

(3)　歯科医業と保険外併用療養

保険外併用療養費制度とは、原則不可である保険診療と自由診療との併用（混合診療）につき、厚生労働大臣の定める評価療養と選定療養については保険診療との併用が例外的に認められている制度で、平成18年10月に導入された。

厚生労働省の告示（平成18年9月12日厚生労働省告示第495号「厚生労働大臣の定める評価療養及び選定療養」）によれば、歯科に関しては以下の3つが保険外併用療養に該当する。

①　前歯部の鋳造歯冠修復に使用する金合金または白金加金の支給

②　金属床による総義歯の提供

③　齲蝕（うしょく）に罹患している患者（齲蝕多発傾向を有しないものに限る）であって継続的な指導管理を要するものに対する指導管理

この場合、消費税については、保険診療部分（患者の一部負担額も含む）は非課税となり、保険が適用されない金合金や白金加金といった選択材料部分は課税となる。

Q 2-33 課税売上割合に準ずる割合が95%以上の場合は全額控除可能か？

私は自由診療に特化した診療所を開設している外科医です。平成23年に消費税法が改正され、課税売上割合が95%以上であっても課税売上が5億円を超えると仕入税額の全額控除が認められなくなったと聞きました。わが診療所の場合、課税売上割合は95%をやや下回りますが、現在検討中の課税売上割合に準ずる割合であれば95%を超える見込みです。課税売上割合に準ずる割合が95%以上であれば、従来どおり仕入税額について全額控除が認められると考えてもよろしいのでしょうか？

A 仕入税額の全額控除が認められるいわゆる「95%ルール」の適用は、税法上課税売上割合を基準としていることから、課税売上割合に準ずる割合が95%以上であっても、課税売上割合が95%を割り込む場合には、仕入税額の全額控除は認められません。

解 説

(1) 「95%ルール」とは

平成23年6月改正後の消費税法においては、課税仕入れ等に係る消費税額の具体的な計算方法は、以下の区分により行うとされている（消法30②）。

① 課税資産の譲渡等のみを行っている（課税売上割合が100%の）事業者

② 課税売上割合が95%以上でその課税期間における課税売上高が5億円以下[28]の事業者

③ 課税売上割合が95%以上でその課税期間における課税売上高が5億円超

28 上記の②③は「基準期間」の課税売上高で判定するわけではなく、進行年度の課税売上高で判定することに留意すべきである（消法30⑥）。

の事業者

④　課税売上割合が95%未満の事業者

⑤　簡易課税の適用事業者

上記の①～⑤の区分により仕入税額控除の計算方法を示すと、以下の表のようになる。

図表2-9　課税仕入れ等に係る仕入税額控除の計算方法

	課税売上割合等	計算方法
①	課税資産の譲渡等のみを行っている（課税売上割合が100%の）事業者	全額控除
②	課税売上割合が95%以上で課税売上高が5億円以下の事業者	全額控除
③	課税売上割合が95%以上で課税売上高が5億円超の事業者	個別対応方式または一括比例配分方式（選択）
④	課税売上割合が95%未満の事業者	個別対応方式または一括比例配分方式（選択）
⑤	簡易課税の適用事業者	みなし仕入率

このように、課税売上割合95%以上であるかどうかで仕入税額控除の計算は変わってくるが、このことを一般に仕入税額控除の「95%ルール」という。

（2）　課税売上割合に準ずる割合が95%以上の場合

上表のうち、②の課税売上割合が95%以上でその課税期間における課税売上高が5億円以下の事業者は、個別対応方式または一括比例配分方式の計算を行うことなく仕入税額が全額控除できる。

それでは、進行年度の課税売上が5億円以下の診療所で、税務署長の承認を受けた課税売上割合に準ずる割合が95%以上の場合、仕入税額を全額控除できるのであろうか。95%ルールに関する「課税売上割合」とは、税務署長の承認を受けた「課税売上割合に準ずる割合」を指すのではなく、あくまで課税売上割合をいうと解される（消基通11－5－9）。したがって、課税売上割合に準ずる割合が95%以上であっても、課税売上割合が95%に満たない場合には、仕入税額を全額控除することはできないということになる。この場合においては、上表④に該当するため、個別対応方式または一括比例配分方式のいずれかの方法で控除税額を計算することとなる[29]。

Q 2-34 職員に対する住宅手当の支給に係る消費税の取扱いは？

私は九州のある政令指定都市で小児科および産婦人科の診療所（医療法人）を開業している医師です。私の診療所では職員に対する福利厚生の一環として、職員がその職員名義で住居を賃借した場合その賃借料の一部を住宅手当として支給しております。この場合、当該住宅手当につき消費税は課されるのでしょうか。また、法人契約で住居を借り上げ、職員から家賃の一部を徴収する場合はどうでしょうか、教えてください。

A 職員がその職員名義で住居を賃借した際に、医療法人がその賃借料の一部を住宅手当として支給している場合には、当該住宅手当は給与等に該当し消費税の課税対象外となりますが、法人契約で住居を借り上げ、職員から家賃の一部を徴収する場合は、住宅等の貸付に該当し消費税は非課税となります。

解　説

(1)　住宅手当を支給している場合

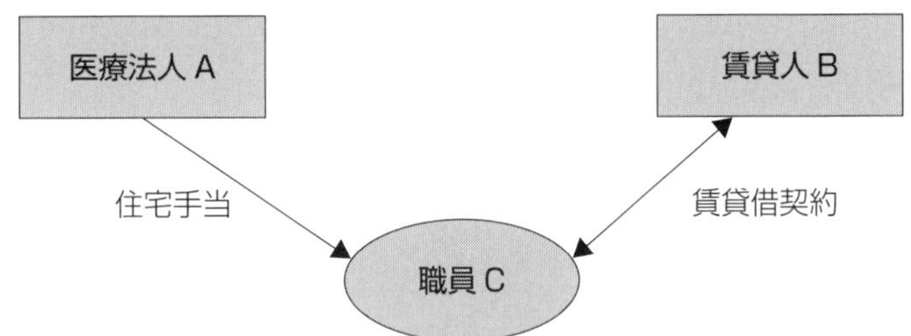

職員がその職員名義で住居を賃借した際に、医療法人がその賃借料の一部を住宅手当として支給している場合には、当該住宅手当（家賃補助）は給与等に

29　国税庁消費税室平成24年3月「『95%ルール』の適用要件の見直しを踏まえた仕入控除税額の計算方法等に関するQ&A［Ⅱ］【具体的事例編】」問5－2（課税売上割合に準ずる割合が95%以上の場合の取扱い）参照。

該当し消費税の課税対象外となる。したがって、当該住宅手当は課税仕入れに該当しないこととなる。

(2)　借り上げ社宅の家賃の一部を徴収する場合

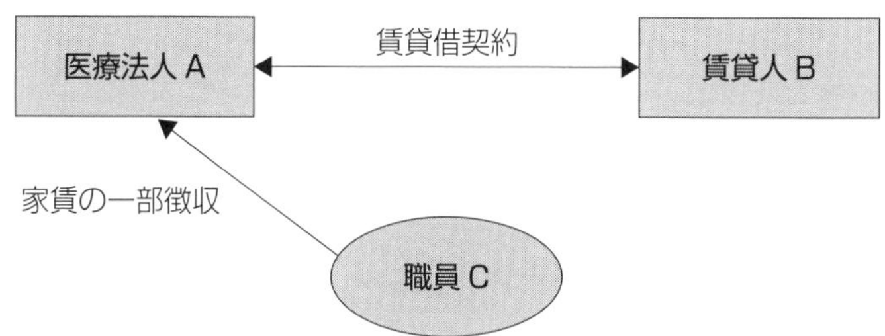

一方、医療法人が法人契約で住居を借り上げ、職員から家賃の一部を徴収する場合、その徴収した金額の性格はどうなるのであろうか。これは、医療法人が職員のために住宅を用意し、賃貸することとなるので、住宅等の貸付に該当することとなる。消費税法上、住宅等の貸付は非課税となるため（消法6①、別表第1十三）、職員から借り上げ社宅の家賃の一部を徴収する場合、その徴収した金額は非課税となる。さらに、医療法人が賃貸人に支払う家賃も同様に消費税は非課税となる。

Q 2-35　医療機器を下取りした場合の消費税の取扱いは？

私はある社団医療法人で経理を担当している者です。この度、理事長の強い意向により、わが医療法人で高額な医療機器を導入することとなりました。新しい医療機器の購入に際し、使用しなくなる既存の医療機器を下取りしてもらう予定ですが、この場合、消費税の取扱いはどうなるのでしょうか、教えてください。

A このような医療機器の下取りは、消費税法上、下取りに出す医療機器の譲渡と導入する新しい医療機器の取得という2つの取引が発生することになります。したがって、新しい医療機器の取得価額と下取りに出す医療機器の下取価額との差額のみ課税仕入れの金額とするという経理処理はできないこととなります。

解　説

(1)　医療機器の下取りと消費税

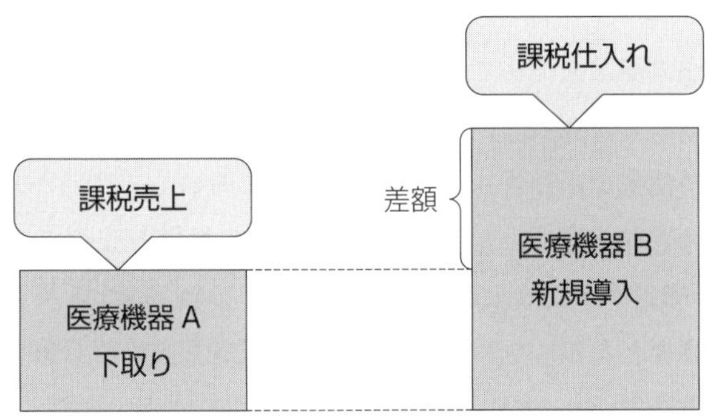

病院において新しい医療機器を導入する際、既存の医療機器を下取りに出して取得するケースがある。この場合、消費税法上、下取りに出す医療機器の譲渡と導入する新しい医療機器の取得という2つの取引が発生することになる。したがって、下取取引の場合には、医療機関において、古い医療機器の譲渡についてはその下取価額を課税売上の額に計上し、新規に導入する医療機器についてはその購入価額を課税仕入れの額に計上することとなる（総額主義による経理処理）。

(2)　差額処理の可否

それではこのような下取取引の場合、新しい医療機器の購入価額と下取りに出す医療機器の下取価額との差額を課税仕入れの額とすることは可能であろうか。

消費税法上、納付すべき消費税額は、課税資産の譲渡等に係る課税標準額に対する消費税額を算出し、そこから課税仕入れ等に係る消費税額の合計額を控除する方法で計算することとしているため、課税売上額から課税仕入額を直接控除して課税標準を算出する方法を取ることはできない。

したがって、新しい医療機器の取得価額と下取りに出す医療機器の下取価額との差額のみ課税仕入れの金額とするという経理処理はできないこととなる（消基通10－1－17）。

2-36　医療機関の交際費に係る消費税の取扱いは？

私は2つの病院を運営する医療法人の事務長です。事務長は病院の管理部門全般を担当しますが、正直言って数字や税金の問題は苦手です。ところがあいにく先日税務調査を受け、交際費に関して細かい指摘を受けました。一応市販の書籍で勉強し顧問税理士にも確認の上日々帳簿書類を準備し申告書も作成したため、そもそも問題は生じないと思っていましたが、調査官から消費税の取扱いに誤りがあると指摘され頭を抱えております。税務調査で問題となった、以下の交際費に関する消費税の取扱いはどうなるのでしょうか？

① 理事長が付き合いで支出する金額を賄うため渡す交際費（精算しないもの）

② 人間ドックを利用してもらう企業の人事担当者とのゴルフコンペの景品として購入する商品券

③ 料亭で接待したときの女将へのチップ

④ 非常勤の医師を派遣してもらう病院の外科部長へのお中元およびお歳暮

交際費に係る消費税の取扱いは、以下でみるように交際費の態様により異なりますので、それに従った経理処理を行う必要があります。

解　説

(1)　渡切交際費

医療法人の理事長が事業上の付き合いで支出する金額を賄うため、法人が渡す交際費（現金）で後日精算しないものは、一般に「渡切交際費」といわれている。交際費は使途に応じ処理が異なるものであるが、渡切交際費は使途を明示していないため理事長に対する給与と取り扱われることとなる。そのため、当該支出は消費税の課税仕入れとはならない（消法2①十二）。

仮に本件支出についても、使途と支出の目的を明示し、金額の精算をきちんと行っていれば、課税仕入れに該当する可能性があるので、検討する余地があるだろう。

(2)　商品券の購入

病院で人間ドックを実施している場合、それを利用してもらう企業の人事担当者とのゴルフコンペの景品として購入する商品券であるが、消費税の非課税取引の範囲に物品切手等の譲渡が列挙されている（消法6①、別表第1四ハ、消令11)。これは一般に、消費税の性格から課税することになじまないものであるための措置とされている。

商品券は物品の給付請求権ないし法的地位を表彰する証書（有価証券）であり、消費税が非課税となる物品切手等の一類型である。したがって、ゴルフコンペの景品として購入する商品券は課税資産の譲渡には該当しないことから、消費税の課税仕入れとはならない（消法2①九、十二)。

(3)　チップの支払い

料亭で得意先等を接待した際、その接待を円滑に進めるためや円滑に進めてもらったお礼として、接待する側の医療法人が料亭の女将へチップを支払うことがある。この場合のチップは、通常、役務提供の対価（反対給付）としての明確な性格があるとはいい難いと考えられる。なぜなら、役務提供の対価は料亭への通常の支払い（請求額）であると考えられるからである。そのため、チップは女将への金銭贈与と考えるのが適切であると考えられる。

そうなると、チップは支払い側の医療法人にとってみれば消費税の課税仕入れに該当せず、受領側の女将にとってみれば消費税の課税対象外取引となる。

(4)　お中元およびお歳暮

病院にとって医師の確保が極めて重要であることはいうまでもないが、そのために様々なルートを通じて医師の派遣をお願いしている現状がある。そういった背景から、病院が非常勤の医師を派遣してもらう病院の外科部長等にお中元およびお歳暮を欠かさず贈ることも珍しくない。当該贈答行為は医療法人にとって事業の一環として行われたものであると考えられることから、課税資産を譲り受けた場合には、課税仕入れに該当することとなる。

したがって、デパート等で贈答品を購入し、それをお中元・お歳暮として非常勤の医師を派遣してもらう病院の外科部長に贈った場合には、当該贈答品の購入費用は課税仕入れに該当することとなる。

ただし、前述の（2）にあるように、贈答品が商品券やＹシャツのお仕立券である場合には、物品切手等に該当するため、課税資産の譲渡には当たらず、消費税の課税仕入れとはならないことに留意すべきである。

Q 2-37　医療機器のリース料に係る消費税の取扱いは？

私は整形外科およびリハビリテーション科の無床診療所を開設する医療法人の理事長です。この度わが診療所にデジタルレントゲン装置を導入しようと考えておりますが、資金繰りの関係から、購入ではなくリースにしようと考えております。この場合、リース料に関する消費税の取扱いはどうなるのでしょうか、教えてください。

事業者が行うリース取引に係る消費税の取扱いは、基本的に所得税や法人税におけるリースの取扱いに準拠して考えることとなります。

解　説

(1)　所得税および法人税におけるリースの取扱い

リース取引については、会計上、ファイナンスリース取引とオペレーティングリース取引に分類される。ファイナンスリース取引とは、リース会社が資産を購入し、年単位で設定されるリース期間、借り手に当該資産を賃貸する取引をいい、リース期間の中途での契約解約は認められず、かつ、借り手がリース資産のコストをほぼ全額負担（概ね90%程度）し、ベネフィットを享受する契約をいう。オペレーティングリース取引とは、ファイナンスリース取引に該当しないリース取引を指し、典型的なものはDVDのレンタルやレンタカーである。

ファイナンスリース取引に関する所得税および法人税法上の取扱いは、平成19年度の税制改正により、実質主義の原則に基づき、売買とされるもの（所法67の2①、法法64の2①）と金銭の貸借とされるもの（セール・アンド・リースバック、所法67の2②、法法64の2②）のいずれかに該当するとされた。このうち、売買とされるリース取引については、所有権移転ファイナンスリース取引と所有権移転外ファイナンスリース取引に区分される。両者の違いは次頁の表のようにまとめられる。

図表2-10 税務上売買として扱うリース取引の区分

税務上売買として扱うリース取引	
所有権移転リース取引 (右記いずれかに該当するもの)	① リース期間の終了時または中途において、リース資産が無償または名目的な価額で借り手に譲渡されるものであること ② 借り手に対して、リース期間の終了時または中途においてリース資産を著しく有利な価額で買い取る権利(購入選択権)が与えられているものであること ③ リース資産の状況等に照らし、そのリース資産がその使用可能期間中その借り手によってのみ使用されると見込まれるものであることまたはそのリース資産の識別が困難であると認められるものであること ④ リース期間がリース資産の法定耐用年数に比して相当短いもの(借り手の所得税・法人税の負担を著しく軽減することになると認められるものに限る)であること ⑤ リース期間の終了後、無償と変わらない名目的な再リース料によって再リースすることがリース契約に定められているものであること
所有権移転外リース取引	上記以外のリース取引

(2) リース取引に関する消費税の取扱い

リース取引に関する消費税の取扱いも、基本的に上記所得税および法人税法上の取扱いに準拠することとなる。

すなわち、所得税および法人税法上売買とされるリース取引については、消費税法においても売買と取り扱われることとなるので、リース資産の引渡し時に資産の譲渡があったこととなる(消基通5-1-9(1))。この場合、リース取引の借り手においては、そのリース資産の引渡しを受けた日の属する課税期間において一括して仕入税額控除を受けることとなる(消基通11-3-2)。ただし、所有権移転外ファイナンスリース取引の借り手においては、原則の売買処理ではなく賃貸借処理が認められるケースがあるが(法法64の2①、法令131の2③)、この場合には、リース料を支払うべき日の属する課税期間における課税仕入れとする、分割控除による処理も認められている。

一方、所得税および法人税法上金銭の貸借があったとされるリース取引については、リース資産に係る譲渡代金の支払時において金銭の貸付があったこととなる(消基通5-1-9(2))。

Q 2-38 医業未収金が回収不能となった場合の消費税の取扱いは？

私はある地方都市の中核病院である医療法人の医事課に勤務しております。長引く不況の影響で、患者さんが支払うべき医療費の自己負担分を支払えず、やむなく回収不能ということで償却処理するケースが増加しております。この場合、消費税の取扱いはどうなるのでしょうか、教えてください。

A 課税事業者が自由診療等の課税売上に係る医業未収金が回収不能となり償却（貸倒れ）処理した場合、貸倒れ処理した日の属する課税期間の消費税額から回収不能金額に対応する消費税額を控除することとなります。一方、社会保険診療等の非課税売上に係る医業未収金が回収不能となり貸倒れ処理した場合には、控除すべき消費税額はないので、控除できないこととなります。

解　説

(1)　貸倒れに係る消費税額の控除

医業未収金等の売掛債権は、以下の貸倒れの事実が生じたとき、その日の属する課税期間における課税標準額に対する消費税額から、その貸倒れに係る消費税額を控除することとなる（消法39①）。

① 法律上の貸倒れ（消法39①、消令59一・二、消規18一・二）

② 事実上の貸倒れ（消令59三）

③ 形式上の貸倒れ（消令59四、消規18三）

上記のうち、③については貸倒れとして経理処理することが条件となる（消規18三）。貸倒れに係る消費税額の計算は、以下の算式による（消法39①）。

$$\text{貸倒れに係る消費税額}=\text{税込の貸倒額}\times\frac{7.8}{110}$$

＊標準税率10％を前提

(2) 医業未収金の償却に係る消費税の取扱い

課税事業者が自由診療等の課税売上に係る医業未収金が回収不能となり、償却(貸倒れ)処理した場合、貸倒れ処理した日の属する課税期間の消費税額から回収不能金額(貸倒処理金額)に対応する消費税額を控除することとなる。

一方、社会保険診療等の非課税売上に係る医業未収金が回収不能となり、貸倒れ処理した場合には、非課税売上であるため医業未収金の中に控除すべき消費税額は含まれていないことから、控除できないこととなる。

なお、回収不能となった医業未収金につき、消費税額の控除を行った後、その金額につき一部でも回収できた場合には、回収した金額(税込)に係る消費税額を課税資産の譲渡等に係る消費税額とみなして、回収した日の属する課税期間の課税標準額に対する消費税額に加算する必要がある(消法39③)。

Q 2-39 消費税に関する届出書の提出を失念した場合

私は10年間務めた大学病院を辞め、昨年新たに都内で個人立の診療所を開業した医師です。私の診療所は自由診療の割合が高く、消費税の課税売上割合も比較的高いようです。さて、開業2年目の今年、患者さんが順調に増えてきたため、思い切って高額な医療機器を導入することにしました。現在私は免税事業者ですが、試算したところ、課税事業者の選択を行えば消費税の還付が受けられる見込みとなりました。そこで、税理士にその旨を告げたところ、私の場合還付が受けられないといわれました。どうにも納得がいかないのですが、なぜそうなるのか説明してください。

A 免税事業者が消費税の還付を受けるためには、「消費税課税事業者選択届出書」を提出し課税事業者になる必要がありますが、当該届出書の効力は提出した日の属する課税期間の翌課税期間以後となるため、医療機器の導入事業年度には効力が及ばないこととなります。

解　説

(1)　課税事業者の選択

個人立の診療所のような個人事業者が新規に開業した場合、納税義務の判定に係る基準期間が2年前（前々年）となるため、設立初年度と2年度は免税事業者となる（消法2①十四）。免税事業者は還付申告を行うことができないため（消法46①、52①）、高額の医療機器を購入し巨額の仕入税額が生じたため税額の還付を受けるためには、課税事業者の選択を行う必要がある。

(2)　課税事業者の選択の効力

免税事業者が「消費税課税事業者選択届出書」を所轄税務署長に提出した場合、課税事業者となるのは、その届出書の提出した日の属する課税期間の翌課税期間以後の各課税期間である（消法9④、消規11①）。したがって、本件の場合、医療機器の導入事業年度には届出書の効力が及ばないこととなる。

(3)　立法措置の必要性

ただ、現在の法律上はそのとおりであるが、法律そのものが実務上妥当であるかどうかは別問題である。すなわち、消費税の届出書に関しては提出期限が定められているが、本件のようにそれが妥当といえるのか疑わしいものもあるように思われ、また、そのようなものに杓子定規に規定を当てはめることも疑問である。免税事業者が年度途中で設備投資を行ったため、その後に課税事業者の選択届出書を提出することを認めたとして、いかなる課税上の弊害があるのだろうか。

これについては、金子宏名誉教授も「わが国の消費税には、納税者にとって親切でないところや使い勝手のわるいところがある。例えば、課税業者の選択などは、事業年度が始まってからでも認めるのが、納税者に親切な税制であるといえよう[30]」と説くところであり、筆者も同意見である。消費税法の改正に当たり、立法上の措置を望みたいところである。

30　金子宏「消費税制度の基本的問題点」『租税法理論の形成と解明　下巻』（有斐閣・2010年）402頁。

Q 2-40 個別対応方式の用途区分はいつ判断する？

私は東京都内に病床数100床の病院を持つ医療法人の理事長です。私の病院では消費税の申告に際し、少しでも控除税額を大きくするため、個別対応方式により仕入税額控除の計算を行っております。ただ、経理担当者の話を聞いていると、医薬品や医療材料等に関し、仕入れた時点では課税売上に対応するのか、非課税売上に対応するのか、または両方に共通するものなのか判然としないものもあるようです。このような場合、上記3区分の判定はどのように行えばよいのでしょうか、教えてください。

A 基本的には、仕入れた時点で予想される用途に基づき区分を判定することとなりますが、その時点では判然としない場合には、決算時点で再度判定しなおすという作業を行う必要があるでしょう。

解　説

(1)　個別対応方式の意義

課税仕入れ等に係る消費税額について、以下の3つの区分に分類し仕入控除税額を計算する方法を「個別対応方式」という（消法30②一）。

① 課税資産の譲渡等（課税売上）にのみ要するもの

② その他の資産の譲渡等（非課税売上）にのみ要するもの

③ 両方に共通して要するもの

また、これを算式で示すと次のとおりとなる。

仕入控除税額	＝	課税資産の譲渡等にのみ要するものに係る課税仕入れ等の消費税額	－	（両方に共通して要するものに係る課税仕入れ等の消費税額 × 課税売上割合）

医療機関の場合、課税売上割合が低い（概ね10％程度）ため、仕入税額控除の計算に際しては一括比例配分方式または個別対応方式によることとなるが、一般に個別対応方式による方が仕入控除税額が大きくなるため、有利である。

(2) 個別対応方式の用途区分の判定時期

個別対応方式の用途区分、すなわち課税仕入れ等に関し(1)の①～③のいずれに該当するのかについての判定時期は、一般にその物品等を仕入れた時期に行うこととなる（消基通11−2−20）。

しかし、中には、仕入れたタイミングではいずれに該当するのか判然としないものもあろうし、また、仕入れたタイミングでは課税売上のみに対応するものと判定しても、その後共通対応のものにすべきとなるケースもあるだろう。個別対応方式の用途区分に関し、いずれに該当するのかの判定に正確さが欠ける場合には、仕入控除税額の算定にも狂いが生じるため、判定誤りは税務調査で問題とされやすい項目といえる。

したがって、医療機関のように判定誤りが生じやすい業種については、より正確に行うため、仕入れのタイミングのみならず、決算時点で再度判定しなおすという作業を行う必要があるだろう（消基通11−2−20参照）。

Q 2-41 現在免税事業者の歯科医院はインボイス制度にどう対応すべきか？

私は政令指定都市で個人立の歯科医院を経営している歯科医師です。私のクリニックは規模が小さく、経理も妻が事務の片手間に行っているという体制です。したがって、なるべく経理事務は簡素化したいと考えておりますが、診療報酬については保険診療が中心で、自由診療はあまり行っていないため、現在消費税に関しては免税事業者となっております。この度消費税に関しインボイス制度が導入されると聞きますが、私のクリニックでもこれに対応しなければならないのでしょうか、教えてください。

A 消費税のインボイス制度が導入されても、それに対応すべき免税事業者は課税事業者に対する売り上げが生じる事業者であり、歯科医院のように売上先が事業者ではない個人（患者）の場合には、免税事業者のままで問題ないものと考えられます。

解 説

(1) 消費税におけるインボイス制度導入

周知のとおり、2023（令和5）年10月1日から消費税においてインボイス制度（適格請求書等保存方式）が開始される。インボイス制度の下では、事業者は原則としてインボイス（適格請求書等）の保存がないと仕入税額控除ができなくなるが、適格請求書発行事業者のみしかインボイスを発行できなくなるため、インボイスを発行できない免税事業者からの仕入れが敬遠されることが懸念されている。

実際のところ、零細な事業主であるフリーのイラストレーターやアニメーター、文筆家、ウェブデザイナー等にインボイス制度に係る事務負担を課すことは、それらの事業主の事業の存続さえ脅かしかねない重大な事態であるが、業務の発注元が自ら消費税を負担することを嫌って、「免税事業者には発注しない」と言えば、適格請求書発行事業者への転換を検討せざるを得ないであろう。

(2) インボイス制度導入に係る歯科医院の対応

そうなると、現在免税事業者である医科・歯科のクリニックは、課税事業者／適格請求書登録事業者に転換する必要があるのかどうかが問題となる。現在、消費税の納税義務者ではない免税事業者が、納税義務者である課税事業者／適格請求書登録事業者に転換するとなると、事務負担の増大が懸念されるのであるため、できれば免税事業者のままでいたいというのが本音であろう。

これについては、売上先がどのような者であるかによって対応が変わるということになる。すなわち、歯科医院のように売上先が事業者ではない個人（患者）の場合には、仕入税額控除に必要なインボイスの発行を求められないため、免税事業者のままであっても問題ないものと考えられる。

Q 2-42 2024年4月以降課税事業者となることが見込まれる場合、免税事業者の特例は使えるのか？

私は地方都市で歯科クリニックを経営する歯科医師です。私のクリニックは長らく保険診療が中心で、消費税に関しては免税事業者でしたが、近年自由診療の割合が増加しており、2024（令和6）年4月以降の事業年度は、その二期前（基準期間）の課税売上高が1,000万円を超えたため、課税事業者となる見込みです。

ところで、令和5年度の税制改正で、インボイス制度施行に伴う免税事業者に対する特例措置が新たに導入され、免税事業者が適格請求書発行事業者に転換した場合、3年間は2割課税で済むということを聞きました。当該特例を利用しない場合、課税事業者に転換後は簡易課税の適用を受けるつもりでしたが、歯科医業は事業区分が第5種事業で、みなし仕入れ率が50%となるため、特例の適用を受けたほうが有利ではないかと考えております。私の考え方で問題ないか、教えてください。

A 確かに、簡易課税制度の適用を受けるよりも、令和5年度の税制改正で導入された免税事業者に関する特例措置の適用を受けたほうが有利となりますが、当該特例措置は基準期間における課税売上高が1,000万円を超える場合には適用が受けられませんので、ご注意ください。

解説

（1） 令和5年度の税制改正で導入された免税事業者に係る特例措置

令和5年度税制改正大綱で導入が決まった、インボイス制度導入に係る免税事業者に対する追加的な激変緩和措置の内容はどういうものなのか、以下で確認しておきたい。

免税事業者が適格請求書発行事業者に転換した場合において、当初3年間（令和5年10月1日から令和8年9月30日までの日の属する各課税期間）につき、確定申告書にその旨を附記することにより、その納税額を売上税額の一律「2割」とする措置が導入された。すなわち、これは簡易課税制度のみなし仕入れ率80%（第2種事業、小売業）の適用を受けたケースに相当する措置である。したがって、本件のように、事業区分が第5種事業（サービス業）で、みなし仕入れ率が50%となる歯科医業は、当該特例の適用を受けたほうが有利であるといえる。

なお、当該措置の適用を受けた適格請求書発行事業者が、当該措置の適用を受けた課税期間の翌課税期間中に、簡易課税制度の適用を受ける旨の届出書を納税地を所轄する税務署長に提出したときは、その提出した日の属する課税期間から簡易課税制度の適用が認められることとなる。

(2)　免税事業者に係る特例措置の留意事項

しかしながら、当該特例措置の適用を受ける場合において、留意すべき事項がある。すなわち、当該特例措置は、本件のように基準期間における課税売上高が1,000万円を超える場合には適用が受けられないため、注意を要する。その理由は、基準期間における課税売上高が1,000万円を超える場合には、そもそもインボイス制度と関係なく事業者免税点制度の適用を受けないためであると解されている。

Q 2-43　新型コロナワクチン接種に係る消費税の課税関係は？

私は都内で呼吸器内科のクリニックを経営する医療法人の理事長です。令和3年以来、わがクリニックは政府の要請に応じ、新型コロナ対応ワクチンの接種を積極的に行っております。当該ワクチン接種に関しては、患者さんの負担はありませんが、政府から接種費用に関する負担金と補助金の収入があります。当該負担金と補助金に関し、消費税の取扱いはどうなるのでしょうか、教えてください。

A　新型コロナウイルスワクチン接種対策費負担金は消費税の課税対象となりますが、個別接種促進のための支援策として一定回数以上の接種を行う医療機関に支払われる補助金は消費税の課税対象外となります。

解　説

(1)　新型コロナウイルスワクチンの個別接種に係る政府の支援策

2020（令和2）年2月以来わが国において猛威を振るっている新型コロナウイルスについては、政府も矢継ぎ早に対策を採ってきたが、その中心となる施策は、国民に対するワクチン接種促進であったといえる。そのため、多くの医療機関が新型コロナウイルスワクチンの接種に協力したものと思われるが、それに対して令和3年6月に政府が発表した医療機関への支援策は以下のとおりである[31]。

① ワクチン接種対策費負担金（接種の費用）

ア．1回あたり単価：2,070円

イ．時間外および休日の接種に対する加算

時間外：＋730円

休日：＋2,130円

② 新型コロナウイルス感染症緊急包括支援交付金

診療所における接種回数底上げのため、以下の補助金を交付している。

ア．週100回以上の接種を令和3年7月末まで／8・9月／10・11月に4週間以上行う場合：1回あたり＋2,000円

イ．週150回以上の接種を令和3年7月末まで／8・9月／10・11月に4週間以上行う場合：1回あたり＋3,000円

(2)　政府の支援策に対する消費税の取扱い

それでは、上記政府の医療機関への支援策に係る収入の消費税の取扱いはどうなるのであろうか。まず上記①(1)のワクチン接種対策費負担金であるが、これは委託料収入に該当し、役務の提供の対価であることから、消費税の課税対象となる。したがって、現在免税事業者であっても、当該収入を加算するこ

31　厚生労働省健康局健康課予防接種室「新型コロナウイルスワクチンの個別接種の促進策継続及び職域接種における支援策について」（令和3年6月18日）

とにより基準期間又は特定期間の課税売上高が1,000万円以上となる場合があるので、注意を要する。

一方、②の新型コロナウイルス感染症緊急包括支援交付金は、補助金収入に該当し、消費税の課税対象外取引となる（消基通5－2－15）。

3 介護・福祉施設の消費税の実務

Q 3-1 福祉施設では消費税に関し税込経理が多いのはなぜか？

私は長く首都圏の会計事務所で会計業務全般を担当していましたが、この度故郷の社会福祉法人に就職することになりました。社会福祉法人のような公益法人の経理を担当するのは初めてであるため戸惑うことも多く、現在いろいろ勉強中です。ところで、私の勤務する社会福祉法人もそうですが、聞くところによると、社会福祉施設では消費税に関し税込経理を採用しているところが多いようですが、その理由はなぜなのでしょうか。

A 会計処理が煩雑な消費税の税抜処理をあえて選択するメリットは、一般に、仮受消費税と仮払消費税との差額計算により逐次おおよその納付税額を把握できることにありますが、非営利法人は特定収入の割合が高く、特定収入により賄われる仕入税額は控除ができないため、このようなメリットが享受できないことがその主たる理由と考えられます。

解　説

(1)　消費税の税抜経理と税込経理

消費税の会計処理には、売上および仕入れに係る消費税の金額（地方消費税を含む）をその売上金額および仕入金額に含めて計算する「税込経理方式」と、売上および仕入れに係る消費税の金額（地方消費税を含む）を、仮受消費税等および仮払消費税等として処理する方法である税抜経理方式とがある。いずれの方式を採用しても最終的に納付すべき消費税の金額に差は出ないが、両者の相違点は以下のようになる。

図表3-1　消費税の税込経理と税抜経理の主たる相違点

	税込経理	税抜経理
所得税および法人税の課税所得計算への影響	課税所得計算に影響を及ぼす	課税所得計算に影響を及ぼさない
経理処理の手間	税抜計算の手間が省ける	税抜計算の手間がかかる
消費税の納付税額の把握	課税期間終了時まで把握できない	仮受消費税と仮払消費税の差額計算により逐次概算額が把握可能

(2)　社会福祉法人の特徴と税込処理

社会福祉法人のような公益法人に関する消費税の取扱いの特徴としては、特定収入に関する独特の処理が求められるということが挙げられる。特定収入とは、消費税法上、社会福祉法人のような公益法人（ここでは消費税法別表第3に掲げる法人をいう）の場合、純粋な営利企業（株式会社等）と異なり、一般に、補助金や寄附金といった対価性のない収入により運営経費の多くが賄われているが、このような対価性のない収入のことをいう（消令75①、消基通16－2－1）。

対価性のない特定収入によって賄われる仕入額は、いわば最終消費としての色彩が強いといえることから、当該課税仕入れについては、転嫁すべき税額ではないため、消費税法上、仕入税額控除の対象としないという措置がとられている。

上記（1）でみたように、事業者にとって会計処理が煩雑な消費税の税抜処理をあえて選択するメリットは、一般に、仮受消費税と仮払消費税との差額計算により逐次おおよその納付税額を把握できることにあるが、社会福祉法人のような非営利法人は特定収入の割合が高く、特定収入により賄われる仕入税額は控除ができないため、このようなメリットが享受できない。したがって、社会福祉施設では消費税に関し経理処理が簡便な税込経理を採用しているところが多いようである。

Q 3-2　消費税の課税対象となる社会福祉事業の範囲

私は首都圏のある市で老人デイサービス事業や老人福祉センターを営む社会福祉法人の事務長をしております。社会福祉法人で営む事業は基本的に消費税が非課税と聞いたのですが、課税となる事業はあるのでしょうか、教えてください。

A　消費税法上、社会福祉法第2条に規定される社会福祉事業、すなわち第一種社会福祉事業と第二種社会福祉事業は非課税とされていますので、第二種社会福祉事業である老人デイサービス事業や老人福祉センターの経営は消費税が非課税となります。ただし、社会福祉事業に付随して行う、施設内の自販機の手数料収入や職員・外来者の給食費収入等は消費税が課税されます。

解　説

(1)　社会福祉事業に係る消費税の取扱い

社会福祉法人において営まれる社会福祉事業に関しては、消費税法において、社会福祉法第2条に規定される第一種社会福祉事業および第二種社会福祉事業、更生保護事業法第2条第1項に規定される更生保護事業として行われる資産の譲渡等を、原則として非課税としている（消法6①、別表第1七ロ)。

消費税が非課税となる第一種社会福祉事業および第二種社会福祉事業を掲げると、次頁の表のようになる。

図表3-2　消費税が非課税となる第一種社会福祉事業および第二種社会福祉事業

第一種社会福祉事業	第二種社会福祉事業
・生活保護法に規定する救護施設、更生施設等 ・児童福祉法に規定する乳児院、母子生活支援施設、児童養護施設等 ・老人福祉法に規定する特別養護老人ホームや軽費老人ホーム等 ・障害者自立支援法に規定する障害者支援施設事業等 ・売春防止法に規定する婦人保護施設を経営する事業 ・授産施設を経営する事業（ただしそこでの生産品の譲渡等を除く）等	・生活困難者を支援する事業等 ・児童福祉法に規定する児童自立生活援助事業等 ・母子および寡婦福祉法に規定する母子家庭等日常生活支援事業等 ・老人福祉法に規定する老人デイサービス事業や老人福祉センターを経営する事業等 ・障害者自立支援法に規定する障害福祉サービス事業等 ・身体障害者福祉法に規定する身体障害者生活訓練等事業等 ・知的障害者福祉法に規定する知的障害者の更生相談に応ずる事業 ・隣保事業 ・福祉サービス利用援助事業等

老人デイサービス事業や老人福祉センターの経営は第二種社会福祉事業に該当するので､それに関する利用料等の収入には消費税は課されないこととなる。

(2)　社会福祉法人の収入に関し消費税が課税されるケース

ただし、社会福祉事業に付随して行う、例えば、施設内の売店収入、自販機の手数料収入や職員・外来者の給食費収入等には消費税が課税されることとなるので、注意を要する。

Q 3-3　授産施設において製造された物品に対して消費税が課税されるのはなぜか？

私は知的障害者の通所授産施設を運営する社会福祉法人に勤務する社会福祉士です。私の勤務する施設では、知的障害を持つ方々が班に分かれて、印刷業務、製麺業務、軽作業業務、清掃業務、洗車業務を行っており、各人の個性や特色を生かしながら働く喜びや生きがいを感じつつ頑張っている様子がうかがえます。施設で生産されたカレンダーや麺は外部にも販売されており、少ないながらも通所者に工賃を支払っております。ところで、社会福祉法人が経営する授産施設は社会福祉法に定める第一種社会福祉事業に該当するようですが、私の施設で生産された物品の販売に関しては消費税が課税されています。第一種社会福祉事業については消費税が非課税であると理解しておりましたが、そうではないのはなぜでしょうか、教えてください。

A　社会福祉法に定める第一種社会福祉事業に係る資産の譲渡等については、原則として消費税が非課税となりますが、授産施設での作業に基づく生産品に係る資産の譲渡等については、例外的に消費税が課されることとなります。これは、消費税導入時には授産施設での事業全般が非課税でしたが、それにより、生産品の販売先において仕入税額控除ができなかったため、授産施設が取引から排除されるという不合理な事象が生じました。そこで、授産施設の要望により平成3年度の税制改正で課税となったという経緯があります。

解　説

(1)　授産施設とは

授産施設とは、知的障害者や身体障害者等、一般企業に就職することが難しい人が、自立した生活を目指して働くことができるようになるために、そこに入所して職業訓練を行い、身に着けた技能をもとに様々な作業に従事している福祉施設である。授産施設は各自治体から補助金を受け、販売利益等を原資に作業を行っている入所者に対して賃金を支払っている。授産施設を経営する事業は社会福祉法第2条第2項第7号に規定する第一種社会福祉事業に該当する。

(2)　授産施設の生産品に係る消費税の取扱い

消費税導入時には、授産施設での事業全般が非課税であった。ところが、授産施設での作業による生産品の販売先において、非課税仕入れであることから仕入税額控除ができなかったため、授産施設が取引から排除されるという不合理な事象が生じた。

図表3-3　授産施設の生産品が非課税であることによる取引からの排除

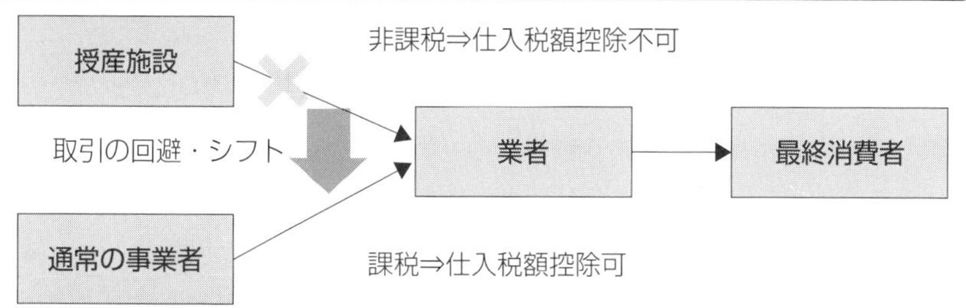

図表3-4　図表3-3で、業者が税抜100円で買った生産品を税抜120円で消費者に販売した場合の比較（以下すべて標準税率10%とする）

	授産施設から購入した場合	通常の事業者から購入した場合
業者の消費税	仮受消費税12円－仮払消費税0円（仕入税額控除不可） ＝12円（納付税額）	仮受消費税12円－仮払消費税10円＝2円（納付税額）
業者の利益	120円－100円＝20円 ただし、右記と比較して消費税10円を余計に負担している	120円－100円＝20円

図表3-5　図表3-3、3-4で、授産施設・通常の事業者がともに税抜60円の原材料を加工して業者に税抜100円で販売している場合の消費税額

	授産施設から購入した場合	通常の事業者から購入した場合
原材料販売者	仮受消費税6円－仮払消費税0円 ＝6円（納付税額）	仮受消費税6円－仮払消費税0円 ＝6円（納付税額）
授産施設・通常の事業者	非課税売上のため納付税額0円	仮受消費税10円－仮払消費税6円 ＝4円（納付税額）
業者	仮受消費税12円－仮払消費税0円 ＝12円（納付税額）	仮受消費税12円－仮払消費税10円 ＝2円（納付税額）
消費税額合計	18円	12円

上記のように、付加価値額の合計（120円）が同じであっても、生産品が非課税とされる授産施設を介在させたルートの方が消費税額の合計額が6円増加することとなる。これは、授産施設を介在させたルートの場合、原材料販売者の納付税額6円がその後の事業者において控除できていないために生じる現象（課税の累積）であり、消費税率が10%であるにもかかわらず、授産施設を介

在させたルートの実質税率は15%（18円／120円）に上がっていることを意味する。

そのため、授産施設の要望により、平成3年度の税制改正でこのような取引についても課税となったという経緯がある[32]。なお、その後、社会福祉法に規定される第一種社会福祉事業としての授産事業のみならず、障害者支援施設や地域活動支援センター、障害福祉サービス事業において行う作業により生み出される生産品の販売等についても、同様に消費税は非課税とされている（消法6①、別表第1七ロカッコ書）。

Q 3-4 福祉用具を貸与・販売した場合における消費税の取扱いは？

私の勤務する社会福祉法人では、施設介護サービスを提供しております。そのため、施設の利用者に対して車いすや特殊寝台、歩行器、歩行補助の杖等の福祉用具を販売・貸与しております。この場合、消費税の取扱いはどうなるのでしょうか。また、介護保険の適用の有無は消費税の取扱いに影響を及ぼすのでしょうか、教えてください。

A 福祉用具の販売や貸与については、それが介護保険の適用されるサービスであっても原則として消費税は課税されることとなります。ただし、その福祉器具が消費税法別表第1第十号に規定される身体障害者用物品である場合には、消費税は非課税となります。

解　説

(1)　福祉用具の販売や貸与

福祉用具とは一般に、障害者の生活や学習、就労と、高齢者および傷病者の生活や介護、介助の支援のための用具や機器のことをいい、福祉機器とも称さ

32 大蔵省編『平成3年度税制改正のすべて』376頁参照。

れる。具体的には、車いすや電動ベッド、点字用タイプライター、点字図書、福祉車両、補聴器等をいう。

介護保険法の規定により、居宅要介護者または居宅要支援者が福祉用具の購入やレンタルを行う場合には、介護保険の適用を受けその費用の一部の支給を受けることができる場合があるが、当該介護保険法の規定に基づく福祉用具の販売および貸与は、消費税法別表第1第七号イに規定する資産の譲渡等に該当しない。生活保護法の規定に基づく介護扶助として行われる福祉用具貸与も同様である。

したがって、当該福祉用具の購入やレンタルについては消費税が課税されることとなる（消基通6－7－3）。

（2）　身体障害者用物品の販売や貸与

一方、その福祉用具が消費税法別表第1第十号に規定する身体障害者用物品に該当する場合には、当該福祉用具の購入やレンタルに関して消費税は非課税となる（消法6①、別表第1十、消令14の4、消基通6－7－3）。

具体的には、義肢、義眼、点字器、車いす、安全杖等をいう。

Q 3-5　特別養護老人ホームにおいて消費税が課税される「特別な居室」の基準は？

私は特別養護老人ホームを開設するある社会福祉法人で経理を担当している者です。特別養護老人ホームで提供するサービスは基本的に消費税が課されないものと理解していましたが、厚生労働大臣の定めにより入所者が選定する「特別な居室」については、消費税が課税されると聞きました。ここでいう「特別な居室」とは何か教えてください。

A　特別養護老人ホーム（指定介護老人福祉施設）において、その入所者や利用者が選定する「特別な居室」については、その利用料に関し消費税が課税されますが、その要件は、定員が1ないし2名であること、1名あたりの床面積が10.65m²であることというように厚生労働大臣がその基準を定めています。

解　説

(1)　介護保険法の規定に基づく地域密着型介護サービスの非課税

介護保険法の規定に基づく地域密着型介護サービス費の支給に係る地域密着型サービスは消費税が非課税とされている（消法6①、別表第1七イ、消令14の2③二）。この規定は、特別養護老人ホーム（入所定員29名以下のものに限る）に入所する要介護者について行う地域密着型介護老人福祉施設入所者の生活介護に関しても適用される。

(2)　「特別な居室」の提供に対する課税

特別養護老人ホームでは、一律のサービスの提供のみではなく、その入所者および利用者が自ら選定することにより、特別なサービスを提供することがある。入所者が居住することとなる居室についても、以下の基準（「厚生労働大臣の定める利用者等が選定する特別な居室等の提供に係る基準等」平成21年3月30日厚生労働省告示第123号）に該当するものは「特別な居室」の提供として消費税が課税されることとなる（消法6①、別表第1七イ、消令14の2②）。

①　特別な居室の定員が1名または2名であること
②　特別な居室の定員の合計数を入所者の定員で除して得た数が、概ね100分の50を超えないこと
③　特別な居室の入所者1名あたりの床面積が10.65m^{2}以上であること
④　特別な居室の施設、設備等が、利用料のほかに特別な居室の提供を行ったことに伴い必要となる費用の支払いを入所者から受けるのにふさわしいものであること
⑤　特別な居室の提供が、入所者への情報提供を前提として入所者の選択に基づいて行われるものであり、サービスの提供上の必要性から行われるものでないこと
⑥　特別な居室の提供を行ったことに伴い必要となる費用の額が運営規程に定められていること

Q 3-6　居宅介護サービスで消費税が非課税となる利用者負担金とは？

私の勤務する会社（株式会社）では、東京都内と埼玉県で老人デイサービス（通所介護）事業を展開しております。私の施設では利用者の希望により必要なもの、例えば歯ブラシ、歯磨き、シャンプー、リンス、おしぼり、ティッシュペーパーといった身の回り品を購入し、その費用を利用者から徴収しております。この場合、利用者から徴収する代金に消費税は課されるのでしょうか、教えてください。

A　居宅介護サービス事業において、利用者の希望により身の回り品として日常生活に必要なもので、その費用を利用者に負担させるのが適当と認められるものについては、利用者から徴収した費用について消費税は非課税となります。

解　説

(1)　居宅介護サービスにおける「その他の日常生活費」の非課税

居宅介護サービス、いわゆる老人デイサービス事業において、利用者の希望により必要なもの、例えば歯ブラシ、歯磨き、シャンプー、リンス、おしぼり、ティッシュペーパーといった身の回り品を購入し、その費用を利用者から徴収することがある。このような費用が「その他の日常生活費」に該当する場合には、利用者から徴収した費用について消費税は非課税となる（消法6①、別表第1七イ、消令14の2①、平成12年8月9日付厚生省老人保健福祉局介護保険課等事務連絡「介護保険法の施行に伴う消費税の取扱について」3（3)、平成12年3月30日付老企第54号「通所介護等における日常生活に要する費用の取扱いについて」別紙（1）①（巻末「資料編」参照））。

(2)　「その他の日常生活費」の意義

「その他の日常生活費」は、厚生労働省によれば、日常生活において通常必要となるものに係る費用であって、その利用者等に負担させることが適当と認められるものをいう。

「その他の日常生活費」の趣旨は、利用者またはその家族等の自由な選択に基づき、事業者または施設が通所介護サービスの一環として提供する日常生活上の便宜に係る経費をいう、とされている（老企第54号1）。

「その他の日常生活費」の範囲は、利用者の希望によって身の回り品として日常生活に必要なものを事業者が適用する場合に係る費用であり、具体的には、例えば、歯ブラシ、歯磨き、シャンプー、リンス、おしぼり、ティッシュペーパーといった日用品で、利用者に一律に提供されるものではなく、利用者個人またはその家族等の選択により利用されるものとして、事業者が提供するものをいう（老企第54号別添Q&A 問1）。

Q 3-7 居宅介護サービスでクラブ活動の材料費を徴収した場合の消費税の取扱いは？

私は首都圏で老人デイサービス（通所介護）事業を展開している会社に勤務する介護福祉士です。私の勤務する施設では、利用者サービスの一環として、習字、お花、ペーパークラフト、絵画といったクラブ活動や、誕生日会、お花見、クリスマス会といった行事を開催しております。このようなクラブ活動や行事に必要な材料費や経費を利用者から徴収している場合、消費税は非課税として問題ないでしょうか。

A 老人デイサービスのような居宅介護サービス事業において、利用者の希望によりサービスの一環としてクラブ活動や行事を施設が実施する場合、その費用を利用者に負担させるのが適当と認められるものについては、教養娯楽に関する費用として「その他の日常生活費」に該当し、利用者から徴収した費用について消費税は非課税となります。

解　説

(1) 居宅介護サービスにおける「その他の日常生活費」の非課税

居宅介護サービス、いわゆる老人デイサービス事業において、利用者の希望によって教養娯楽として日常生活に必要なものを施設が提供する場合、その費用は「その他の日常生活費」に該当し、消費税は非課税となる（消法6①、別表第1七イ、消令14の2①、平成12年8月9日付厚生省老人保健福祉局介護保険課等事務連絡「介護保険法の施行に伴う消費税の取扱について」3（3)、平成12年3月30日付老企第54号「通所介護等における日常生活に要する費用の取扱いについて」別紙（1）②)。

(2) 教養娯楽に関する費用

(1) の「教養娯楽として日常生活に必要なもの」とは、施設がサービスの提供の一環として実施するクラブ活動や行事における材料費等をいうものと解されている（老企第54号別紙（7）②)。したがって、施設が利用者サービスの一環として利用者の希望により実施する、習字、華道（お花)、ペーパークラフト、絵画といったクラブ活動や、誕生日会、お花見、クリスマス会といった行事に必要な材料費や経費を利用者から徴収している場合、消費税は非課税となる。

ただし、施設が実施するクラブ活動や行事であっても、例えば、高価な材料を用いて行う利用者の趣味的な活動に関し施設が提供する材料費については、「日常生活に必要なもの」に該当せず、消費税が非課税となるサービス提供とは関係のない費用として徴収を行うこととなる（老企第54号別添Q&A 問8／巻末「資料編」参照)。

なお、すべての利用者に一律に提供される教養娯楽に係る費用、例えば共用スペースにあるテレビやカラオケ設備の使用料等は、「その他の日常生活費」として別途徴収することはできない（老企第54号別紙（7）②)。

Q 3-8　認可外保育所の利用料に係る消費税の取扱いは？

私は企業の委託を受けて、その本社ビル内で保育施設を開設しております。園庭の広さ等について国の基準に満たないため国の認可は受けられませんが、東京都の基準を満たしており、いわゆる認可外保育所に該当します。うちのような保育施設の場合、その利用料は認可保育所と同様に消費税は非課税となるのでしょうか。また、うちでの活動に関し消費税が課税されるものには何があるのか、合わせて教えてください。

A　認可外保育所の利用料であっても、都道府県知事から一定の基準（認可外保育施設指導監督基準）を満たす旨の証明書の交付を受けた場合には、認可保育所と同様に消費税は非課税とされます。また、教材の販売やおむつ、サービス代、バザー収入等については消費税が課税されます。

解　説

（1）　認可外保育所とは

保育施設は認可保育所と認可外保育施設（保育所）に分類できる。

このうち「認可保育所」とは、児童福祉法第35条第3項に基づき、市区町村が設置を届け出たもの、または同条第4項に基づき、民間事業者等が都道府県知事の認可を受け設置した児童福祉施設をいう。

一方「認可外保育施設」とは、上記で定義される「認可保育所」以外の子供を預かる施設全般をいい、その中には保育者の自宅で行うものや少人数のものも含まれている。企業の施設内でそこに勤務する人のみを対象とした保育施設も、この認可外保育施設に該当する。

（2）　認可外保育所の利用料に係る消費税の取扱い

児童福祉法の規定に基づく認可を受けて設置された認可保育所の利用料については、消費税が非課税とされる（消法6①、別表第1七ロ）。

一方、認可外保育所であっても、都道府県知事から一定の基準（認可外保育施設指導監督基準）を満たす旨の証明書の交付を受けた場合には、社会福祉事業に類する事業として、その保育所の利用料については認可保育所と同様に消費税が非課税とされる（消法6①、別表第1七ハ、消令14の3①一、消基通6－7－7の2、平成17年厚生労働省告示第128号「消費税法施行令第14条の3第1号の規定に基づき厚生労働大臣が指定する保育所を経営する事業に類する事業として行われる資産の譲渡等」）。

上記証明書の交付を受けた認可外保育所が行う資産の譲渡等のうち、消費税が非課税となるのは、乳児または幼児を保育する業務として行う資産の譲渡等に限られる。

この場合の「乳児または幼児を保育する業務として行う資産の譲渡等」とは、保育所において行われる保育サービスと同様のサービスが該当する。具体的には以下の料金等を対価とする資産の譲渡等をいう。

①　保育料（延長保育、一時保育、病後児保育に係るものを含む）

②　保育を受けるために必要な予約料、年会費、入園料（入会金・登録料）、送迎料

また、給食費、おやつ代、施設に備え付ける教材を購入するために徴収する教材費、傷害・賠償保険料の負担金、施設費（暖房費、光熱水費）等のように通常保育料として領収される料金等については、これらが保育料とは別の名目で領収される場合であっても、保育に必要不可欠なものである限り、上記①②と同様に非課税となる。

(3)　認可外保育所のその他の消費税の取扱い

一方、例えば、認可外保育施設において施設利用者に対して販売する教材等の販売代金のほか、以下のような料金等を対価とする資産の譲渡等は、乳児または幼児を保育する業務として行われるものには該当しないことから、消費税は課税されることとなる（国税庁質疑応答事例「認可外保育施設の利用料」より）。

①　施設利用者の選択により付加的にサービスを受けるためのクリーニング代、おむつサービス代、スイミングスクール等の習い事の講習料等

②　バザー収入

Q 3-9 通所介護施設の利用者のうち希望者で日帰り旅行に行く場合の旅費の取扱いは？

私の勤務する社会福祉法人では、デイサービス事業を行っております。デイサービスは基本的に施設内でのサービスの提供が主となりますが、季節の良い時期に施設の職員との交流もかねて日帰り旅行を実施しており、利用者やご家族からご好評をいただいております。さて、このような旅行については利用者から実費相当額を徴収しておりますが、それに対して消費税は課されるのでしょうか。なお、当該旅行はデイサービスの利用者のうち希望者のみで実施しております。

A 施設が実施する行事であっても、希望者を募り日帰りで実施する旅行に関する費用は消費税が非課税となる「その他の日常生活費」に該当せず、デイサービスの提供とは関係のない費用として徴収を行うこととなるため、徴収した費用に対しては消費税が課税されます。

解　説

(1)　居宅介護サービスにおける「その他の日常生活費」の非課税

Q3-7で説明したとおり、居宅介護サービスにおいて、利用者の希望によって教養娯楽として日常生活に必要なものを施設が提供する場合、その費用は「その他の日常生活費」に該当し、消費税は非課税となる（消法6①、別表第1七イ、消令14の2①、平成12年8月9日付厚生省老人保健福祉局介護保険課等事務連絡「介護保険法の施行に伴う消費税の取扱について」3（3）、平成12年3月30日付老企第54号「通所介護等における日常生活に要する費用の取扱いについて」別紙（1）②）。

(2)　日帰り旅行の「その他の日常生活費」該当性

(1)の「教養娯楽として日常生活に必要なもの」とは、施設がサービスの提供の一環として実施するクラブ活動や行事における材料費等をいうものと解されている（老企第54号別紙（7）②）。ただし、施設が実施するクラブ活動や行事であっても、例えば希望者を募り日帰りや泊りがけで実施する旅行や、高価な材料を用いて行う利用者の趣味的な活動に関し施設が提供する材料費については、「日常生活に必要なもの」に該当せず、消費税が非課税となるサービス提供とは関係のない費用として徴収を行うこととなる（老企第54号別添Q&A問8）。

したがって、本件のように、希望者を募り日帰りで実施する旅行に関する費用は消費税が非課税となる「その他の日常生活費」に該当せず、デイサービスの提供とは関係のない費用として徴収を行うこととなるため、徴収した費用に対しては消費税が課税される。

Q 3-10　通所型介護予防事業として高齢者の送迎を行う場合の消費税の取扱いは？

私は老人デイサービス事業を中心に特別養護老人ホームも開設するある社会福祉法人に勤務しております。わが法人では厚生労働省の地域支援事業実施要項に従って、自治体から委託を受け、高齢者が要介護・要支援となることを予防することを目的とする、二次予防事業の通所型介護予防事業である高齢者の送迎サービスを行っております。この場合、自治体から受ける委託料は社会福祉事業ないし社会福祉事業に類する事業に該当し消費税は非課税と取り扱って問題ないでしょうか、教えてください。

A　社会福祉事業に類する事業として行われる資産の譲渡等については、消費税が非課税とされますが、社会福祉事業に類する事業は居宅や施設における入浴、排泄、食事の提供、機能訓練等が該当し、単なる送迎は含まれないため、自治体から受ける委託料に対して消費税は課されることとなります。

解　説

(1)　社会福祉事業に類する事業の意義

社会福祉法に規定する第一種社会福祉事業および第二種社会福祉事業、更生保護事業法に規定する更生保護事業のみならず、社会福祉事業に類するものに関しても、資産の譲渡等のうち一定のものは消費税が非課税となる（消法6①、別表第1七ロ・ハ、消令14の3）。

消費税が非課税となる社会福祉事業に類する事業の中には、老人福祉法第5条の2第1項に規定する老人居宅生活支援事業のうち、地方公共団体等の施策に基づき、その要する費用が地方公共団体等により負担されるものとして厚生労働大臣が財務大臣と協議して指定するもの等がある（消令14の3六、平成3年6月7日付厚生省告示第129号）。

（2） 通所型介護予防事業である高齢者の送迎に係る消費税の取扱い

（1）で触れた厚生省の告示によれば、厚生労働大臣が財務大臣と協議して指定するものには、身体上または精神上の障害があるために日常の生活を営むのに支障のある65歳以上の者等に対して行う、 以下の事業が挙げられている。

① 居宅において入浴、排泄、食事等の介護その他の日常生活を営むのに必要な便宜を供与する事業

② 施設に通わせ、入浴、食事の提供、機能訓練、介護方法の指導その他の便宜を供与する事業

③ 居宅において介護を受けることが一時的に困難になった者を、施設に短期間入所させ、養護する事業

自治体からの委託事業である本件高齢者の送迎サービス事業は、上記①～③のいずれにも該当しないと考えられるため、厚生労働省の地域支援事業実施要項に従って行う二次予防事業の通所型介護予防事業に該当するとしても、自治体から受ける委託料に対して消費税は課されることとなる。

Q 3-11 介護保険法の規定に基づく訪問看護および訪問介護に係る消費税の取扱いは？

私は数年前に病院を退職し、自宅で療養する高齢者のケアを行う訪問看護ステーションを起業した看護師です。当初は医療的処置を中心にサービスを提供していましたが、介護のニーズが高いことから、身体介護や生活援助サービス

といった、いわゆる訪問介護事業のウェイトが増加しており、ヘルパーさんの雇用も増やしております。訪問看護ステーションや訪問介護事業における消費税の取扱いはどうなっているのでしょうか、教えてください。

A 居宅要介護者等に対する居宅における訪問看護や訪問介護サービスは、利用者負担金を含め消費税は非課税となります。一方、利用者の希望により居住地域外の事業者の訪問看護や訪問介護サービスを行う場合、その事業者が利用者から受ける交通費に対しては消費税が課税されます。

解 説

(1) 訪問看護や訪問介護サービスに係る消費税の非課税

訪問看護ステーションは、病気や障害を持ち自宅で療養する高齢者などのもとへ看護スタッフを派遣し、医療的処置などの看護ケアや療養生活の支援を行っている事業者である。介護保険法に基づく訪問看護費や介護予防訪問看護費は、利用者負担金を含め消費税が非課税となる（消法6①、別表第1七イ、消令14の2①、消基通6－7－1（1）ハ、（7）、平成12年8月9日付厚生労働省老人保健福祉局介護保険課等事務連絡「介護保険法の施行に伴う消費税の取扱について」3(2))。

同様に、要介護者や要支援者に対する身体介護や生活援助サービスといった、介護保険法に基づく訪問介護事業および介護予防訪問介護の費用についても、利用者負担金を含め消費税が非課税となる（消法6①、別表第1七イ、消令14の2①、消基通6－7－1（1）イ、（7）、平成12年8月9日付厚生省老人保健福祉局介護保険課等事務連絡「介護保険法の施行に伴う消費税の取扱について」3（2))。

(2) 課税となる訪問看護や訪問介護サービス

一方、訪問看護や訪問介護について、利用者の希望により、その居住している地域外の事業者のサービスを受けることも可能である。その場合、事業者が往復するのに要する交通費は介護保険の対象外となるため、事業者は利用者から当該交通費を受けることとなる。この交通費については消費税が課税される（消基通6－7－1（1）イ・ハ、（7))。

Q 3-12 要介護認定の意見書の作成費用に関する消費税の取扱いは？

私は東京近郊で個人立の診療所を開業する内科医です。患者さんには高齢者の方も多く、主治医として周辺自治体から要介護認定に係る意見書の作成を求められることも少なくありません。この場合、自治体から支払われる意見書の作成料について消費税は課税されるのでしょうか、教えてください。

A 主治医が自治体の依頼で作成する、要介護認定に係る意見書の作成料は、介護保険法の規定に基づく介護サービスには該当しないため、自治体から支払われる作成料に対しては消費税が課税されることとなります。

解　説

(1)　要介護認定に係る主治医の意見書

高齢者等が介護保険に基づく各種サービスを受けるためには、要介護の認定を受ける必要がある。その際、認定を受ける者のかかりつけ医（主治医）による意見書が必要となる。当該意見書は自治体が主治医に依頼するものであり、その費用は各自治体が負担し、主治医に直接支払われる。

(2)　要介護認定の意見書の作成費用に関する消費税の取扱い

要介護認定の意見書の作成費用は、消費税が非課税となる介護保険法の規定に基づく介護サービスには該当しない（消法6①、別表第1七イ）。したがって、自治体から主治医に支払われる意見書の作成費用については、消費税が課税されることとなる。

同様に、すでに要介護認定を受けた被保険者の介護区分の見直し等のため行う、要介護認定調査に係る委託料についても、介護保険法の規定に基づく介護サービスには該当しないため、消費税が課税されることとなる。

Q 3-13 サービス付き高齢者向け住宅における介護サービスに関する消費税の取扱いは？

私はあるメーカーの不動産部門に勤務する者です。私の勤務するメーカーも昨今の円高不況の影響を受け製造拠点を海外に移転させており、その結果生じる遊休地の再利用を行うべく、私の部門では高齢者向け住宅の開発を行っております。最近、高齢者向けの住宅制度が変わり、サービス付き高齢者向け住宅に一本化されたようですが、その消費税の取扱いについて教えてください。

A サービス付き高齢者向け住宅に関する消費税の取扱いは原則として有料老人ホームと同じで、入居者から収受する金額について、家賃に相当する部分と介護サービスに相当する部分とに分けて課非判定を行うこととなります。

解　説

(1)　サービス付き高齢者向け住宅とは

サービス付き高齢者向け住宅（サ高住）とは、平成23年4月に改正された高齢者の居住の安定確保に関する法律（高齢者住まい法）に基づき導入された住宅制度で、高齢者の居住の安定を確保することを目的として、バリアフリー構造等を有し、介護・医療と連携し高齢者を支援するサービスを提供する住宅を指す。法改正前は、高齢者向けの住宅制度として、高齢者円滑入居賃貸住宅、高齢者専用賃貸住宅および高齢者向け優良賃貸住宅があったが、これらが新たに導入されたサービス付き高齢者向け住宅に一本化され、当該住宅に関する情報を都道府県知事へ登録する制度に生まれ変わった。

サービス付き高齢者向け住宅の登録基準は以下のとおりである。

①　住宅

床面積原則25m²以上、便所・洗面設備の設置、バリアフリーであること

②　サービス

安否確認、生活相談サービスといった高齢者向けサービスを提供すること

③　契約

高齢者の居住の安定が図られた契約であることや、前払家賃等の返還ルールおよび保全措置が講じられていること

（2）　サービス付き高齢者向け住宅の利用料等に係る消費税の取扱い

サービス付き高齢者向け住宅に関する消費税の取扱いは、原則として有料老人ホームと同じで、入居者から収受する金額について、家賃に相当する部分と介護サービスに相当する部分とに分けて課非判定を行うこととなる。

①　家賃に相当する部分

通常の住居の貸付と同様に、消費税は非課税となる（消法6①、別表第1十三）。

②　介護サービスに相当する部分

有料老人ホーム、養護老人ホーム、軽費老人ホームおよび適合高齢者専用賃貸住宅に入居している要介護者について行う特定施設入居者生活介護および地域密着型特定施設入居者生活介護については、そのサービス費用は原則として消費税が非課税となる（消法6①、別表第1七イ、消基通6−7−1（1）ヌ、（4）ト）。

ただし、利用者の選定により提供される介護その他の日常生活上の便宜に要する費用については、消費税が課税される（消基通6−7−1（1）ヌ、（4）ト）。

また、要介護者以外の入居者に係る介護サービスに相当する部分や、水道光熱費、管理費などは原則どおり消費税が課税される。

③　入居一時金に係る消費税の取扱い

サービス付き高齢者向け住宅の入居時に、入居者から入居一時金を受領する場合があるが、このうち家賃の前払いであることが明記されている部分の金額については、消費税が非課税となる（消法6①、別表第1十三）。

Q 3-14　通所・訪問リハビリテーションに係る消費税の取扱いは？

私は理学療法士ですが、脳血管障害等によって手足に麻痺があったり不自由になっている方などに対し、身体機能の維持回復を図り日常生活の自立を支援するために、訪問リハビリテーションサービス（訪問リハ）を提供する施設を

経営しております。また、介護老人保健施設において、通所リハビリテーション（通所リハ）も行っております。このような通所・訪問リハビリテーションに係る消費税の取扱いはどうなっているのでしょうか、教えてください。

A　居宅要介護者等に対する居宅における訪問リハビリテーションや、介護老人保健施設に通わせて行う通所リハビリテーションについては、利用者負担金を含め消費税が非課税となります。一方、利用者の希望により居住地域外の事業者の訪問リハビリテーションを行う場合の事業者が利用者から受ける交通費や、利用者の希望により居住地域外の通所リハビリテーションを行う場合の事業者が利用者から受ける送迎費用に対しては、消費税が課税されます。

解　説

(1)　通所・訪問リハビリテーションとは

脳血管障害等や加齢によって手足に麻痺があったり不自由になっている方などに対し、身体機能の維持回復を図り日常生活の自立を支援するために、理学療法士（PT）や作業療法士（OT）といった専門家が自宅でリハビリテーションを行うサービスを訪問リハビリテーション（訪問リハ）という。

また、同様の健康状態の方に介護老人保健施設や病院等に通わせて行うリハビリテーションサービスを、通所リハビリテーション（通所リハ）という。

(2)　通所・訪問リハビリテーションに係る消費税の取扱い

居宅要介護者等に対する居宅における訪問リハビリテーション・介護予防訪問リハビリテーションや、介護老人保健施設に通わせて行う通所リハビリテーション・介護予防通所リハビリテーションについては、利用者負担金を含め消費税が非課税となる（消法6①、別表第1七イ、消基通6－7－1（1）ニ・ト、(7)）。

一方、利用者の希望により居住地域外の事業者の訪問リハビリテーション・介護予防訪問リハビリテーションを行う場合の事業者が利用者から受ける交通費や、利用者の希望により居住地域外の通所リハビリテーション・介護予防通所リハビリテーションを行う場合の事業者が利用者から受ける送迎費用に対しては、消費税が課税される（消法6①、別表第1七イ、消基通6－7－1（1）ニ・ト、(7)）。

Q 3-15 ケアマネジメントに係る消費税の取扱いは？

私はある居宅介護支援事業所において、ケアマネージャー（介護支援専門員、通称ケアマネ）として勤務しております。私の業務は基本的に、要介護者の依頼を受けて、心身の状況、環境、要介護者や家族の希望等を考慮して介護支援計画（ケアプラン）を作成したり、その他の介護に関する専門的な相談に応じることになります。このような私の業務を一般にケアマネジメントというようですが、ケアマネジメントに関する消費税の取扱いについて教えてください。

A 居宅要介護者等に対して行われる居宅介護支援である、居宅介護支援費や介護予防支援費には消費税は課されませんが、利用者の希望により事業者の実施地域外の居宅において介護支援を行う場合の交通費や、自治体の委託により行う要介護認定調査に係る委託料には消費税が課されます。

解説

(1) ケアマネジメントとケアマネージャー

ケアマネジメントとは、一般に、主として介護等の福祉分野で、福祉や医療などのサービスと、それを必要とする人のニーズをつなぐ手法のことを指す。

ケアマネジメントは、利用者ないし家族がサービス計画（ケアプラン）を作成し、それに基づいて自己管理で行うケースと、専門家であるケアマネージャー（介護支援専門員）にサービス計画（ケアプラン）の作成およびそれに基づくサービスの管理を依頼するケースとがある。実際には、ケアプランの作成等をケアマネージャーに依頼するケースがほとんどである。

(2)　ケアマネジメントに係る消費税の取扱い

居宅介護支援に係るケアマネジメントを例にとってその消費税の取扱いをみていくと、以下のようになる。

①　消費税が非課税となるサービス

居宅要介護者等に対して行われる居宅介護支援である、居宅介護支援費（居宅介護サービス計画費）や介護予防支援費（居宅介護予防サービス計画費）には消費税は課されない（消法6①、別表第1七イ、消令14の2③九）。

②　消費税が課されるサービス

利用者の希望により事業者の実施地域外の居宅において介護支援を行う場合の交通費や、自治体の委託により行う要介護認定調査に係る委託料には消費税が課される（平成12年8月9日付厚生省老人保健福祉局介護保険課等事務連絡「介護保険法の施行に伴う消費税の取扱について」3（3）ウ⑧、3（6）③）。

Q 3-16　地域包括支援センターの運営委託費に係る消費税の取扱いは？

私の勤務する社会福祉法人では、市の委託を受けて地域包括支援センターの運営を行っております。この場合、市から支払われる運営委託費の消費税の取扱いはどうなるのでしょうか、教えてください。

A　老人介護支援センターの設置者である法人が地域包括支援センターの運営業務を受託した場合や、老人介護支援センターに類する事業を行う法人が受託した場合には、運営委託費は消費税が非課税となります。

解　説

(1)　地域包括支援センターとは

地域包括支援センターは、2005（平成17）年の介護保険法の改正で制定された機関で、介護保険法で定められた、地域住民の保健・福祉・医療の向上、虐待防止、介護予防マネジメントなどを総合的に行う。市町村に設置されるが、各市町村は当該支援事業（包括的支援事業）の実施を外部に委託することができる。

(2)　地域包括支援センターの運営委託費に係る消費税の取扱い

地域包括支援センターの運営委託については、老人福祉法第20条の7の2第1項に規定する「老人介護支援センター」の設置者である法人が地域包括支援センターの運営業務を受託した場合や、老人介護支援センターに類する事業を行う法人が受託した場合には、その運営委託費について消費税が非課税となる（消法6①、別表第1七ハ、消令14の3五、消基通6－7－10）。

なお、ここでいう「老人介護支援センターに類する事業」とは、平成18年厚生労働省告示第311号「消費税法施行令第14条の3第5号の規定に基づき厚生労働大臣が指定する資産の譲渡等」に規定される各事業をいう。

一方、老人介護支援センターを設置する法人でもなく、また、その法人が行う事業が老人介護支援センターに類する事業にも該当しない場合には、その運営委託費については消費税が課税されることとなる（消基通6－7－10）。

Q 3-17　グループホームに係る消費税の取扱いは？

弊社では関西地区一円において、認知症対応型共同生活介護の施設、いわゆるグループホームを経営しております。このような施設における各種利用料について、消費税の取扱いはどうなるのでしょうか、教えてください。

A　認知症対応型共同生活介護施設（グループホーム）で提供される介護サービスは消費税が非課税となる居宅サービスであり、介護保険サービスは利用者負担金を含め原則としてすべて非課税となります。

解　説

(1)　グループホームとは

グループホーム（認知症対応型共同生活介護施設）とは、一般に、病気や障害などで自立した生活を行うことに困難を抱えた人達が、専門スタッフ等の援助を受けながら、小人数、一般の住宅で生活する社会的介護の形態のことをいう。わが国におけるグループホームは、一般に、介護保険の対象となる認知症高齢者向けの施設のことを指す。

(2)　グループホームに係る消費税の取扱い

要介護者であって認知症である者（急性の状態にある者を除く）については、共同生活を営む住居において行う認知症対応型共同生活介護の費用および介護予防認知症対応型共同生活介護の費用は、利用者負担金を含め消費税が非課税となる（消法6①、別表第1七イ、消令14の2①、消基通6－7－1（4）へ、(9)）。

また、介護保険給付の対象から除かれる日常生活に要する費用であっても、以下のようなものは消費税が非課税となる（消法6①、別表第1七イ、消令14の2①、消基通6－7－2（2)、平成12年8月9日付厚生省老人保健福祉局介護保険課等事務連絡「介護保険法の施行に伴う消費税の取扱について」3（3）イ③)。

①　食材料費

②　理美容費

③　おむつ代

④　その他日常生活においても通常必要となるものに係る費用で、利用者に負担させることが適当と認められるもの（その具体例については、**Q3-6**参照）

資料編

参考資料１
介護保険法の施行に伴う消費税の取扱について
参考資料２
通所介護等における日常生活に要する費用の取扱いについて

事 務 連 絡
平成12年8月9日

各都道府県介護保険主管課（室）御中

厚生省老人保健福祉局介護保険課
計 画 課
振 興 課
老人保健課

介護保険法の施行に伴う消費税の取扱について

介護保険法（平成9年法律第123号）に定める居宅サービス等に係る消費税の取扱いについては、介護保険法施行法（平成9年法律第124号）及び介護保険法及び介護保険法施行法の施行に伴う関係政令の整備等に関する政令（平成11年政令第262号）等により、消費税法（昭和63年法律第108号）及び消費税法施行令（昭和63年政令第360号）等の関係法令が改正され、平成12年4月1日より施行されているところであるが、種々問合わせがあることから、その内容について下記のとおりお示しすることとしたので、内容を御了知の上、貴都道府県内市町村、関係団体、関係機関等にその周知徹底を図るとともに、その運用に遺憾のないようにされたい。

記

1．消費税が非課税となる介護保険サービス等の範囲

⑴ 居宅介護サービス費の支給に係る居宅サービス

【消費税法別表第一第七号イ、消費税法施行令第14条の2第1項、平成12年2月10日大蔵省告示第27号】

消費税が非課税となる居宅サービスとは、介護保険法の規定に基づき、「指定居宅サービス事業者（介護保険法41①）」により行われる同法第7条第6項から第16項までに規定する「訪問介護」「訪問入浴介護」「訪問看護」「訪問リハビリテーション」「居宅療養管理指導」「通所介護」「通所リハビリテーション」「短期入所生活介護」「短期入所療養介護」「認知症対応型共同生活介護」及び「特定施設入所者生活介護」（以下「訪問介護等」という。）が該当する。したがって、‘指定居宅サービス事業者により行われる訪問介護等’であれば、居宅要介護被保険者の利用料を含めた介護保険サービス全体が非課税となるとともに、居宅介護サービス費支給限度額（介護保険法43）を超えて行われる訪問介護等についても非課税となるものである。

ただし、これらの介護保険サービスの一環として提供されるサービスであっても、利用者の選定に基づき提供されるサービス（3．⑶ウ①～⑦）については、非課税とならないものであるから留意されたい。

⑵　施設介護サービス費の支給に係る施設サービス

【消費税法別表第一第七号イ、消費税法施行令第14条の2第2項、平成12年2月10日大蔵省告示第27号】

消費税が非課税となる施設サービスの範囲は、以下のとおりである。

イ　指定介護老人福祉施設に入所する要介護被保険者（介護保険法施行法第が第13条第3項により要介護被保険者とみなされた旧措置入所者を含む。）に対して行われる指定介護福祉施設サービス（介護保険法48①一）

ロ　介護老人保健施設に入所する要介護被保険者に対して行われる介護保健施設サービス（介護保険法48①二）

ハ　介護療養型医療施設の療養型病床群等に入院する要介護被保険者に対して行われる指定介護療養施設サービス（介護保険法48①三）

ただし、イからハに掲げる施設サービスの一環として提供されるサービスであっても、入所者、入居者及び入院患者の選定に基づき行われる特別な居室等や特別な食事の提供（3．⑶ウ⑨～⑪）は、非課税とならないものであるから留意されたい。

⑶　⑴又は⑵に類する介護保険サービス

【消費税法別表第一第七号イ、消費税法施行令第14条の2第3項、平成12年2月10日大蔵省告示第27号】

「居宅介護サービス費の支給に係る居宅サービス」又は「施設介護サービス費の支給に係る施設サービス」に類するものとして、消費税が非課税となるサービスは以下のとおりである。

イ　特例居宅介護サービス費（介護保険法42）の支給に係る訪問介護等又はこれに相当するサービス

ロ　特例施設介護サービス費（介護保険法49）の支給に係る施設サービス

ハ　居宅支援サービス費（介護保険法53）の支給に係る訪問介護等（認知症対応型共同生活介護（介護保険法7⑮）を除く。）

ニ　特例居宅支援サービス費（介護保険法54）の支給に係る訪問介護等（認知症対応型共同生活介護（介護保険法7⑮）を除く。）又はこれに相当するサービス

ホ　居宅介護サービス計画費（介護保険法46）又は居宅支援サービス計画費（介護保険法58）の支給に係る居宅介護支援

ヘ　特例居宅介護サービス計画費（介護保険法47）又は特例居宅支援サービス計画費（介護保険法59）の支給に係る居宅介護支援又はこれに相当するサービス

ト　市町村特別給付（介護保険法62）として行われる資産の譲渡等のうち訪問介護等に類するものとして厚生大臣が大蔵大臣と協議して指定するものとして、要介護者等に対してその者の居宅において食事を提供する事業（平成12年3月30日厚生省告示第126号）

チ　生活保護法（昭和25年法律第144号）の規定に基づく介護扶助のための居宅介護（同法第15条の2第2項（介護扶助）に規定する訪問介護訪問入浴介護、訪問看護、訪問リハビリテーション、居宅療養管理指導、通所介護、通所リハビリテーション、短期入所生活介護、短期入所療養介護、認知症対応型共同生活介護及び特定施設入所者生活介護並びにこれらに相当するサービス）及び施設介護

（注）　チに掲げる介護扶助のための居宅介護には、次に掲げるサービスが含まれる（平成12年3月31日厚生省告示第190号）。

①　介護保険法第42条第1項第2号若しくは第3号又は第54条第1項第2号若しくは第3号に掲げる場合に介護扶助として行われるサービス

②　生活保護法第15条の2第3項に規定する居宅介護支援計画を作成するサービス

なお、イからチに掲げるサービスの一環として提供されるものであっても、利用者、入所者、入居者及び入院患者（以下「利用者等」という。）の選択に基づき行われる特別な居室や特別な食事等（3．⑶ウ①～⑪）については、非課税とならないものであるから留意されたい。

2．1．に該当しない介護保険サービスについて

次に掲げる介護保険サービスは、消費税が非課税となる介護保険サービス（1．に掲げる介護保険サービス等）に該当しないものであるから留意されたい。

⑴　介護保険法第7条第17項に規定する「福祉用具貸与」（生活保護法の規定に基づく介護扶助として行われる福祉用具貸与を含む。）

（注）　当該福祉用具が、身体障害者用物品（平成3年6月7日厚生省告示第130号に規定するものをいう。以下同じ。）に該当する場合には、身体障害者用物品の貸付として非課税となる。

⑵　介護保険法第40条第3号又は第52条第3号に掲げる「居宅介護（支援）福祉用具購入費の支給に係る福祉用具購入」及び同法第40条第4号又は第52条第4号に掲げる「居宅介護（支援）住宅改修費の支給に係る住宅改修」（生活保護法の規定に基づく介護扶助として行われる居宅介護福祉用具購入及び居宅介護住宅改修を含む。）

（注）　居宅介護（支援）福祉用具購入費の支給に係る福祉用具購入については、当該福祉用具が身体障害者用物品に該当する場合には、身体障害者用物品の譲渡として非課税となる。

3．その他留意事項

⑴　「（特例）居宅介護（支援）サービス費の支給に係る」について

消費税法及び消費税法施行令に規定する「（特例）居宅介護（支援）サービス費の支給に係る」とは、介護保険法の規定に基づき、保険者から要介護被保険者等（介護保険法第62条に規定する要介護被保険者等をいう。以下同じ。）に対して、支給される（特例）居宅介護（支援）サービス費に対応するサービスに限定するものではなく、非課税となる居宅サービスの種類を介護保険法に規定する居宅サービスとして特定する規定である。

したがって、介護保険法第43条又は第55条に規定する居宅介護（支援）サービス費支給限度額を超えて提供される居宅サービスのように、（特例）居宅介護（支援）サービス費が支給されないサービスであっても、要介護被保険者等に対して提供される居宅サービスについては、非課税となるものであることに留意されたい。

⑵　要介護被保険者等が負担する利用料の取扱い

（特例）居宅介護（支援）サービス費及び施設介護サービス費の支給対象となるサービスについては、利用料も含めサービス全体（３.⑶ウに掲げる費用を除く。）が非課税となることに留意されたい。

⑶　「日常生活に要する費用」及び「利用者の選定に係る費用」の取扱い

ア　介護サービスの性質上、当然にそのサービスに付随して提供されることが予定される便宜であって、日常生活に要する費用（食事の提供に関する費用やおむつ代等）については、消費税法及び消費税法施行令に規定する（特例）居宅介護（支援）サービス費の支給に係る居宅サービス又は施設介護サービス費の支給に係る施設サービスに含まれ非課税となるものであるが、介護サービスに付随して提供されるサービスであっても、要介護被保険者等の選定に係るサービスについては、非課税対象となる介護保険サービスから除かれていることに留意されたい。

なお、具体的な取扱いは以下のとおりである。

（注）　日常生活に要する費用の範囲については、これまでにも平成12年3月30日老企第54号及び同3月31日のその他の日常生活費に係るQ&Aにおいてお示ししているところであるが、今後も必要に応じて適宜Q&A等において必要な情報を提供していくので、遺漏のないようにされたい。

イ　非課税となる居宅サービス又は施設サービスに含まれるもの

①　通所介護及び通所リハビリテーションについては、指定居宅サービス等の事業の人員、設備及び運営に関する基準（平成11年厚生省令第37号。以下「基準省令」という。）第96条第3項第2号から第5号に掲げる時間延長に伴う実費負担部分、食事の提供に関する費用、おむつ代、その他通所介護又は通所リハビリテーションにおいて提供される便宜のうち、日常生活においても通常必要となるものに係る費用であって、その利用者に負担させることが適当と認められるもの

②　短期入所生活介護及び短期入所療養介護については、基準省令第127条第3項第1号、第2号、第6号及び第7号並びに基準省令140条の6第3項第1号、第2号、第6号及び第7号に掲げる食事の提供に要する費用、滞在に要する費用、理美容代、その他短期入所生活介護において提供される便宜のうち、日常生活においても通常必要となるものに係る費用であって、その利用者に負担させることが適当と認められるもの又は同令第145条第3項第1号、第2号、第6号及び第7号並びに第155条の5第3項第1号、第2号、第6号及び第7号に掲げる食事の提供に要する費用、滞在に要する費用、理美容代、その他短期入所療養介護において提供される便宜のうち、日常生活においても通常必要となるものに係る費用であって、その利用者に負担させることが適当と認められるもの

③　認知症対応型共同生活介護については、基準省令第162条第3項第1号から第4号に掲げる食材料費、理美容代、おむつ代、その他認知症対応型共同生活介護において提供される便宜のうち、日常生活においても通常必要となるものに係る費用であって、その利用者に負担させることが適当と認められるもの

④　特定施設入所者生活介護については、基準省令第182条第3項第2号及び第3号

に掲げるおむつ代、その他特定施設入所者生活介護において提供される便宜のうち、日常生活においても通常必要となるものに係る費用であって、その利用者に負担させることが適当と認められるもの

⑤　指定介護福祉施設サービスについては、指定介護老人福祉施設の人員、設備及び運営に関する基準（平成11年厚生省令第39号）第9条第3項第1号、第2号、第5号及び第6号並びに同令第41条第3項第1号、第2号、第5号及び第6号に掲げる食事の提供に要する費用､居住に要する費用､理美容代及び指定介護福祉施設サービスにおいて供与される便宜のうち、日常生活においても通常必要となるものに係る費用であって、その入所者及び入居者に負担させることが適当と認められるもの

⑥　介護保険施設サービスについては、介護老人保健施設の人員、施設及び設備並びに運営に関する基準（平成11年厚生省令第40号）第11条第3項第1号、第2号、第5号及び第6号並びに同令第42条第3項第1号、第2号、第5号及び第6号に掲げる食事の提供に要する費用、居住に要する費用、理美容代及び指定介護保険施設サービスにおいて提供される便宜のうち、日常生活においても通常必要となるものに係る費用であって、その入所者及び入居者に負担させることが適当と認められるもの

⑦　指定介護療養施設サービスについては、指定介護療養型医療施設の人員、設備及び運営に関する基準（平成11年厚生省令第41号）第12条第3項第1号、第2号、第5号及び第6号並びに同令第42条第3項第1号、第2号、第5号及び第6号に掲げる食事の提供に要する費用、居住に要する費用、理美容代及び指定介護療養施設サービスにおいて供与される便宜のうち、日常生活においても通常必要となるものに係る費用であって、その入院患者に負担させることが適当と認められるもの

ウ　（特例）居宅介護（支援）サービス費の支給に係る居宅サービス、（特例）居宅介護（支援）サービス計画費の支給に係る居宅介護支援又は施設介護サービス費の支給に係る施設サービスから除かれるサービス（課税となるもの）

①　訪問介護、訪問看護及び訪問リハビリテーションについては、基準省令第20条第3項、第66条第3項及び第78条第3項に規定する交通費

②　訪問入浴介護については、基準省令第48条第3項第1号に規定する交通費及び同項第2号に掲げる特別な浴槽水等の提供に係る費用

③　居宅療養管理指導については、基準省令第87条第3項に規定する交通費

④　通所介護及び通所リハビリテーションについては、基準省令第96条第3項第1号及び同令第119条の規定により準用される同令第96条第3項第1号に掲げる送迎費

⑤　短期入所生活介護については、基準省令第127条第3項第3号から第5号並びに同令第140条の6第3項第3号から第5号に掲げる特別な居室の提供、特別な食事の提供及び送迎費

⑥　短期入所療養介護については、基準省令第145条第3項第3号から第5号並びに同令第155条の5第3項第3号から第5号に掲げる特別な療養室等の提供、特別な食事の提供及び送迎費

⑦　特定施設入所者生活介護については、基準省令第182条第3項第1号に掲げる費用

⑧　居宅介護支援については、指定居宅介護支援等の事業の人員及び運営に関する基準（平成11年厚生省令第38号）第10条第2項に規定する交通費

⑨　指定介護福祉施設サービスについては、指定介護老人福祉施設の人員、設備及び運営に関する基準（平成11年厚生省令第39号）第9条第3項第3号及び第4号並びに同令第41条第3項第3号及び第4号に掲げる特別な居室の提供及び特別な食事の提供

⑩　介護保険施設サービスについては、介護老人保健施設の人員、施設及び設備並びに運営に関する基準第11条第3項第3号及び第4号並びに同令第42条第3項第3号及び第4号に掲げる特別な療養室の提供及び特別な食事の提供

⑪　指定介護療養施設サービスについては、指定介護療養型医療施設の人員、設備及び運営に関する基準第12条第3項第3号及び第4号並びに同令第42条第3項第3号及び第4号に掲げる特別な病室の提供及び特別な食事の提供

(注)　利用者の選定に基づき提供される上記サービスについては、通常のサービスを利用した場合の費用との差額部分のみが課税となるものであることに留意されたい。

(参照) 料金でなく、費用とするのは、たとえば3000円特別食の場合、（3000円－基本食費サービス費2120円）×1.05の計算であって、（3000－760）×1.05でないため。

(4)　福祉用具貸与等に係る費用の取扱い

非課税とならない福祉用具貸与、福祉用具購入及び住宅改修に係る保険給付は、その要した費用について行われるものであることから、消費税相当分を含む費用の総額が保険給付の対象となる。

(5)　介護保険サービスの委託に関する取扱い

通所介護事業者、通所リハビリテーション事業者、短期入所生活介護事業者、短期入所療養介護事業者及び介護保険施設においては、調理業務、洗濯等の利用者又は入所者（入院患者）の処遇に直接影響を及ぼさない業務については、上記事業者の従業者以外の第三者に業務を委託することが可能であるが、居宅サービス事業者等が上記業務を委託する場合における受託者に対する委託に係る対価については、受託者が委託者たる居宅サービス事業者等に対してサービスを提供するものであり、消費税が非課税となる上記１．に掲げる介護保険サービスに該当しないものであることから、消費税の課税対象となるものであることに留意されたい。（特定施設入所者生活介護事業者が業務の一部を他の事業者に委託する場合も同様である。）

(6)　その他

①　医療保険各法、老人保健法の対象となる療養若しくは医療及び社会福祉事業法に規定する社会福祉事業等に係る消費税の取扱いは従前どおりであり、それぞれ消費税法別表第1第六号、第七号ロ及びハ及び第十号に基づく法令の定めるとこ

ろによる。

② 特定施設入所者生活介護及び福祉用具については、平成12年2月28日老振第13号、第14号厚生省老人保健福祉局老人福祉振興課長通知において、具体的な取扱いを示しているので参照されたい。

③ 市町村が指定居宅介護支援事業者等に認定調査を委託する場合に、指定居宅介護支援事業者等が市町村より収受する委託料は消費税の課税対象となるものであること。

④ 被保険者の主治医が、要介護認定等における主治医意見書記載に係る対価として市町村より収受する費用（主治の医師がなく、主訴等もない被保険者に係る医師の意見書記載に係る対価（初診料相当分及び検査を必要とする場合の検査費用）を含む。）については、消費税の課税対象となるものであること。

通所介護等における日常生活に要する費用の取扱いについて

（平成12年3月30日）
（老企第54号）

通所介護、通所リハビリテーション、短期入所生活介護、短期入所療養介護及び特定施設入居者生活介護並びに介護福祉施設サービス、介護保健施設サービス及び介護療養施設サービス並びに認知症対応型通所介護、小規模多機能型居宅介護、認知症対応型共同生活介護、地域密着型特定施設入居者生活介護及び地域密着型介護老人福祉施設入所者生活介護並びに介護予防通所介護、介護予防通所リハビリテーション、介護予防短期入所生活介護、介護予防短期入所療養介護及び介護予防特定施設入居者生活介護並びに介護予防認知症対応型通所介護、介護予防小規模多機能型居宅介護及び介護予防認知症対応型共同生活介護（以下「通所介護等」という。）の提供において利用者、入所者、入居者又は入所者から受け取ることが認められる日常生活に要する費用の取扱いについては、指定居宅サービス等の事業の人員、設備及び運営に関する基準（平成11年厚生省令第37号。以下「居宅サービス基準」という。指定介護老人福祉施設の人員、設備及び運営に関する基準（平成11年厚生省令第39号。以下「福祉施設基準」という。)、介護老人保健施設の人員、施設及び設備並びに運営に関する基準（平成11年厚生省令第40号。以下「保健施設基準」という。)、指定介護療養型医療施設の人員、設備及び運営に関する基準（平成11年厚生省令第41号。以下「療養施設基準」という。)、指定地域密着型サービスの事業の人員、設備及び運営に関する基準（平成18年厚生労働省令第34号。以下「地域密着基準」という。指定介護予防サービス等の事業の人員、設備及び運営並びに指定介護予防サービス等に係る介護予防のための効果的な支援の方法に関する基準（平成18年厚生労働省令第35号。以下「介護予防基準」という。）及び指定地域密着型介護予防サービスの事業の人員、設備及び運営並びに指定地域密着型介護予防サービスに係る介護予防のための効果的な支援の方法に関する基準（平成18年厚生労働省令第36号。以下「地域密着介護予防基準」という。）並びに「指定居宅サービス等及び指定介護予防サービス等に関する基準について」（平成11年9月17日老企第25号厚生省老人保健福祉局企画課長通知)、「指定介護老人福祉施設の人員、設備及び運営に関する基準について」（平成12年3月17日老企第43号厚生省老人保健福祉局企画課長通知)、「介護老人保健施設の人員、施設及び設備並びに運営に関する基準について」（平成12年3月17日老企第44号厚生省老人保健福祉局企画課長通知)、「指定介護療養型医療施設の人員、設備及び運営に関する基準について」（平成12年3月17日老企第45号厚生省老人保健福祉局企画課長通知）及び「指定地域密着型サービス及び指定地域密着型介護予防サービスに関する基準について」（平成18年3月31日老計発第0331003号・老振発第0331004号・老老発第0331017号）をもってお示ししているところであるが、通所介護等の提供において提供される便宜のうち、日常生活においても通常必要となるものに係る費用であって、その利用者等に負担させることが適当と認められるもの（以下「その他の日常生活費」という。）の取扱いについては別途通知することとされていたところ、今般、その基本的な取扱いについて左記のとおり定めるとともに、その他の日常生活費の対象となる便宜の範囲について、別紙によりサービス種類ごとに参考例をお示しするので、御了知の上、管下市町村、関係団体、関係機関等にその周知徹底を図るとともに、その運用に遺憾のないようにされたい。

記

1 「その他の日常生活費」の趣旨

「その他の日常生活費」は、利用者、入所者、入居者又は入院患者（以下「利用者等」という。）又はその家族等の自由な選択に基づき、事業者又は施設が通所介護等の提供の一環として提供する日常生活上の便宜に係る経費がこれに該当する。

なお、事業者又は施設により行われる便宜の供与であっても、サービスの提供と関係のないもの（利用者等の嗜好品の購入等）については、その費用は「その他の日常生活費」とは区別されるべきものである。

2 「その他の日常生活費」の受領に係る基準

「その他の日常生活費」の趣旨にかんがみ、事業者又は施設が利用者等から「その他の日常生活費」の徴収を行うに当たっては、以下に掲げる基準が遵守されなければならないものとする。

① 「その他の日常生活費」の対象となる便宜と、保険給付の対象となっているサービスとの間に重複関係がないこと。

② 保険給付の対象となっているサービスと明確に区分されないあいまいな名目による費用の受領は認められないこと。したがって、お世話料、管理協力費、共益費、施設利用補償金といったあいまいな名目の費用の徴収は認められず、費用の内訳が明らかにされる必要があること。

③ 「その他の日常生活費」の対象となる便宜は、利用者等又はその家族等の自由な選択に基づいて行われるものでなければならず、事業者又は施設は「その他の日常生活費」の受領について利用者等又はその家族等に事前に十分な説明を行い、その同意を得なければならないこと。

④ 「その他の日常生活費」の受領は、その対象となる便宜を行うための実費相当額の範囲内で行われるべきものであること。

⑤ 「その他の日常生活費」の対象となる便宜及びその額は、当該事業者又は施設の運営規程において定められなければならず、また、サービスの選択に資すると認められる重要事項として、施設の見やすい場所に掲示されなければならないこと。ただし、「その他の日常生活費」の額については、その都度変動する性質のものである場合には、「実費」という形の定め方が許されるものであること。

（別紙）各サービス種類ごとの「その他の日常生活費」の具体的な範囲について

(1) 通所介護、通所リハビリテーション及び認知症対応型通所介護並びに介護予防通所介護、介護予防通所リハビリテーション及び介護予防認知症対応型通所介護（居宅サービス基準第96条第3項第5号関係及び地域密着基準第49条第3項第5号関係並びに予防基準第100条第3項第4号関係及び地域密着介護予防基準第22条第3項第5号関係）

① 利用者の希望によって、身の回り品として日常生活に必要なものを事業者が提供する場合に係る費用

② 利用者の希望によって、教養娯楽として日常生活に必要なものを事業者が提供す

る場合に係る費用

⑵ 短期入所生活介護及び短期入所療養介護並びに介護予防短期入所生活介護及び介護予防短期入所療養介護（居宅サービス基準第127条第3項第7号、第140条の6第3項第7号、第145条第3項第7号及び第155条の5第3項第7号関係並びに予防基準第135条第3項第7号、第155条第3項第7号、第190条第3項第7号及び第206条第3項第7号関係）

① 利用者の希望によって、身の回り品として日常生活に必要なものを事業者が提供する場合に係る費用

② 利用者の希望によって、教養娯楽として日常生活に必要なものを事業者が提供する場合に係る費用

⑶ 特定施設入居者生活介護及び地域密着型特定施設入居者生活介護並びに介護予防特定施設入居者生活介護（居宅サービス基準第182条第3項第3号関係及び地域密着基準第117条第3項第3号並びに予防基準第238条第3項第3号関係）

① 利用者の希望によって、身の回り品として日常生活に必要なものを事業者が提供する場合に係る費用

⑷ 介護福祉施設サービス、介護保健施設サービス及び介護療養施設サービス（福祉施設基準第9条第3項第6号関係及び第41条第3項第6号関係、保健施設基準第11条第3項第6号及び第42条第3項第6号関係並びに療養施設基準第12条第3項第6号及び第42条第3項第6号関係）

① 入所者、入居者又は入院患者（以下「入所者等」という。）の希望によって、身の回り品として日常生活に必要なものを施設が提供する場合に係る費用

② 入所者等の希望によって、教養娯楽として日常生活に必要なものを施設が提供する場合に係る費用

③ 健康管理費（インフルエンザ予防接種に係る費用等）

④ 預り金の出納管理に係る費用

⑤ 私物の洗濯代

⑸ 小規模多機能型居宅介護及び介護予防小規模多機能型居宅介護（地域密着基準第71条第3項第6号及び地域密着介護予防基準第52条第3項第6号関係）

① 利用者の希望によって、身の回り品として日常生活に必要なものを事業者が提供する場合に係る費用

② 利用者の希望によって、教養娯楽として日常生活に必要なものを事業者が提供する場合に係る費用

⑹ 認知症対応型共同生活介護及び介護予防認知症対応型共同生活介護（地域密着基準第96条第3項第4号関係及び第76条第3項第4号関係）

① 利用者の希望によって、身の回り品として日常生活に必要なものを事業者が提供する場合に係る費用

⑺ 留意事項

① ⑴から⑹の①に掲げる「身の回り品として日常生活に必要なもの」とは、一般的に要介護者等の日常生活に最低限必要と考えられる物品（例えば、歯ブラシや化粧品等の個人用の日用品等）であって、利用者等の希望を確認した上で提供されるものをいう。したがって、こうした物品を事業者又は施設がすべての利用者等に対して一律に提供し、すべての利用者等からその費用を画一的に徴収することは認めら

れないものである。

② (1)、(2)、(4)及び(5)の②に掲げる「教養娯楽として日常生活に必要なもの」とは、例えば、事業者又は施設がサービスの提供の一環として実施するクラブ活動や行事における材料費等が想定されるものであり、すべての利用者等に一律に提供される教養娯楽に係る費用（共用の談話室等にあるテレビやカラオケ設備の使用料等）について、「その他の日常生活費」として徴収することは認められないものである。

③ (4)の④にいう預り金の出納管理に係る費用を入所者等から徴収する場合には、

イ　責任者及び補助者が選定され、印鑑と通帳が別々に保管されていること、

ロ　適切な管理が行われていることの確認が複数の者により常に行える体制で出納事務が行われること、

ハ　入所者等との保管依頼書（契約書)、個人別出納台帳等、必要な書類を備えていること

等が満たされ、適正な出納管理が行われることが要件となる。

また、入所者等から出納管理に係る費用を徴収する場合にあっては、その積算根拠を明確にし、適切な額を定めることとし、例えば、預り金の額に対し、月当たり一定割合とするような取扱いは認められないものである。

④ 介護福祉施設サービス、介護保健施設サービス、介護療養施設サービス及び地域密着型介護老人福祉施設入所者生活介護の入所者等並びに短期入所生活介護、短期入所療養介護、介護予防短期入所生活介護及び介護予防短期入所療養介護の利用者のおむつに係る費用については、保険給付の対象とされていることから、おむつ代を始め、おむつカバー代及びこれらに係る洗濯代等おむつに係る費用は一切徴収できないことに留意すること。

⑤ 介護老人福祉施設又は地域密着型介護老人福祉施設である特別養護老人ホームは、従来から在宅生活が困難な入所者又は入居者の生活の拠点としての機能を有しており、介護サービスだけでなく、入所者又は入居者の日常生活全般にわたって援助を行ってきたところであり、入所者又は入居者の私物の洗濯等も基本的に施設サービスとして行われてきたものである。したがって(4)の⑤の「私物の洗濯代」については、入所者又は入居者の希望により個別に外部のクリーニング店に取り継ぐ場合のクリーニング代を除き、費用の徴収はできないものであること。なお、このクリーニング代については、サービスの提供とは関係のない実費として徴収することとなること。

〔参考〕「その他の日常生活費」に係るQ&Aについて

（平成12年3月31日）

（厚生省老人保健福祉局介護保険制度施行準備室／事務連絡）

問１　個人用の日用品について、「一般的に要介護者等の日常生活に最低限必要と考えられるもの」としてはどういったものが想定されるのか。

答　歯ブラシ、化粧品、シャンプー、タオル等の日用品であって、利用者に一律に提供されるものではなく、利用者個人又はその家族等の選択により利用されるものとして、事業者（又は施設）が提供するもの等が想定される。

問２　個人用の日用品については、一般的に要介護者等の日常生活に最低限必要と考えられるものに限られることとされているが、それ以外の個人の嗜好に基づくいわゆる「贅沢品」については、費用の徴収ができないのか。

答　サービス提供とは関係のない費用として、徴収は可能である。

問３　個人用の日用品については、一般的に要介護者等の日常生活に必要と考えられるものであれば、例えば病院の売店で利用者が購入する場合であってもその費用は「その他の日常生活費」に該当するのか。

答　このような場合は、「サービス提供の一環として提供される便宜」とは言い難いので、「その他の日常生活費」に該当しない。

問４　個人用の日用品については、一般的に要介護者等の日常生活に必要と考えられるものであれば、ある利用者の個別の希望に応じて、事業者等が当該利用者の代わりにある日用品を購入し、その購入代金を利用者に請求する場合も「その他の日常生活費」に該当するのか。

答　個人のために単に立て替え払いするような場合は、事業者等として提供する便宜とは言えず、その費用は「その他の日常生活費」に該当しないため、サービス提供とは関係のない費用として徴収を行うこととなる。

問５　個人専用の家電製品の電気代は、利用者から徴収できないのか。

答　サービス提供とは関係のない費用として、徴収は可能である。

問６　施設にコインランドリーがある場合、その料金についても「私物の洗濯代」として「その他の日常生活費」に該当するのか。

答　このような場合は、施設が洗濯サービスを提供しているわけではないので、その他の日常生活費には該当しない。

問７　個人の希望に応じて事業者等が代わって購入する新聞、雑誌等の代金は、教養娯楽に係る「その他の日常生活費」に該当するか。

答　全くの個別の希望に答える場合は事業者等として提供する便宜とは言えず、その費用は「その他の日常生活費」に該当せず、サービス提供とは関係のない費用として徴収を行うこととなる。

問８　事業者等が実施するクラブ活動や行事における材料費等は、「その他の日常生活費」に該当するか。

答　事業者等が、サービスの提供の一環として実施するクラブ活動や行事のうち、一般的に想定されるもの（例えば、作業療法等機能訓練の一環として行われるクラブ活動や入所者等が全員参加する定例行事）における材料費等は保険給付の対象に含まれることから別途徴収することはできないが、サービスの提供の一環として実施するクラブ活動や行事のために調達し、提供する材料であって、利用者に負担させることが適当と認められるもの（例えば、習字、お花、絵画、刺繍等のクラブ活動等の材料費）に係る費用は、教養娯楽に要する費用として「その他の日常生活費」に該当する。

なお、事業者等が実施するクラブ活動や行事であっても、一般的に想定されるサービスの提供の範囲を超えるもの（例えば、利用者の趣味的活動に関し事業者等が提供する材料等や、希望者を募り実施する旅行等）に係る費用については、サービス提供とは関係のない費用として徴収を行うこととなる。

索引

◆著者紹介

安部　和彦（あんべ・かずひこ）
税理士。和彩総合事務所代表社員。拓殖大学商学部教授。
東京大学卒業後、平成2年、国税庁入庁。調査査察部調査課、名古屋国税局調査部、関東信越国税局資産税課、国税庁資産税課勤務を経て、外資系会計事務所へ移り、平成18年に安部和彦税理士事務所・和彩総合事務所を開設、現在に至る。
医師・歯科医師向け税務アドバイス、相続税を含む資産税業務および国際税務を主たる業務分野としている。
平成23年4月、国際医療福祉大学大学院医療経営管理分野准教授に就任。
平成26年9月、一橋大学大学院国際企業戦略研究科経営法務専攻博士後期課程単位修得退学
平成27年3月、博士（経営法）一橋大学
令和3年4月、国際医療福祉大学大学院医療経営管理分野教授に就任。
令和5年4月、拓殖大学商学部教授に就任。
【主要著書】
『税務調査の指摘事例からみる法人税・所得税・消費税の売上をめぐる税務』(2011年・清文社)
『修正申告と更正の請求の対応と実務』(2013年・清文社)
『消費税［個別対応方式・一括比例配分方式］有利選択の実務』(2013年・清文社)
『国際課税における税務調査対策Q＆A』(2014年・清文社)
『Q&A 医療法人の事業承継ガイドブック』(2015年・清文社)
『Q&A でわかる消費税軽減税率のポイント』(2016年・清文社)
『要点スッキリ解説 固定資産税』(2016年・清文社)
『新版 税務調査事例からみる役員給与の実務 Q&A』(2016年・清文社)
『最新判例でつかむ固定資産税の実務』(2017年・清文社)
『［第三版］税務調査と質問検査権の法知識 Q&A』(2017年・清文社)
『裁判例・裁決事例に学ぶ消費税の判定誤りと実務対応』(2020年・清文社)
『改訂 消費税インボイス制度導入の実務』(2023年・清文社)
『Q&A 相続税の申告・調査・手続相談事例集』(2011年・税務経理協会)
『事例でわかる病医院の税務・経営 Q&A（第2版）』(2012年・税務経理協会)
『医療現場で知っておきたい税法の基礎知識』(2012年・税務経理協会)
『消費税の税務調査対策ケーススタディ』(2013年・中央経済社)
『相続税調査であわてない不動産評価の税務』(2015年・中央経済社)
『相続税調査であわてない「名義」財産の税務（第3版）』(2021年・中央経済社)
『消費税の税率構造と仕入税額控除』(2015年・白桃書房)
『中小企業のための海外取引の税務』(2020年・ぎょうせい)
【ホームページ】
https : //wasai-consultants.com/

三訂版 医療・福祉施設における消費税の実務

2023年 9 月29日　発行

著　者　　安部 和彦 ©

発行者　　小泉 定裕

発行所　　株式会社 清文社
東京都文京区小石川 1 丁目3－25（小石川大国ビル）
〒112-0002　電話 03(4332)1375　FAX 03(4332)1376
大阪市北区天神橋 2 丁目北2－6（大和南森町ビル）
〒530-0041　電話 06(6135)4050　FAX 06(6135)4059
URL https://www.skattsei.co.jp/

印刷：亜細亜印刷㈱

■本書の内容に関するお問い合わせは編集部までFAX(03-4332-1378)またはメール(edit-e@skattsei.co.jp)でお願いします。

■本書の追録情報等は，当社ホームページ（https://www.skattsei.co.jp/）をご覧ください。

ISBN978-4-433-71853-4